咖啡猫女 著

女人，口才全攻略

Nüren Koucai Quan Gonglue

彰显女人魅力
体现女人才智
打造女人幸福
铸就女人成功

中国纺织出版社

内容提要

对于现代女性而言，要想拥有幸福，取得成功，并非只靠漂亮的外表，更重要的是靠应情应景的语言表达。一个会说话的女人，必定能够将自己的智慧、优雅、博学、能力通过自己的口才展示在众人面前，从而使自己受到周围人的喜爱。本书从女性涉及的社会生活的各个方面入手，深入阐释如何练就金口才，并为女性提供相关的、切实可行的说话技巧，从而帮助女性朋友们赢得一个幸福成功的人生。

图书在版编目(CIP)数据

女人口才全攻略：做一个会说话的聪明女人/咖啡猫女著. —北京：中国纺织出版社，2010.5(2015.2 重印)

ISBN 978-7-5064-6280-8

Ⅰ.①女… Ⅱ.①咖… Ⅲ.①女性—口才学—通俗读物 Ⅳ.①H019-49

中国版本图书馆 CIP 数据核字(2010)第 030718 号

策划编辑：曲小月　　责任编辑：赵东瑾

特约编辑：李巧新　　责任印制：周　强

中国纺织出版社出版发行

地址：北京东直门南大街 6 号　邮政编码：100027

邮购电话：010—64168110　传真：010—64168231

http://www.c-textilep.com

E-mail：faxing@c-textilep.com

北京中印联印刷有限公司印刷　各地新华书店经销

2010 年 5 月第 1 版　2015 年 2月第 2 次印刷

开本：710×1000　1/16　印张：21

字数：211 千字　定价：35.00 元

前　言

语言的魅力就在于它能征服世界上最复杂的东西——人的心灵。人类外在的语言与人的内心思想是相辅相成的。每个人内在的思想意识往往要通过语言这样一个外在的形式表现出来，同样，外在的语言表达能力，也需要有内心充实的思想和丰富的内涵作为基础。而语言又是唯一能够通达人心、说服人的思想的一种手段和方法。

外在的口才是内在修养的表现，但是，你有内在的修养，却不一定能用外在的口才表现出来。有相当一部分女人，有知识有内涵，内在修养极佳，但是其口才表现力却让人不敢恭维。因此，造成她们无论是在生活上还是在工作中，都无法让自己内在的真实价值得到充分的体现，从而错过良好的机会，使自己成为沙中的金子，让别人难以发现，这不能不说是这部分女人的悲哀。

与之相对应的，有些女人，虽然内在修养仍有待提升，但是，往往因其语言表现力强，能够把自己的能力和才情演绎得更加完善，从而得到更多人的信任和赏识，为自己赢得了更好的人缘和更多的机会。

女人要想在社会上立足，就离不开良好的人际关系。在与人交往的过程中，能否与人有一个良好的沟通在人际关系中起着举足轻重的作用。女人口才的好坏决定着与人沟通的畅通与否，语言表达得体、合适、有逻辑性，就能够与人有一个很好的沟通；反之，语言表达含糊不清、逻辑性差，往往不能准确清晰地表达自己的真实意愿或是让别人无法明白你的真实意思，从而造成误会和麻烦。

“投资口才等于投资未来”、“要想成才先练口才”，可见现代女性在职场上离不开口才。只会做不会说的人在当今职场中已经成为不受欢迎的人，练好口才其实也就是在改变一个人的思维模式，为其职业发展打开更多的通路。

爱情、婚姻、家庭，是人类永不消逝的话题，也是最需要口才的。爱情生活中的甜言蜜语，婚姻生活中的温柔细语，母子亲情中鼓励的话语，婆媳关系中暖心的话语……无一不体现着语言的魅力，无一不需要口才的绝妙。女性是爱情、婚姻、家庭中的主角，也是展现口才的主角。

伴随着社会的开放和发展，销售业务早已经不是男人独领风骚的领域，很多女性加入销售领域以后，真是如鱼得水，把自己的能力和潜力发挥到了极致。而且，越来越多的女人来到了这个领域，并且在这个领域里表现出锐不可当的气势。女人用她独特的声音魅力、独特的语言魅力在这个领域得到了越来越多的承认和赞赏。

这都说明，在这个越来越注重“说”的时代，拥有好口才，才能具备好的表现力，才能够在别人面前展现出一个更全面更出色的自己，才能让别人对你的真实价值有一个准确的判断。

从某种意义上来说，女人更长于用语言表达自己，因此，女人口才的实力在自己的整体实力中所占的比例比男人要更重一些。口才在女人的生活和工作中所起的作用，也要比在男人的生活和工作中所起的作用更大一些。

本书把这个话题作为主题，看似老生常谈，但是，并非越谈越老。本书中包含的新的观点、新的技巧会带给大家一些新的启迪。

猫猫

2010年3月

CONTENTS 目录

第一章 提升人气：魅力语言让你成为超人气王

第二章 增加魅力：会说话的女人更迷人

第三章
察言观色：首先掌握女子心理洞察术

第四章
舌灿莲花：女人说话要以智取胜

第五章
巧织人脉：巧妙赢得他人的心

第六章
决胜职场：Office Lady 会说话就是实力

第七章 爱情口才：轻点朱唇，轻松俘获男人心

第八章 婚姻家庭口才：用语言铸造令人艳羡的家

第一章

提升人气：魅力语言让你成为超人气王

人与人初次见面的印象，大部分来源于对方的外在魅力——言谈举止。一个人的言谈举止，尤其是一个女人的言谈举止，表现了她内在修养的好坏。而修养的好坏正是一个人在与人交往中受欢迎的程度。女人能否修得一个好人缘，能否成为处处受人欢迎的魅力女性，与她外在的语言修炼是有很大关系的。

魅力语言：女人语言之最高境界

生活中经常有这样的情况，明明是表达同样一个意思，有的人说出来让你感觉清新自然；而有的人笨嘴拙舌，没有一点恶意，结果却完全相反。

也许你是一个学识渊博的人，也许你心中有无数个美好的设想，也许你有一肚子的委屈想对别人诉说。然而，不善表达让你错失了很多机会，只能默默地甘于平凡。你会为此苦恼不已，只恨爹娘没给自己一副好口才。

在人类的潜意识中，说话的能力似乎是人类与生俱来的一种本领，从咿咿呀呀地学说话，到能够独立流畅地与人交流，每个人都觉得这是一个水到渠成的事情。

其实，语言是智慧碰撞出来的火花，“天生木讷，不善言辞”只不过是人们用来搪塞的借口，是为自己语言能力的不济而找的理由。用这样的借口来搪塞的人，其理由其实是站不住脚的。如果你不刻意地加强自己这方面的修养，就不能取得长足的进步。语言能力并不是天生的，而是后天形成的，是人们在社会实践中逐渐掌握的一门技能。

有统计表明，女人一生所说的话，比男人所说的要多很多，所以，有魅力的语言，对于一个女人来说，是提升其人气，增加其魅力的重要的途径。那么，对于所谓的“天生木讷”的人，应该怎样来培养这一语言表达能力呢，怎样能让语言更加优美更富有魅力呢？

中国古代文字学家，把人们驾驭语言文字的能力分为“信、达、雅”三个层次，分别代表着“清楚明白、通顺畅达、优美动听”，与这一分类相对应，我们也可以把人们说话的能力通俗地分为三个阶段，即：会说话、能说话、说好话。

“会说话”是说话的初级阶段，也就是语言文字中的“信”，这个时期的语言是没有经过加工的语言，“会说话”只能代表你能把一句话的意思表达出来，让别人能够听得明白。

让别人听明白，只是初级阶段，一般来说，刚刚学说话的儿童大都处于这一阶段，而稍微长大一些的孩子，一般都会很快突破这一阶段，达到能够把话说得通顺畅达这一阶段，这是最普遍也是应用人群最多的一个阶段，也就是“达”的阶段，用上面的分类来说，也就是“能说话”。

“能说话”的人能够流畅地把自己要表达的意思传达给别人，让人听着轻松愉悦。世界上有60%~70%的人属于这一类。在大多数情况下，我们大多数人都能够流利通顺地把自己内心所要表达的意思表达清楚，让听话的人听得清楚，而不会引起误解。达到这个境界的人，对于语言的运用，已经能够做到收放自如，他们能够利用语言的魅力帮助自己，从而达到自己期望的结果。

但是，对于生活在现代社会的人们来说，只是能简单通顺地表达清楚自己的意思，并不能够满足我们生活、工作及人际交往方面的需要，这就需要运用我们的智慧，把自己内心的愿望用一种别人乐于接受的语言表达出来，不仅把话说得优美动听，而且，让听我们说话

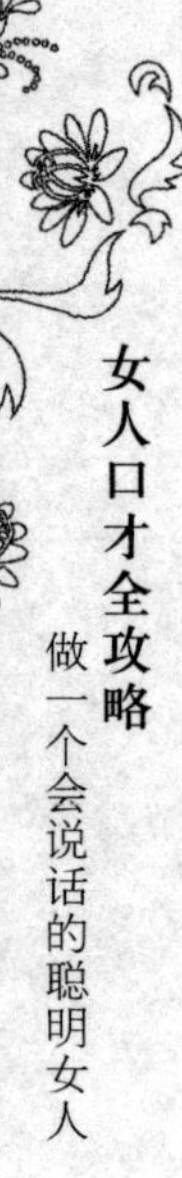

的人能够心情愉快地接受。这就是我们最难驾驭的语言的最高境界“雅”，也就是“会说话”。“会说话”的人，不仅能说得让他人爱听，还能够通过语言的魅力，帮助自己摆脱尴尬和困境，让自己时时处处都成为一个受欢迎的人。

要想语言有魅力，需要我们运用智慧，加强自身修养，提高素质，最终提升我们讲话的技巧和水平。让我们先来看看下面这些女性的魅力语言：

世界知名化妆品品牌玫琳凯的创始人玫琳·凯，就是一位极会说话的高贵女人，她说的每一句话都会让身边的人感觉舒适、轻松和温暖。

据说，在她创业初期，曾经经历过这样一件有趣的事：

一天，她与朋友一起去逛服装店，无意中听到了一个金发女孩和一个黑发女孩的对话。

当时，金发女孩正在试穿一件衣服，衣服看起来很合身，很漂亮。

看着同伴穿着漂亮的衣服，黑发女孩由衷地称赞道：“这件衣服真的很漂亮，只是没有刚才那件好，那件衣服的扣子太漂亮了。”

金发女孩听后很不高兴地说道：“我很讨厌那件衣服，尤其是扣子，难看死了，我才不要呢！”

黑发女孩本来是好心提个建议，听到同伴这样说话，看起来也有些生气，看了金发女孩一眼，撅起嘴不再说话了，两个人谁也不再搭理谁，金发女孩也把衣服放下，打算走人。

玫琳·凯把这一切都看在眼里，她笑容满面地走过去，轻声地对金发女孩说：“刚才这件衣服你穿上很漂亮，尤其是衣服的领子，把你的气质衬托得很高贵，如果你再配上一条项链，那就更加完美了。”

金发女孩听到玫琳·凯这样一说，立刻变得很高兴，她埋怨黑发女孩没有眼光，黑发女孩嘟哝着说：“其实我也是这样想的，只是没说出来而已。”

玫琳·凯走过去，拿过黑发女孩说的那件衣服，把手搭在黑发女孩的肩上说：“你的眼光也不错，你刚才一直看的这件衣服很适合你，它特别能衬出你优美的身材。”

黑发女孩脸上的不高兴一扫而光，笑着说：“是吗？刚刚我就喜欢这件衣服，只是不确定它适合不适合我。”

玫琳·凯肯定地点点头：“它很适合你的，你看，尤其是这衣服的扣子，与你的气质风格很搭配呢。”

接下来的事情就勿须多言了，后来，两个女孩成了玫琳·凯公司的忠实顾客。

玫琳·凯通过自己高水平的说话技巧，不仅让一对好伙伴和好如初，让她们都买到了自己称心的衣服，而且，还为自己聚集了人气，让本来陌生的两个人，成了自己的铁杆顾客和朋友。几句话的影响，造就了一个皆大欢喜的结局。

没有一个人天生就是语言高手，如果你也想像玫琳·凯一样，成为能够用自己的魅力语言去影响别人、通过展现自己的语言魅力而受别人欢迎的人，那么，就去努力加强自己的内在修养、提升自己的素质、拿出自己的智慧、运用聪明的头脑、挖掘自己的内在潜力，来成就你自己独到的魅力语言，相信你会成为一个人见人爱的超人气魅力女人。

让你的语言更有魅力

一个人说话的能力不是天生的，而是后天形成的。也许，你现在还是一个不善言辞的人；也许，你如今仍然常常会因为说错话得罪人；再或者，你常常会因为自己语言表达得不够确切而给自己带来意想不到的损失和烦恼，那么，来看一看这里的一些技巧，尝试着改变一下自己的说话方式，这些技巧也许不能完全改变你说话的能力和水平，但是，至少，它会让你有一些积极的改变，并会因为这些改变而给你带来好的收益。

技巧一：把快乐传染给别人

在人与人相处的过程中，一个人的情绪变化，对其周围人的情绪情感有着非常大的传染作用。美国密西根大学心理学教授詹姆斯的研究证明：一个人只要20分钟就可以受到他人低落情绪的传染。

也许你也有过这样的经历：和朋友一起出去，往往会因为其中一个人情绪变坏，而让大家都败兴而归，这就是典型的情绪传染。正因为如此，人们往往更喜欢接近那些交谈起来轻松愉快，能够给自己带来快乐的人。

鲁迅笔下的祥林嫂，就是一个充满悲剧色彩的人物。她的悲剧是值得人们同情的，但是，对于一个整天把自己的悲剧当做话题的人，人们在同情过后，更多的是厌烦。祥林嫂的悲剧，不仅在于她本身命运的悲惨，更在于她最后成了大家都躲避不及的人物。

生活中到处充满了令人不开心、不满意的事情，对于这样的事情，人们往往会埋怨诉苦。当越来越多的人把自己内心的抱怨和不平向你倾倒的时候，你是不是也有避之唯恐不及的想法。而当你周围的人听到你越来越多的抱怨和诉苦的时候，你是不是也该想一想，停止倾诉。

有本名为《不抱怨的世界》的书一经出版，便成了图书畅销排行榜上居高不下的热销书，这也从一个方面反映出人们对于自己身边无处不在的抱怨的恐惧和抗拒。

快乐的语言让女人成为传播快乐的天使，快乐的女人永远都是最有魅力的女人。没有人愿意整天面对一个愁眉苦脸、喋喋不休抱怨诉苦的人，人们不愿意一直沉浸在忧郁悲伤的情绪中。所以，如果你不想让身边的人远离你，就要先让自己乐观起来，让你的语言传达出快乐的信息。

语言是情绪的外在表现，当你开心了，乐观了，停止抱怨了，你的语言自然也就有了魅力，也就受人欢迎了。

技巧二：用温馨的话语关心别人

每个人都有感情脆弱的时候，人在遭遇困境、感觉孤苦无依的时候，最想得到的，就是别人真诚的关心和温暖的宽慰。而这个时候，也是你与朋友之间真正建立起友情的最好时机，人们不愿忘记的，不是锦上添花的人，而是雪中送炭的人。当一个人感到孤单和寂寞的时候，一句温暖宽慰的话，有时候能有起死回生的作用。

晓梅和阿玲两个人从小一起玩到大，在兴趣爱好上也出奇的一致，是一对无话不谈的“闺密”。

女孩子长大了，都有了属于自己的“小秘密”，但是，对于她们俩，不论是什么样的“秘密”，都是属于两个人的。这天，晓梅和男朋友发生了激烈的争吵，甚至提到了分手，晓梅一下子感觉天都要塌了。虽然晓梅一开始并不是很看好这个男朋友，但是，两个人的感情已经发展到了一定程度，分手也是一个很痛苦的选择。晓梅内心痛苦不堪，不知道自己到底应该怎么办?

带着一颗受伤的心，晓梅找到了好友阿玲，期期艾艾地向她诉说着自己内心的痛苦，诉说着男朋友对自己的伤害。却没有想到，阿玲轻描淡写地说了句：“分就分了吧，反正你也不是很喜欢他。”接下来就同别人煲起了电话粥。

晓梅的心一下子就凉了，她觉得两个人多年的友情好像也像自己的爱情一样离开了自己。

从那以后，两个人再见面的时候，只是礼貌性地打个招呼。阿玲一直都想不明白，怎么两个人不再像以前那么好了呢?

也许在阿玲看来，晓梅与男朋友分手，是他们两个人的事情，她说再多也没有什么用处。其实，阿玲恰恰忽略了一点，女人的心天生是敏感的，她们随时希望得到别人的关心和关爱，尤其是在遭遇到感情挫折的时候，更是需要一双温暖的手，希望得到一些安慰的话，来慰藉一下自己失去依托的内心。

有些时候，对于女人来说，在她遭遇问题的时候，也许并不需要别人做什么，也知道如何面对岔路上的选择，可她们还是需要别人善意的声音，需要关心和爱来填补孤单和寂寞。而对于晓梅来说，她感觉自己没有被重视，心里的缺口也没有被友情填补，因此才越发痛苦。

无论外表多坚强的人，都有脆弱的时候。无论是对男人还是对女人，女人一句适时的关心安慰的话语，会像一缕阳光，照进别人心里，在为对方带去温暖的同时，也会为自己带来意想不到的收获。

技巧三：用肯定的言词赞美别人

每个人都希望获得别人对自己的尊重和肯定，而得到尊重和肯定的前提就是得到别人的赞美。赞美是理智与情感融合的一种表现方式，学会适时适度地赞美他人，是建立良好人际关系、受人欢迎的最好渠道和方法。

赞美是对别人优点和长处的肯定，我们赞美别人，是因为我们所要赞美的人确实有值得我们去赞美的地方。适度的赞美是对别人心理需求的一种满足，能给他人带来精神上的激励和鼓舞。赞美是一种催人上进的动力，有效的赞美有时候甚至能改变人的一生。

赞美别人一定要真诚，真诚的赞美是以一种热忱待人的宽阔胸怀去肯定别人的价值，更容易得到别人的尊重和理解。如果不是发自内心的奉承话，或者是为了某种目的而刻意去吹捧别人，那这种语言就失去了其本身的价值。

赞美无须刻意的修饰，只要是源于生活，发自内心的真实流露就好。做得太刻意了，反而有奉承的感觉，弄不好会让人心生厌恶，有时候即便能够收到一些立竿见影的效果，也并不能长久。

技巧四：适当自嘲

自嘲是用戏谑诙谐的语言，通过表面的嘲笑和贬低自己，达到某种交际的目的。在一些交际场合，运用自嘲可以增添乐趣，增进彼此的了解和友谊。

胡适在某大学讲课时，需要引用孔子、孟子和孙中山先生的言论，由于讲起来很枯燥，学生们注意力并不集中。于是，胡适在黑板上写出讲课的主题：“孔说、孟说、孙说。”

当他发表自己的见解时，他说：“因为我姓胡，所以是胡说。”说完还在黑板上写下“胡说”这两个醒目的大字。学生们大笑不已，气氛一下就活跃起来了。

运用自嘲，是需要智慧的，同时，用自己的短处来说话，如果运用不当，反而会授人以柄。所以，要将自嘲运用得当，不仅需要智慧，还需要一定的勇气。一个女人，如果能够把自嘲运用得当，起到的作用往往是不可估量的。

《康熙来了》的女主持人小S，是一个善于运用诙谐术的聪明女人，她敢于放下女性的矜持和高傲，拿自己做靶子，运用诙谐的调侃，让主持现场气氛活跃异常，为她的节目赢得了人气。她恰到好处的“自嘲”并没有引起人们的反感，反而让很多人觉得她很真实可爱。

无论是胡适还是小S，他们能够恰当地用自嘲的方式，调动其他人的情绪，让气氛活跃起来，这是他们要达到的目的，也是我们学习语言技巧要达到的目的。

但是，技巧只是一些固定的方法，我们列举的也只是一些常用的方法，而真正要达到一个较高的应用语言的水平，还需要我们不断加强自身的修养和文化内涵，让自己的心态乐观起来，让自己的头脑灵活起来，循序渐进地提高自己的语言魅力。

先声夺人，用声音打动人心

声音是语言的载体，美妙的声音能带给人美的享受。很多时候，女人的声音也许比思想还要重要，优美的声音有一种直达人心的魅力。心理学研究表明，一个人对外界事物的感知和印象80％靠视觉，其余20％中有14％靠听觉。如果双方不是面对面，而是完全靠声音来进行交流的，那声音的重要性就更不用说了。

一个女人，要想拥有充满魅力的声音，除了自身的先天条件以外，还可以通过后天的培养，在自己原有声音的基础上，让自己的声音变得美妙动听起来。下面几点需要注意的方面可供大家参考：

声音温润，讲话声音不宜过高

作为女人，无论在什么场合什么情况下，讲话声音都不宜过高。音量太高，容易让对方产生压迫感，从而会不自觉地产生一种抵触情绪，非常不利于与人拉近距离。女人说话的音量大小，以让人听清为宜，明朗、低沉、愉快的语调最吸引人，语调偏高、声音尖细的人应该尽量将音量调低。当然，声音太低太轻也不行，那样会让别人听不清楚。

靳羽西女士是一位深受人们喜爱的女性，作为节目主持人，她在2001年被新华社环球杂志社评为“环球20位最有影响的世纪女性”。她刚走上主持道路时，曾向一位语言专家请教过说话的技巧，得到的

答案是："说话的声音越低越好听，也越吸引人。"

其实，在我们身边的女性中，也不乏一些温润动听的声音。当她们开口讲话时，即使内容很普通，你也会觉得是一种享受。因此，如果你的嗓音天生不那么完美，可以试着降低音量，这样会让你拥有悦耳的声音。

温和柔婉，女人谈吐以柔和为主

女人在社交场合说话，以柔和谈吐为主。女人要使声音听起来尽可能柔和，即便是遇到冲突或是表示一些强硬态度的时候，也要尽量做到柔中带刚，避免粗暴尖刻的说话方式。

现代社会严酷的生活压力，使女人变得越来越坚强，在很多方面，都能展现出一种"巾帼不让须眉"的风范。但是，是女人就要有女人味，声音就是体现女人味的最佳途径，男人喜欢女人就是喜欢女人味。

一个音色柔美动听的女人，很容易被周围的人接受，即使她的思想有些幼稚，别人也会理解为单纯。反之，如果女人的声音不好听，即使有聪慧的头脑，往往也会令人不愿意接受。声音的魅力很神奇，优雅动听的声音，不但能增加女人的自信，也能为女人赢得更多人的喜爱。女人失去声音的魅力，就如同失去女人的特征。

温柔的声音表面很柔，但实质上却像火一样烫人。有人说女人温柔的声音是酒，是看不见火却在燃烧的水。聪明女人会在悦耳的声音中注入精彩的人性，让声音形成迷人的风景，这样的声音是最有力的，它能够熔化男人的钢筋铁骨。

女人的声音以轻柔、圆滑为美，这样的声音像一曲动听的音乐。声音是天生的，但语调和语气是可以改变的，注意自己说话的语调和语速，语调抑扬顿挫，语速适中，你的声音就会给人留下美感。

快慢有致，说话要有节奏感

人在讲话时，影响说话快慢节奏的主要是人内心情绪的起伏变化。在保持内心平静的情况下，说话快慢节奏的控制就要有意识地通过音调的轻重强弱、吐字的快慢以及句式的松紧配合来实现。能够掌握这些规律，就能够做到说话快慢适中，快而不乱，慢而不断，增强语言的感染力。

曾敏是某广播电台一个谈话类节目的主持人，因为她主持的节目一直受到听众的喜爱而成为台里的当家花旦。说到成功的窍门，曾敏说："其实也没有什么太特别的，只是我在主持节目的时候比较注重说话的语气和节奏性，让自己说起话来快慢有致，有节奏感，用我的声音去感染别人。一般情况下，遇到比较高兴、兴奋的场面，我的语速就会加快，让听众跟着一起兴奋起来；碰到比较理性的场面，语速则相应要放慢，让听众能听着我的讲述进行冷静的思考。"

由此可见，讲话时快慢有致，懂得在某些时候停顿也是一门学问，停顿会引起对方的好奇心，有时还会传达某种压力。有节奏感的讲话能让你的讲述变得有张力，有弹性。

注意语调，恰当地反映你的内心世界

人说话的语调是贯穿整个句子的腔调，语调有区别句子语气和意义的作用。语调可分为降调和升调，随着句子的语气和表达者感情的变化，可以变化出多种类型。语调能反映出一个人说话时的内心世界、情感和态度。当一个人生气、惊愕、怀疑、激动时，他所表现出的语调也不一样。如"你干得不错"说成降调，是陈述性句式，带有肯定、鼓励的语气；说成升调，是疑问性句式，带有不信任和讽刺的意味。

无论是与异性交谈还是与同性交谈，女人在谈话时应注意把握语调，无论谈论什么样的话题，都应保持说话的语调与所谈及的内容相协调，并能恰当地表明你对这一话题的态度。

说话时还要注意抑扬顿挫，避免平铺直叙

过于呆板的音调，让人听着乏味，生动充满活力的声音才是最有感染力的声音。错落有致的语调，配上珠圆玉润的发音、清晰准确的吐字，无论是谁都会被感染！

声音是一种旋律，如果过度刻板就会给人以机械感。一个有智慧的女人，就像一个调音师，仔细倾听着自己说话时每一个音节发出的声音，时时进行调整，让自己的声音变成整体优美的音乐。

很多女性对自己的外貌、服饰都很在意，也很有自信，却往往忽视了声音的力量。失去声音的魅力，犹如失去女性的特质。温柔的语言、婉转的音调、高低有致的韵律，这样的声音，会使一个面貌平庸的女人变得异常有女人味从而魅力倍增。这样的女人，即使有一天青春不在了，魅力也不会消失。

倾听，最受欢迎的女性语言

上天赐给我们两只耳朵、一张嘴巴，就是要我们少说多听。成功学大师卡耐基说过，专心听别人讲话的态度，是我们所能够给予别人的最大的赞美。不管对朋友、亲人、上司、下属，倾听有同样的功效。古希腊也有一句谚语："聪明的人，借助经验说话；而更聪明的人，根据经验不说话。"善于倾听是人格魅力很重要的内容，对于女人来说，倾听是一种美德，更是一种高层次的智慧。倾听，是对他人最大的尊重。

人们都希望自己的言语能够受到重视，善于倾听的人不仅能更好地与别人交流，还能从对方的谈话中，找到对方的兴趣所在，为自己进一步引出话题找到突破口。

当你能够认真倾听别人说话的时候，往往更能激起对方与你继续交流的欲望。很多时候，用心聆听能让对方感受到你诚恳的态度，比你说上大篇的花言巧语效果要好得多。

有一项对成功女性的调查显示，那些成功的女性之所以能在人际交往中左右逢源，原因之一就在于她们愿意花更多的时间去倾听别人讲话。是她们的善于倾听，让她们获得了更多的机会。

营销专业毕业的海霞，在工作两年后被聘为某化妆品公司的销售部经理，新官上任，她所烧的"第一把火"就是倾听。对于倾听，

海霞有她的理由，第一，她刚到公司，对公司具体的推销方案还不熟悉，而要尽快熟悉，倾听一些手下资深业务人员的汇报是一条捷径。第二，作为部门经理，对于一些资深业务人员意见的倾听，也表现了她对他们足够的尊重和关注，并且，在不知不觉中，拉近了与他们之间的距离。这让她这个刚刚上任的小女子得到了部门大多数工作人员的支持和帮助，他们都觉得她是自己人，并不会因为她年轻而去有意刁难她，反而会在有个别人员前来刁难时帮助她。

经过一段时间，海霞对业务越来越熟悉，她会边倾听边提示下属进一步思考，下属在她的指导下，往往能想出更好的销售方案，并且因为自己的想法得到重视，也兴奋异常。海霞手下的销售人员都认为她是一个优秀的经理。

海霞在任职之初，在不熟悉公司业务的情况下，运用倾听的方法，度过了新官上任的第一关。她很快地熟悉了业务，同时，也获得了员工的信任，这也正是她的高明所在。

由此可见，在与人交流的过程中，女人需要提醒自己一个简单的道理：学会听别人讲话比自己讲话更重要。耐心是很多女人在沟通中相比男人的优势所在，所以，善于倾听的女人总能获得广泛的认同和赞许，拥有令人羡慕的人缘。

大多数人在和别人交流时，都有倾诉的欲望，而很少有人愿意听别人说话。其实，一个人能够认真地倾听别人谈话，并给予相应的反馈，对于说话的人来说，是一种非常大的肯定，而说话者也会因此对能够认真倾听自己说话的人，从心里充满感激和喜爱。

有这样一个小故事：

一位相貌英俊的伯爵爱上了一个长相并不出众的寡妇，对于别人质疑的眼光，他是这样解释的：“她是一个善解人意的倾听者，和她在一起感觉像是沐浴着阳光一样舒服。”

倾听是心灵沟通的桥梁，是一种聪明的交际方式。倾听不是简单地听听就行。作为一种交流，在倾听的过程中，是需要技巧的。人与人之间的交谈是按一定的规则进行的，说话者和听话者要互相配合，才能使谈话顺利地进行下去。掌握良好的听的技巧，是联络情感、满足他人心理需求必不可少的沟通手段。

倾听时，一定别忘了适时给说话人一个示意

一名好的听众，并非只是盲目点头，而是根据对方的谈话主题，给予相应的示意。在倾听过程中，一定要给予说话者一个恰当的示意。即使是一个字或者一个动作，一个点头，一个微笑都可以，这不仅表示你在听，而且表示你在很用心地听，这是对说话人的理解和尊重，这样的示意，能让对方感受到你的肯定和鼓励。

同时，在跟人交流的时候，眼睛要注视对方，但是一定要注意不要用眼睛直接盯住对方的眼睛，这样往往会让人感觉咄咄逼人。最佳的方法是用眼睛注视对方的鼻尖或前额，这样能让对方觉得你的眼神比较柔和。

在倾听别人讲话的时候，一定要集中注意力

在倾听的时候，不要想别的事情，眼睛要看着对方，随时注意对方谈话的重点，在对方谈兴正浓的时候，你要用点头示意或打手势的方式鼓励对方说下去，让他知道你在用心倾听。

如果你真的没有时间，或者有别的原因不能听别人谈话，就直接提出来：“对不起，我很想听你的看法，但是今天还有两件事情必须

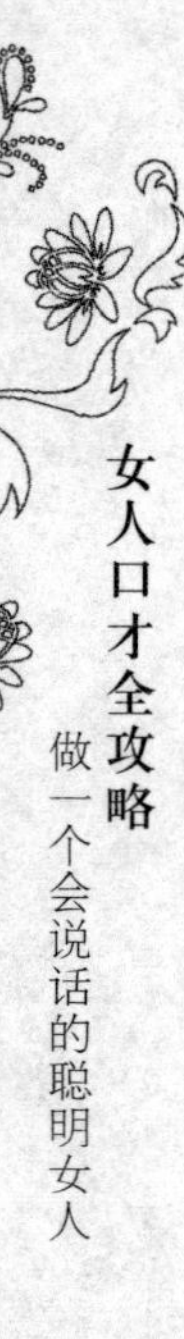

马上处理。”这时，一般情况下，都能得到对方的谅解，如果你心里想着其他事，心不在焉地去听别人说话，对方会认为你是在敷衍，反而会对你心存不满。

苏艾是个很普通的女孩，既不是特别漂亮，也不是特别能说会道，但是，她的朋友们都愿意跟她聊天，不管遇到什么事情，她们都愿意跟苏艾分享。不管走到哪里，她的身边也不会缺少朋友。

说到自己的好人缘，苏艾腼腆地说：“其实也没有什么，只是在朋友们想要表达的时候，真诚认真地去倾听就是了。”

要有耐心，不要轻易打断别人的话

许多人在遇到问题的时候，不善于自我开导，总愿意把自己的烦恼向朋友倾诉。这时，当你在倾听他诉说的时候，多点耐心，给予对方足够的理解，鼓励对方说下去，相信对方一定会感激你。

当别人谈兴正浓的时候，不要轻易打断别人的话，这是一种没有教养和不礼貌的行为。如果有很特殊的情况你不得不打断对方的谈话时，那么，你说完后一定要帮助对方恢复被你打断了的思路。

许多大人物曾经说过，他们更喜欢那些肯耐心听别人说话的人，而不是那些动不动就高谈阔论的人。法国一位哲学家说：“如果你要得到仇人，就表现得比你的朋友优越；如果你要得到朋友，就要让你的朋友表现得比你优越。”因此，在与人交往的过程中，不要自私地要求别人都来做你的听众，而是试着让自己去做别人的听众。

幽默，让女人的语言锦上添花

语言是心灵的桥梁，那么幽默便是桥上行驶得最快的列车。幽默是一种能力，有幽默感的人身上散发着一种魅力，能在自己身边凝聚很多的朋友。女人天生就容易受人喜欢，一个女人，如果能有幽默感，经常用幽默的语言与身边的人打交道，那她的魅力更是超乎寻常。善用幽默的女人，能够很快提升自己在人际交往中的地位，让自己更受欢迎。

列宁说："幽默是一种优美的、健康的品质。"在适当的场合，以幽默的谈吐来增强交际的生动性和亲切感，已被看成是一个人的优点，国外已经有把"有幽默感"作为评价人格好坏的标准之一的规定，可见，幽默感对一个人来说是何等重要，当然，女人也不例外。

据说，当年冯玉祥将军想娶一位夫人的消息传出去以后，许多名门闺秀、摩登女郎纷纷赶来"应聘"。选聘夫人这种事，冯将军一定是要亲自进行"面试"的。"面试"的问题只有一个："你为什么要选择嫁给我？"

来的人络绎不绝，答案自然也是五花八门："因为您是个大英雄，我爱慕英雄！""因为您是大官儿，和您结婚就是官太太。"……冯将军非常失望，这些人都不是他想要的。这时，李德全出现了，被问到同一个问题时，李德全镇静地回答说："上天怕你做

坏事，派我来监督你！”她的回答完全出乎冯将军的意料，却让他在那一刻就认定了，她就是自己要选择的终身伴侣。

李德全是一位充满智慧的女性，她以高度睿智、俏皮风趣的语言表达出了嫁给冯将军的愿望与动机。这既表现了她的胆识与魄力，更显示了她的机智和幽默。

一个聪明的女人，要想给他人留下良好的印象，就要善用幽默的力量。人在社会上生存，与人交往是不可避免的，适当的幽默能够帮助女人与他人建立和谐的关系，能帮助女人更好地与他人进行有效的沟通和交往，赢得他人的信任和喜爱，还能帮助她处理一些特殊的人际关系问题。适当的幽默可以松弛紧张的气氛，巧妙地打开与人沟通的大门，让自己获益匪浅，从而在社交活动中游刃有余。

在人际交往中，难免会出现意想不到的状况，这往往会让人一下子陷入窘境，不知如何是好。这个时候，聪明的女人，会适当地运用幽默的语言为自己解围，摆脱尴尬的场面。

有一位著名的女钢琴家，一次在美国迈阿密州的福林特城演出时，现场气氛有些冷清，上座率还不到四成，这让她很是尴尬。

但是，她并没有就此就取消演出，反而抖擞精神走上舞台，微笑着用幽默的语言对场下的观众说了一段开场白：“我初次到这个城市来演出，这个城市的富有和人们的热情是我从来没有见过的，我看到你们每个人都买了三个人的票，足见人们对我演出的关注，谢谢大家的厚爱！”话音未落，大厅里就充满了笑声，场面一下子活跃了起来，钢琴家的表演也大获成功。

很多情况下，当交流陷入尴尬的境地时，幽默能很快让自己摆脱尴尬。上文中的女钢琴家便是运用了幽默的技巧，她的成功之处在于她对空座位的原因的解释，虽然看起来很荒诞，但又很巧妙，既给自己找了台阶，也回报了观众的捧场，这便是幽默的超级效用。

幽默语言的表述有很多方式，在此我们列举一些，供读者参照学习：

寓庄于谐

女人在社交场合中不用处处都很庄重，要学会寓庄于谐的交谈方式，用诙谐的语言，同样可以表达较重要的内容。

巧设悬念

巧设悬念，是幽默技巧中最常用的一种。说话者往往在说话前故弄玄虚，布下疑阵，给别人造成一种猜疑和紧张的心理状态，最后说话者突然说出对方无法想到的结果，结果又在真与虚之间，听者的神经在这一张一弛的巨大反差中，巨大的幽默效果就自然产生了，最后自然是皆大欢喜。

调侃对方

关系比较亲近的朋友之间，彼此总是毕恭毕敬，有时候会感觉拘谨，在心无戒备的情况下，偶尔调侃一下，开一点儿不带恶意的小玩笑，反而会使朋友间的关系更加无拘无束。有这样一个故事：

一次，海涅收到朋友寄来的一封很重的欠邮资的包裹，他打开一看，原来是一大捆包装纸，里面附着一张小纸条：

“我很好，你放心吧！你的梅厄。”

几天后，梅厄也收到海涅寄去的一个很重的欠邮资包裹，这个包裹致使他在领取时花了不小的一笔钱。梅厄打开一看，原来，包裹里面装的是一块石头，另外，和石头在一起的也有一张纸条：

“亲爱的梅厄：当我知道你很好时，我心里的这块石头也就落地了。”

语意双关

有些词语本身就含有两种相反的意思，或者故意使某些词语在特定环境中具有双重意义的方法，称为语意双关。说话者将某些具有双重意义的词语恰当地运用于口语表达中，让这些词语因为场合、对象等外在因素的变化，表达出不同的意思，从而增加语言的幽默感。

幽默的表达方式还有很多，没有一个固定的模式，而且，每个人都可以根据自己的具体情况，创新一些适合自己的表达幽默的方式，这样特别的幽默效果就是其他人不可比拟的了。

幽默不是没有分寸的耍贫嘴，幽默要在合情合理之中，引人发笑，给人启迪，那么，如何才能让幽默高雅起来呢？

高超的幽默艺术是以丰富的内涵为基础的，要想让自己具有幽默感，必须要多看书，加强自己的文化修养。让自己有了更多的内涵以后，自然而然地就能把语言运用得更自如，那时，让人变得风趣幽默也不是什么太难的事儿了。具体来说，主要应注意以下几个方面：

第一，仔细观察生活。经常观察生活，在生活中寻找喜剧素材，变换思维的视角，去发掘和使用这些素材。

第二，学习幽默技巧。幽默不是天生就会的，让自己变得幽默起来，也有一些技巧可以学习。许多关于幽默的书籍和先人的经验，可以为我们提供范例，即使我们暂时还不具备幽默的能力，我们可以在适时适地的时候去模仿一些别人的东西。然后，我们可以在模仿的基础上，把别人的东西重新整合成我们自己的东西。

第三，敢于表达。幽默的语言能力，是在表达的过程中得到提高的，选择适当的场合，针对适当的对象，大胆展示自己的幽默语言，时间长了，就能形成幽默的语言风格了。

幽默感是心智成熟、智能发达的标志，是对周围事物从另一种思维上来做一个趣味的理解，并对各种问题采取富有趣味的处理方式。制造幽默的途径和手法还有很多种，如果你能花些时间学习一下幽默技巧，一定能够在人际沟通方面大有长进。

幽默是生活更是交际的调味料，如何让自己拥有幽默感，如何让自己把幽默感发挥到极致，不是一蹴而就的事情，而是需要我们在日常生活中时刻注意加强自己的文化修养，多注意他人的幽默运用，让自己的整体素质得到进一步提高，那样，我们的幽默感自然而然就会产生了。

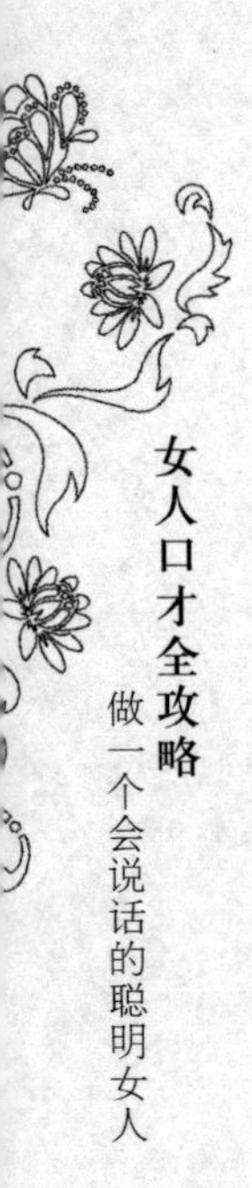

学会给别人戴顶舒适的高帽子

人际关系的顺畅是事业和生活成功的一个重要方面，而善于说一些好听的深入人心的话，能使你很快地获得他人的好感。聪明的女人，善于说一些恭维人的好话，无形中把对方放到一个相对高的位置，对方也在接收这种荣耀的同时，心存欢喜，自然会乐意为你所用。

恭维人的好话，被人们称为“高帽子”，人的本性中有一种需求，就是希望得到别人的肯定和赞美，而给人戴高帽子，便是投其所好。

戴高帽子是迎合他人需要的一种办事方法，戴得巧妙，不损人还会利己，那么这样的高帽子多送几顶也未尝不可。

话说从前有个秀才，特别喜欢说恭维话，奉承别人，被人称为“马屁精”。

秀才死后到了阎王那里，阎王审判的时候说：“我一直都欣赏正直不阿，最讨厌拍别人的马屁的人，你这么喜欢恭维别人，把风气都带坏了。来人，把他的舌头割去，打入十八层地狱，永世不得翻身。”

秀才一听连忙叩头说：“大王息怒，小人恭维别人，也实在是出于无奈，因为世上之人，都喜欢听奉承的话，小人才如此恭维别人。如果都像大王您这样公正廉明、明察秋毫，还有谁敢说半句恭维话呢？”

阎王听完很得意，对秀才说：“算你是聪明人，对我说恭维话，给你十个胆子，谅你也不敢！既然这样，那就免去你的刑罚，留在殿中等候调用吧！”

秀才的这顶高帽子真是送得十分巧妙，他不动声色的恭维让阎王改变了主意，给自己免去了刑罚，实在是高明。所以，高帽子戴得好，就一定会受欢迎。

人人喜欢戴高帽子，但是，送人高帽子戴却是一门技巧，不是每个人都能做到的。高帽子送得合适，被看做是赞美，能让接收者心情大悦。高帽子送得不合适，就会被看做是奉承、拍马屁，会让接收的人心生反感。

那么，如何给别人戴上漂亮的、合适的高帽子呢？这里面有着很重要的技巧和方法。既要给他人送一顶漂亮、合适的高帽子，又不能送得太低劣。那么，送的时候就要注意下面几点：

从对方的优点入手

戴高帽子是一种夸张的赞美，善于送高帽子的人，贯于找到对方哪怕是很小的优点，然后在此基础上进行夸大，给对方送上夸张的赞美，让对方坦然地接受他的赞美。

高帽子做得要有新意

高帽子做得要有新意，对于人所共知的优点，或是大家都去称赞的地方，你再说出来，对对方已经没有任何吸引力，反而会让对方感觉出你是在刻意去夸奖，从而心生不悦。你可以在对方的特长以外，

找到一些不太容易被发觉的优点，做一些夸大的处理。这样，对方听起来就会觉得既真诚又妥贴，送的人没有奉承之嫌，收的人也不会觉得心里不舒服。

不动声色，让对方不知不觉地接受

聪明的女人，在送给别人高帽子的时候，不会轻易地正面表态，而是会保持一份矜持下的端庄和从容。在悄无声息的情况下，将高帽子巧妙地给对方戴上，对方心领神会，送者也不容易被别人看破，双方皆大欢喜。

学中文出身的小风新调到一家公司做总经理秘书，最近公司出内刊，总经理非常重视，要亲自把关，亲自核校，而每校出一处差错时，便觉得很有成就感，心中很是痛快。

而内刊具体的抄写工作由小风负责，为了迎合总经理的心理，就在抄写给总经理的书稿中，故意抄错几个明显的地方，以便让总经理校正。

这果然是一个很奇妙的方法，总经理在校出错误后，不但没有批评小风的工作不认真，反而笑着说，学工科出身的自己，看来还有编辑的才能呢，比学中文的小风还强。

小风的高帽子送得巧妙而不动声色，想必总经理也是心知肚明的，但是，他接受的又是那样坦然自如，理所当然，在浑然不觉中感觉全身舒坦。想必这样的秘书，到哪里都会受到老板的喜爱。

高帽子人人喜欢戴，也是人人都可以送的。但是，作为一个聪明的女人，送高帽子时要特别注意两点：

第一，要内容真实。恭维奉承的话不要无中生有，对方确实有这方面的优点或长处，值得别人去赞美的，你去赞美才会让对方觉得是他应该得到的，这样对方才会感到高兴。

第二，奉承要适可而止。戴高帽子的目的是为了达到让对方高兴，从而达到自己求对方办事的目的。所以，奉承他人时一定要把握好“度”，不能一味地恭维奉承，因为这样很可能适得其反。一来是听者会很快感觉出你恭维的意思来，反而会心存警惕；二来是如果不及时转入正题，恭维的话就失去了它本身的意义。

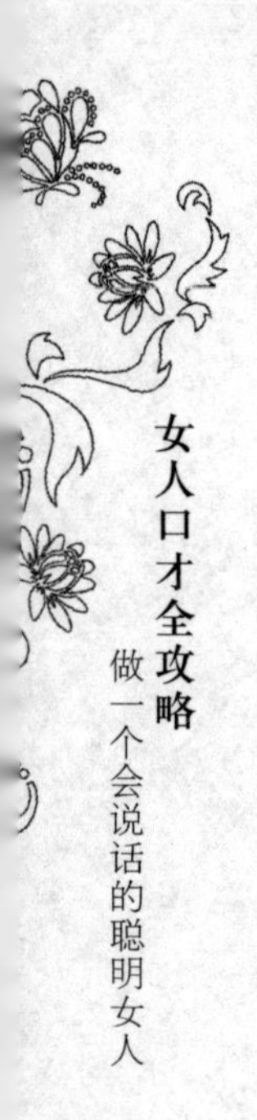

找到与对方的共同点

交流沟通是建立良好人际关系的基础，是促进人与人之间情感进一步融洽发展的润滑剂。而交流最主要的方式之一就是谈话。陌生人初次相见，开口讲话是必要的交流方式。熟识的朋友在一起，也主要是以语言的方式进行沟通。

但是，我们在与陌生人或是不太熟悉的人交谈时，常常会因为一时没有了合适的谈话内容而陷入一种较为尴尬的局面。在这样的情况下，如何找到一个双方都能感兴趣的话题就成了一个打开尴尬局面的突破口。而要找到双方感兴趣的话题，就要从双方关系中寻找千丝万缕的联系，然后加以利用，以此打开突破口。

1984年5月，美国总统里根到中国访问时先来到了上海复旦大学。在一间大教室里，面对一百多位初次见面的复旦学生，里根总统抓住了他与复旦学生彼此之间还算“亲近”的一点关系，展开了他的开场白，他是这样说的：

“其实，我和贵校是有着密切的关系的。你们的谢希德校长与我的夫人南希，当年可是美国史密斯学院的校友呢。既然他们是朋友，那么，我和各位自然也就都是朋友了！”此话一出，全场顿时响起了热烈的掌声。接下来的交谈自然十分热烈，气氛也极为融洽。

里根短短的两句开场白，就让一百多位中国大学生与这位碧眼高鼻的洋总统的距离拉近了，短短的时间里，就已经把彼此当成了亲近的朋友。那么，怎样才能找到自己同陌生人之间的共同点呢？如下几点可供大家参考：

留心观察，寻找共同点

任何一个人与其他人之间，都会存在这样或那样的联系或共同之处，女人要想了解一个人，找到他与自己的共同点，就要善于发挥女人细心的优势，仔细观察，因为一个人的生活习惯、兴趣爱好以及自身的一些基本状况，在他日常的一举一动、一言一行当中，都会或多或少地表现出来。

如眼神、表情可以让我们窥视一个人的内心：一个经历沧桑的人的眼神可能会有些深邃，而单纯的人的眼神是清澈的；一个懦弱的人不可能拥有坚定的眼神，而一个正直的人，他的眼神里也充满了正气……读懂眼神的“语言”，你就能很轻易地判断对方，进而为你们交流中的“共同点”奠定基础。

再比如留心观察对方的口音、言辞，就能够了解到对方的籍贯、身份等信息，从而了解到对方的生长环境、兴趣爱好等信息。在此基础上，展开话题，很快就会发现你与对方的共同点。如：

“你也是上海人吗，我们是老乡啊！”

“我也是北大毕业的，我是2002届的，你呢？”

……

这是一种最简单最直接也是最见效的方式，任何人都可以使用，因为，任何人都会在一些地方与其他人有相同的地方，只要你的观察力足够敏锐，你可以很快找到相同点，如果稍微迟钝一些，那就多费一些口舌，多说几句话好了。

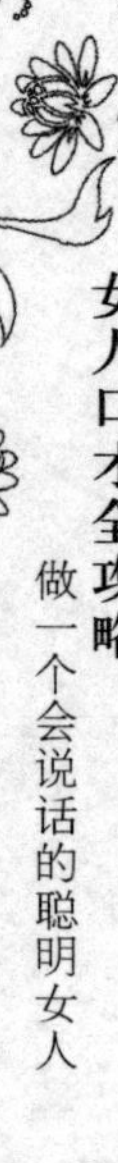

从对方谈话中，找到共同点

为了发现陌生人同自己的共同点，可以在对方与别人谈话时留心分析，揣摩，也可以在对方和自己交谈时揣摩对方的话语，从中发现共同点。

在广州的一家商场内，一位南海舰队的战士正在向售货员咨询："请你把那个东西拿给我看看。"他把"我"字用苏北话说了出来。正好，他旁边也有一位苏北人，于是，那个人也用苏北话向售货员咨询。两个人马上心有灵犀地对视了一眼，然后，跟着结了账，一起走出了商场，用苏北话热烈地交流起来。两个人从家乡聊到广州，从眼下说到将来，越谈越近乎，俨然一对好久不见的老朋友。分手时，两个人彼此留下了联系方式，从此成了真正的好朋友。

一句家乡话，让双方找到了共同点，由此展开话题，最终成了好朋友。这就在于广州的战士善于关注别人的谈话，善于从别人的谈话中寻找话题，才最终使谈话继续进行下去。

在偶然事件中，抓住共同点

人们常常习惯以打招呼开场，通过简单的交流，就可以获取对方的一些基本资料，如一些兴趣爱好、特长、生活习惯等。由此寻找到双方的共同点，进而打开对方的话匣子。

一辆长途汽车行至半路突然抛锚，驾驶员车上车下忙了半天也没有修好。这时，车上有位乘客说："听声音好像是油路出了问题，你把油路再查一遍吧。"

驾驶员将信将疑，但还是按照乘客的建议去查了一遍，结果还真找到了问题所在。驾驶员感激之余，也很佩服这位乘客的高超技艺。

驾驶员也是几十年的老司机了，对于汽车的维护保养也是很有一套的，没想到竟然碰到了比自己还强的人。于是，就汽车维护的问题与乘客谈了起来，而且，通过交谈还发现，这位乘客竟然也是跟自己一样，是在部队学到开车的好本领，而且，巧的是两个人竟然是在同一个大部队服的役。顿时两个人都如同遇到了知音，大有相见恨晚的感觉，最后成了无所不谈的好朋友。

驾驶员与乘客从偶然的汽车事故后的维修中，找到了双方都曾经是军人的共同点，继而发现了两个人来自同一部队，在短时间内，就拉近了距离，消除了彼此的陌生感，最终成了要好的朋友。

上文故事中的乘客帮助司机修好了车，其实两个人已经有了一个共同点，那就是都对汽车维修有兴趣，并且，在这方面有特长。这时候，只要有一方主动展开话题，两个人就会把谈话继续下去。

步步深入，挖掘共同点

心理学研究表明：在人与人交往的过程中，最近的印象比最初的印象更占优势，由于这种心理的影响，就要求我们在与陌生人交流的过程中，不断调整自己的谈话角度，不断挖掘新的共同点，来赢得对方的好感。

第一印象得之于较短时间的接触，一般来说比较直观，但是，有时候直觉会给人造成错觉。只有言语才能透露一个人的品格、喜好，而只有深入地与陌生人交谈之后，才能发现对方更多的信息。

随着交谈的深入，可能你会发现对方看起来文静但实际却很开朗，或者发现你们在某一方面有共同的爱好。这时候，对方也会调整角度，重新审视你。或许两个人在性情、兴趣、思想等方面发生碰撞后，就会产生“这个人可以交朋友”的念头。

找寻对方共同点的方法还有很多，我们不可能一一列举。但是，有一点是必须要具备的，那就是你要抱着想与对方接触的心理去找两者的共同点，这样才能更容易找到。这就犹如机会一样，机会到处都是，就看你能不能发现。共同点存在于任何两个人之间，只要你用心去寻找，总能找到对方与你相同的地方。在此基础上，再来展开话题，就相当容易了。

拉近距离，让谈话顺利进行下去

进行长时间的谈话是需要心情的，如果你的谈话激不起别人的兴趣，或者你说的话让别人觉得不舒服，那么他就会认为你这个人整体就不好，别人也就想早点结束这样的谈话。那么，用什么方法能让自己的话题引起对方的兴趣呢？如何顺利地把谈话继续进行下去呢？

引导话题，在随意谈话中找到对方的兴趣

第一次和别人交谈的时候不可能会谈及很隐私的问题，因为大家都不熟悉，关系还没有好到那个程度。而且刚接触的人，都不知道对方有什么忌讳的话题，因此大家首先谈论的肯定都是一些无伤大雅的小问题。

你可以从一些不会有什么意义但是可以让大家互相之间开始交谈的话题开始，比如最常见的就是谈论天气、周围的环境、简单地询问一下对方的情况这些话题，让他和你联系起来，在你们之间找到共同的语言，以方便下一步的交流。通过这样的谈话你更可以了解到对方的喜好，也让别人更加了解你。

更深入的话题当然就是谈论到大家感兴趣的事情了，这个时候，你已经通过一些闲聊的话题，找到了对方的兴趣所在，只要双方都对这个话题感兴趣，谈话就可以顺利地继续下去了。

跳出自我，把对方当中心

话题展开了，两个人可以自由交流了。这个时候，还是不要忘记，时刻关注对方，以对方为中心，在对方说话的时候，可以不时地插入自己的看法或观点以及与对方相同或相似的地方，这样可以使谈话的气氛更加热烈。但是，切记，不要在自己身上把话题展开，不要以自我为中心。在与人交谈时，如果过分以“我”为中心，话里话外都跳不开一个“我”字，对方会迅速感到索然寡味，至多出于礼貌应付几句。接下来的话题就很难再继续下去。

提一提对方的“当年勇”

人们总爱说“好汉不提当年勇”，其实，大多数人是喜欢提起自己的“当年勇”的，那是一种荣耀和身份的象征。尤其是对于老年人或是暂时落魄的人来说，那更是提起对方兴致的好话题。

以套交情的方式打动对方

一般来说，人们会对与自己状态、性格、习性、讲究、打扮、语言、交谈内容相近的人产生共鸣。往往会因为彼此间存在着某种共同之处或近似之处，从而感到相互之间更加容易接近。而这种相互接近，常常又会使交往对象之间萌生亲切感，并且更加相互接近，相互体谅。所以，能够拉近与对方的距离，跟对方套套近乎，让对方把自己当成“自己人”，剩下的事情就都好办了。

很多时候，我们和不熟悉的人交谈时，为了寻找对方感兴趣的话题，我们需要从一个话题到另一个话题地试着说。如果发觉自己所提的话题对方并没有兴趣，那就赶紧换一个再试一下。在这个过程中，就一定要注意对方的反应，通过对方的语调、眼神、动作来判断是否引起了对方的注意。

聪明的女人，在与陌生人交流的时候，一定要注意两点：一方面是给对方说话的机会，让对方多说话，给对方一个表现自己的机会，而自己也不至于因为说错话而造成不必要的麻烦；另一方面就是态度谦恭地征求对方的意见，把对方抬到一个相对高的位置上，给他一种荣耀感，让他心里舒服。如果能够在这两点上把握得比较好，那么和陌生人打交道，让陌生人开口就不再是一件困难的事情了。

善于赞美，让别人更喜欢你

心理学家杰尔士说过一句话："人性最深切的需求就是渴望被别人赞美。"人人都需要被赞美，人人都喜欢被赞美，这是人的天性使然。赞美能满足人内心的自尊和满足感，让人感到精神愉悦，情绪亢奋。

有一位美国心理学家做过这样一个实验：他在某一所中学里找了一个班，向班主任说明，他要在这里做一个实验，这个实验会让他看到一个奇迹，那就是赞美的力量。这个实验在许多学校都被证明过，很成功，他还要再做一次。实验的过程是这样的：

心理学家在一个普通的班级里随意选了一名相貌平平、很不起眼的普通的女生，他找了一个机会，把全班除这位女生以外所有的学生都召集到了一起，让全班的学生在未来的三个月的时间里，把那位未到场的女生当做全班最漂亮、最迷人的女孩，并经常给予她适度的赞美。

学生们听从了心理学家的安排，开始经常性地找到这位女生的优点进行赞美，所有的学生都在这样做。这位女生一开始有点儿受宠若惊，在接下来不间断的赞美声中，这位女生越来越注意自己的形象了，她的气质越来越好，心情越来越好，学习成绩也越来越好。慢慢地，大家发现，她真的成了他们班里最漂亮最迷人的女生了。

这就是赞美的力量。人的本性中都是希望自己被赞美的，在自己得到赞美的同时，因为不希望自己配不上别人的赞美，所以会不自觉地按照别人的赞美规范自己的行为。继而，会让自己变得越来越好。上面故事中的女生就是这样，在听过同学们的赞美之后，由开始的受宠若惊，变成了后面的越来越漂亮，性格越来越好，学习成绩也越来越好，就是因为赞美起了作用。

赞美是人与人相处的最巧妙的方法。大文豪马克·吐温说过："一句美妙的赞语可以使我多活两个月。"所以说，在人与人交往的过程中，适当地赞扬对方，会增强这种和谐、温暖的感情。你存在的价值得到了肯定，你就得到了一种成就感。赞美别人，就是用火把照亮别人的生活，同时也照亮自己的心田。生活中的赞美，可以消除人际间的龃龉和怨恨。善于交际者大多是善于赞美别人的人，当交际双方在认识上、立场上有分歧时，适当的赞美有时会有神奇的效果。通过赞美，不仅能化解矛盾，还能促进相互理解，从而加速双方之间的沟通。从社会心理学角度来说，赞美是一种有效的沟通手段，通过赞美，能有效地缩短人与人之间的心理距离。

赞美是人际交往中最能打动人心的语言，被赞美者往往会对赞美者产生亲切感，相互间的交际氛围也会大大改善。当赞美成为你说话的一种习惯时，你的生活中就会到处充满阳光。如果你懂得时时去赞美别人，反过来，别人也会时时来赞美你。在赞美他人的同时，也收获对方给予的好感和友谊。一位著名企业家说过："促使人们自身能力发展到极限的最好办法，就是赞赏和鼓励……我喜欢的就是真诚、慷慨地赞美别人。"

赞美不代表恭维和阿谀逢迎，不代表言不由衷，赞美的前提是真

诚和真实。每个人都喜欢听赞美的话，但并不是每一句赞美都能让对方高兴。赞美别人，要在真诚真实的基础上，掌握一些技巧。只有掌握了切实可行的赞美技巧，才会让你的赞美表现得卓尔不凡，你的赞美才能真正地打动人心，让听者爱听。

通常情况下，人们特别明显的长处并不多，工作中取得的非常显著的成绩也不会很多。而赞美就是细心发现别人的哪怕些许的优点和长处，然后，在此基础上加以适当扩大，对方会因为你发现了他身上别人没有发现的优点而分外高兴。

赞美别人一定要有事实依据，否则，凭空对某个人进行赞美，含糊其辞地说一些空泛的话去赞美对方，会让对方觉得你虚伪不真诚。如果你赞美的方面正好是对方的缺陷，你还可能会因此而惹怒对方。

有研究表明，在一定时间内，一个人赞美他人的次数，尤其是赞美同一个人的次数越多，其作用力也就越低。频繁地赞美别人，一是被赞美者会习以为常，不再感觉到你是在赞美。另一方面，太过频繁地赞美别人，还有谄媚之嫌，让被赞美者对你产生警觉和反感。

赞美别人时，如果你不好意思说出口，或者怕因为自己的赞美不当而引起误会或引起对方的警觉，那么，你可以用间接赞美的方式。其实，间接赞美比直接赞美来得更真实，也显得更真诚。同时，通过别人的话间接赞美对方，一般被赞美者会高兴地接受，而且，还会因为你慧眼识人，而不自觉地与你亲近起来。

小美和小莫是公司业务部的“双娇”，因为同在一个部门工作又实力相当，所以，两个人表面和气暗中却各自较劲，都不想输给对方。这本是好事，可以激发两个人的干劲，充分挖掘两个人的潜力。但是，两个人的暗中较劲，也经常弄得办公室里空气紧张，只要两个人同时出现在办公室，同部门的其他工作人员也会处处小心，只怕不小心惹怒了谁。为此，两个人也觉得很苦恼，不想再这样僵持下去了。终于，在业务部集体庆功的聚会上，小美主动抛出了橄榄枝。

就在大家热热闹闹聊天的时候，小美端着酒杯走到一直没怎么说话的小莫身边坐下，笑莹莹地说："小莫，前几天去上海出差，我看到张胜了，就是咱们都见过的那个吉星集团的张总，上次他那里的单子不还是你谈下来的吗？你猜他跟我说什么，他说：'小美是个聪明而可爱的女孩，在我见过的业务人员里面，能有如她一样出色表现的还真是屈指可数。'他还托我带好给你，希望你有机会到他们那里玩。"

小莫听到这样的话，一下子有些发愣。她没想到客户会对自己有这样的评价，更没有想到小美说出这番话。

小美接着说："张胜是有名的难打交道的人，连他们公司的人都很少有人得到过他的夸奖，他能这么说你，足见你的能力和表现已经把他征服了。"

听了这话，小莫有些得意，也有些不好意思。她谦虚地说："哪里有啊，如果你去跟他谈，一样可以的。"

看小莫这样说，小美接着真诚地说："真的，小莫，无论是在能力上还是职业道德上，你都是我佩服和欣赏的人，一直都想跟你讨教一些经验呢，总也没有机会。"

说到这里，小莫也兴奋起来了，两个人都放下了心里的包袱，开心地攀谈起来。

小美通过客户对小莫的赞美，来间接地赞美小莫，让小莫很受用。同时，小美还不忘加上自己的想法，表示自己也是佩服和欣赏小

莫的，进一步肯定了小莫，也打动了小莫的心，这样，就一下子拉近了两个人之间的距离，化解了双方长时间积存下来的尴尬和微妙的敌意，让小莫从此对小美心存好感。

赞美别人要循序渐进，不要一下子对一个人做太夸张的赞美，更多的人喜欢自己从开始不被别人看好，然后逐渐发展到自己被别人赞美。这是对对方的一种肯定，被赞美者会感觉自己被别人赞美，是因为自己确实值得赞美，有一种成就感。而且，也不会怀疑赞美者对自己的用心。

赞美是一件好事，但绝不是一件易事。赞美别人时如不审时度势，不掌握一定的赞美技巧，即使你是真诚的，也会变好事为坏事。所以，心理专家告诉我们，开口前一定要掌握赞美的技巧。

第二章

增加魅力：会说话的女人更迷人

一个说话流利、口才极佳的女人，一定是一个受人欢迎、讨人喜爱的女人。这样的女人拥有凝聚人气的魅力，她能把周围的人吸引到自己身边来，成为自己的朋友。她能帮助周围的朋友排忧解难，消除误会和隔阂，成为大家愿意交心的知心朋友。这样的女人，不仅自己开心，也能把快乐带给别人。这样的女人是大家心目中喜欢的、也渴望自己能够成为的魅力女人。如果你也想成为这样的女人，那么，修炼你的语言魅力吧！

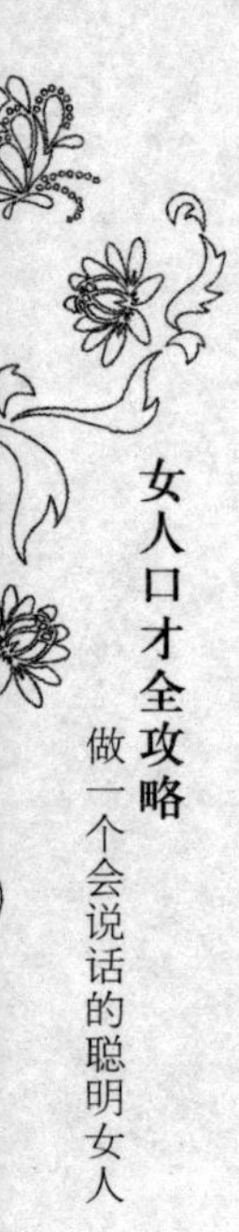

别让才气成为寂寞的借口

对于女人而言，才华是一柄利刃，它既可以让你的人生精致典雅，也可能会使你的人生荒凉寂寞。

才女常常是最会说话的人，往往也是最说不好话的人。有才华的女人，可能因为过分迷恋自己内心世界的感觉，对外在的语言表达反而不一定那么敏锐，甚至有时候显得有些迟钝。

才女难有知心的朋友，正是由于她们卓而超群的才气，让她们不能很好地融合在人群中，她们习惯于远离人情世故的周旋，站在一个更高的角度冷眼旁观。她们的语言往往尖刻锐利，直抵人心，让听者心里会不舒服，因此，也让众人选择远离她们。

著名的女诗人艾米丽·狄金森才华横溢，但终其一生也没能和相爱的人携手，最终孤独地离开人世。她在日记里透露："晚餐后我躲进诗里，它是苦闷时刻的救赎。"她把自己的精神全部依托给了诗歌，却不懂得把诗的语言变成自己生活中的语言，空负了自己的满腹才情，却没能得到自己的爱情。

艾米丽·狄金森的确是才女，她的诗歌或许别人比不过，但是，她在生活中的言语却实在不敢让人恭维。也正是因为她的才华，让她孤立于世人之外，甚至连自己深爱的人都不能得到，不能不说是一场悲剧。

但是，才华之于女人，实在不应成为寂寞的借口。才华不仅仅能修饰你的思想，更应该用来丰富你的语言。学会跟人打交道，能够说一口让人喜欢的漂亮话，会让你的才华因此而发挥得淋漓尽致。当有更多的人接近你，成为你的朋友时，你才能真正地生活得快乐。

才女们因为心灵敏感，和别人交流起来，有时候会让人无法琢磨。有才华的女人，往往因其才华横溢，而显得清高孤傲，让人看起来有一种冷冰冰的感觉。和一个冷冰冰的人相处是一件很难的事情，每个人都喜欢和有“人情味”的人交往，尤其对女性而言，一个活泼开朗、对生活保持一颗童心的女人，在快乐自己的同时，也能让周围的人快乐。

才女们如果想让自己有“人情味”，就需要在自己的语言中加点儿“人情味”，让自己的语言变得温暖舒适。与女诗人艾米丽·狄金森不同的是，关于“欧洲祖母”维多利亚女王，曾经有这样一个传说：

一次，维多利亚女王处理完国事后已经是深夜了。她走到寝宫开始叫门，丈夫阿尔伯特亲王闻声问道：“是谁？”

维多利亚回答：“我是女王。”

屋内一片静寂，阿尔伯特亲王并没有来开门。

女王又继续敲门，亲王再一次询问：“是谁？”

这一次女王温柔地回答：“是你的妻子。”

很快，一双温暖的手，把女王拉进了她温暖的家。

维多利亚女王是智慧的，聪明的她在丈夫那里及时发现了自己语言上的失误，并很快地纠正了过来，从而最终得到亲王的谅解和爱情，一生相依相守。

为语言加点“人情味”，会让女人的万种风情展露无疑。对于才女来说，为语言加点“人情味”并不是一件难事，但却往往被她们疏忽了。

当然，漂亮语言不只是有“人情味”。以情达意，以情动人，把自己内心的感受用恰当的语言文字表达出来，也是漂亮话，也可以达到自己想要达到的目的。

历史上西汉才女卓文君与司马相如的故事大家都是耳熟能详的，才华横溢的卓文君聪明地利用自己的才气，仅用一首数字诗，就把在外做高官，想要休妻纳妾的夫君司马相如的心留住了。

西汉初年，一代才女卓文君与司马相如在临邛相遇，司马相如一曲多情的《凤求凰》，深深打动了多情的卓文君。怀着对爱情的美好憧憬，卓文君不顾家人的反对，毅然在一个漆黑之夜，逃出卓府，与深爱的人私奔。

婚后的日子是艰难的，司马相如读书求官，卓文君当垆为生。生活虽然艰难，但两个人的感情却是日渐深厚。

终于司马相如求取了功名，相如与文君依依暂别。

岁月如流，不觉过了5年。多情的文君朝思暮想，盼望丈夫的家书。而相如已经步步高升，直至成为朝廷重臣，却再也不愿回家探望妻子。只是派人给妻子送回一封只有13个字的家书，算是对两个人感情的一个了断。

聪明的卓文君读后，泪流满面。信是这样写的：

一二三四五六七八九十百千万。

一行数字中唯独少了一个“亿”，无“亿”岂不是表示夫君对自己已经“无意”？她怀着十分悲痛的心情，回了一封《怨郎诗》。其诗曰：

一别之后，二地相悬。虽说是三四月，谁又知五六年。七弦琴无心弹，八行书无可传，九连环从中折断，十里长亭望眼欲穿。百思想，千系念，万般无奈把郎怨。万语千言道不完，百无聊赖十凭栏。重九登高看孤雁，八月仲秋月圆人不圆。七月半，秉烛烧香问苍天，六月伏天人人摇扇我心寒。五月石榴似水，偏遇阵阵冷雨浇花端。四月枇杷未黄，我欲对镜心意乱。忽匆匆，三月桃花随水转，飘零零，二月风筝线儿断。噫，郎呀郎，巴不得下一世，你为女来我做男。

司马相如看完妻子的信，在惊叹妻子之才华之余，遥想昔日夫妻恩爱之情，自觉愧对爱妻，于是，从此再不提遗妻之事。这首诗也便成了卓文君一生的代表作。

卓文君是聪明的，她用自己的才华，挽回了丈夫背弃的心，捍卫了自己的爱情和婚姻，终于苦尽甘来。

女人的才华是智慧的象征，也应该是女人幸福的源泉，是其得到幸福的基础和手段，而不应该成为女人孤苦寂寞的借口。聪明女人就是善于把自己的才气最大化的女人，聪明女人就是能够把自己的才华变成美丽的语言，让自己的才华充分为自己服务的女人。聪明的女人不为才华所累，不让才华成为自己的负担。

提升内涵，让自己妙语连珠

有句话叫“有善心，才有善言”，女人的内涵修养，在她的一举手一投足，一言一行中都能表现出来，尤其是“言”的方面，从一个女人的谈吐，可以很容易地看出她的内在修养。而修养气质，丰富的内涵，会让一个女人的谈吐变得高雅而富有吸引力，高雅的谈吐会为一个女人的魅力增分添彩，从而让她走到哪里都会受到人们的欢迎。语言是女人的另一张“脸”，不让这张“脸”看起来光鲜亮丽，也就将永远地与魅力女人的称呼失之交臂。

女人可以不漂亮，但一定要有内涵

如果你是个漂亮女人，并不代表你就可以没有内涵，相反，在更多的时候，你可能比一般人更需要加强自己的内涵修养。有句话是这样说的：“如果你是才女，请去梳妆打扮；如果你是美女，请去充实自己的头脑。”

美丽也是需要经营的，美丽是一个相对的概念，并没有固定的定义。但是，单纯的外表漂亮不能算是美丽。外表漂亮只是评判女人的标准之一，良好的内在修养、优雅得体的谈吐才能支撑起天生丽质的外表。优雅的谈吐才是你看得见的智慧，才能为你披上美丽的光环。加强个人的修养对美女尤为重要，不要让你的语言因为内在修养的不足而破坏了你外表的美丽。

有内涵的女人才是真正美丽的女人，有内涵的女人，她的气质修养决定了她的美是一种由内及外的美，这种美不会因为时间的流逝而消失，不会因为身体的变化而变质。

对女人而言，有了丰富的内涵，说话的水平和方式也自然就提高了。知道什么场合说什么话，懂得针对什么样的人说什么样的话，不会因为说错话而惹出麻烦。聪明的女人，必须努力增加自己的内涵，有了丰富的学识和高贵的修养，说起话来才能言辞机敏，妙语连珠。

内涵不是先天的，而是后天通过个人修养得来的。内涵的培养是要慢慢来的，有句话说："十年的时间就能培养一个百万富翁，百年的时间才能培养出一个贵族。"可见，拥有内涵不是一朝一夕的事情，需要坚持不懈的修炼和努力。那么，女人要想培养自己的内涵，在日常生活中，应该从哪些方面多下工夫呢？

多读书，让自己言辞机敏

内涵要靠知识的积累，多看有深度的书，内容可以包括历史、科学、哲学、生活百科等。让你的知识丰富起来，这样和别人讲话的时候，就可以引经据典，不至于因为找不到东西可说，而无法表达自己内心的想法。知识丰富了，与陌生人谈话的时候，就不会因为找不到话题，而使场面陷入尴尬。知识丰富了，在群体中各种话题就都能参与进去，不会让自己成为只看热闹的局外人。

古人有云："书中自有黄金屋，书中自有颜如玉。"在现代社会，对于女人，要想让自己颜如玉，就要多读书。读书对女人而言是最好的修炼，图书馆是世界上最好的美容院。

写文章讲究"读书破万卷，下笔如有神"。说话和写文章是一个道理，自己肚子里的东西多了，才能够说出有见解和有说服力的话

来。知识丰富的价值也就在这个时候凸显出来，言辞机敏的你必定是鹤立鸡群。

多看新闻，关心时事

爱看报纸和新闻的似乎多是男人，但是，在这个与世界交流越来越频繁越密切的时代，作为女人，一样需要关注时事，关注新闻，这个时代的女人，不是老老实实待在闺中，修好品德，做好女红就可以的。这个时代女人与男人一样需要走进社会的各行各业，与各种各样的人进行沟通交流。所以，女人除了自身的优势以外，需要跟男人一样，通晓天文地理，知晓国家大事，这样，在跟其他人打交道时，女人才不会因说话的内容空洞乏味，既没知识性又没趣味性，而成为被排除在外的局外人。

紧跟时尚，把握时代的脉搏

一个女人所说的话受关注受欢迎的程度，还与她语言中的时尚元素有关系。一个女人身上的时尚元素，代表着这个女人的精神和文化，表示她与这个时代接近和融合的程度有多大。

说到“时尚”，在百度中有这样的解释：“在一定时期和特定社会文化背景下，流传较广的一种生活习惯、行为模式及文化理念，体现在衣着、服饰、消费习惯和生活方式等个人或社会生活的多个领域。它往往由思想意识起步，以各种物质形式来表达，是一种与现实生活紧密联系的社会文化，并与那个时代大众的精神诉求息息相关，成为一段时期内流行的生活态度和生活方式。”

“时尚”从更宽泛的意义上讲，更应该理解为一种社会文化现象。引领时尚，就是走在时代的最前沿。追求时尚，是一种艺术，是一种生活方式，一种精神状态。人们对时尚的追求，会改变自己现有的生活模式与行为方式，而创新出另外一种新的行为模式。

一个女人要想让自己不落后于时代，就要让自己时尚起来，让自己语言中多一些时尚的元素，让自己谈论的话题永远跟着时代的步伐，那样，你就会成为一个永远受关注永远受欢迎的女人。

关注生活，加强生活积累

有些女人和别人说话时，常常会自说自话，说出的话无论是跟周围的环境还是周边的人都没有任何关系，与现实生活脱节，这样的话也没有人愿意听。造成这些的主要原因，是缺乏生活的积累和阅历，对现实社会和现实生活了解不多不深，生活过得比较封闭，孤陋寡闻。对于这一类人，多加强生活积累至关重要。知识、阅历和生活经历都能丰富一个女人的内心。

外在语言是内在思想的直接体现，一个女人说话的水平和素养，表现了她内在的涵养。同时，内在的涵养，又是语言漂亮的根源。把话说得漂亮，不是一天两天就能学会的，需要一个厚积薄发的过程。所以，要想让自己说话的水平有一个大幅度的提高，有一个质的突破，最关键、最主要的途径，就是加强自己的内在修养，提升自己的内涵。

微笑是女人最动听的语言

人与人之间最短的距离是一个分享的微笑，微笑的力量是非凡的，它能引发健康的情绪，减轻生活的紧张感与环境的束缚感，使你和周围人的生活变得快乐。

对人微笑，就是向别人表明“我喜欢你”，“见到你我很高兴”，“你使我感到快乐”……所以，微笑是一个人人都愿意看到的表情。如果你也愿意看到这样的表情，那么，你就先把这样的表情展现给别人吧。

早上出门的时候，对正迈进电梯的邻居微笑着说一声“早”，对门口保安微笑着点个头；在公司走廊里对迎面走来的同事，微笑着说声“好”……用不了多久，你就会发现，人人都对你微笑，微笑让你每一天都处在开心的氛围中。

微笑是女人最美的神态

没有女人不看重自己的外貌，但是，很多女人注重外貌时，更偏向于外在的修饰打扮，更注重自己的着装和佩戴的饰品，但不是每个女人都会注意到自己脸上的表情。其实，一个女人讲话时脸上所表露的神色，比身上所穿的衣服和佩戴的首饰要重要得多。

32岁的白燕是一名中学老师，因为平时工作比较忙，交际圈子又小，所以到了被大家称作“剩女”的年龄了仍然待字闺中。

为了赶快解决这个“老大难”的问题，给自己找个好的归宿，白燕也开始了她的相亲历程，每次相亲，她都要很精心地化化妆，把自己打扮得漂漂亮亮，而且不惜重金买了几套高档服装，好让自己看起来更高雅更高贵。

可是让她感到不可思议又备受打击的是，通常第一次见面之后，对方都不会再和她有第二次约会。白燕很郁闷，论容貌，自己虽然算不上大美女，但是说漂亮也不算过分，绝不是对不起观众的那种；论气质，同事们都说她气质高雅；论年龄，虽然自己已经到了32岁的年龄，但是，自己皮肤白，而且平时注意保养，看起来绝对不显老。可是，自己的问题到底出在哪里呢？

其实，白燕犯了一个严重的错误，她只注意了自己的外在装饰，却忽略了自己的面部表情。相亲时，因为想要表现自己气质高贵，她说话很少很简单，而且面部表情高傲冷漠，让人不敢亲近。但她却忘了对于男人来说，更愿意自己未来的妻子是温柔亲切的。

女人的微笑之于男人，是糖衣炮弹，杀伤力超乎想象。微笑不仅仅是男人期望在女人脸上看到的表情，更是女人通行四海而无往不利的通行证。

微笑是最有效的沟通工具

微笑是最有效的沟通工具。微笑着与别人说话，对方感觉放松，能够增进融洽的气氛。如果你面无表情，即使说的话很漂亮很动听，听者也会有一种被拒之于千里之外的感觉。社交场合中的微笑，就像一种润滑剂，聪明的女人要善于利用它。

在一家公司的投诉部门，一个飞扬跋扈的顾客正在投诉，她说她所使用的产品让她很不满意。她说话时激动而愤怒，用词尖利而且苛

刻，用“咆哮”来形容一点儿也不过分，很多话听起来简直就是不堪入耳，这让周围的人都皱起了眉头。

面对怒气冲天的顾客，负责受理投诉的小姐却一直保持着善意的微笑，什么也不说，而且没有流露出任何不满的表情。

顾客发泄了一通以后，见服务小姐一直面带微笑地看着自己，并没有反驳，刁钻的顾客自己也觉得有些无趣，慢慢地消了火气，跟随其他服务人员去办理相关手续了。

这时部门经理告诉前来视察工作的负责人说，这个受理投诉的小姐其实是个残疾人，又聋又哑。

“那她怎么跟客人沟通呢？”负责人十分不解。

“只要她一直保持微笑，就是最好的沟通了。”

“伸手不打笑脸人”，无论身处多复杂的环境，面对多么刁钻的对象，只要你能够微笑着面对，就能够使复杂的问题变得简单，让对方在你的微笑面前偃旗息鼓。

当然，微笑也要掌握分寸，微笑的尺度在于“微”，如果变成大笑或狂笑，不但不能展现出魅力，而且还是一种失礼的表现。

微笑是最通用的国际语言。辛迪·克劳馥说过，女人出门若忘了化妆，最好的补救方法便是亮出你的微笑。微笑是会传染的，当你笑的时候，你面对的人也会跟着你微笑。你与别人分享你的快乐的同时，别人也会把快乐加倍地送给你，他们脸上的微笑，就是他们对你最好的回报。

“一笑倾人城，再笑倾人国。”女人的笑容往往具有强大的力量。一位学者说：“对人微笑是高超的社交技巧之一，也是获得幸福的保障。只要你在这个社会生活着，就不能不微笑……”笑对女人而言，尤其重要，在适当场合的微笑，会给你带来良好的人际关系。

勇敢开口，羞答答的玫瑰要大胆地开

人们在面对陌生的事物时，很容易害怕退缩。开口说话也是如此，通常我们无法自在地与陌生人交谈，尤其是有些女孩子一见到陌生人，特别是见到比自己地位尊贵的陌生人，就会下意识地先说："我口才不好，不会说话。"这就是羞怯心理在作怪。羞怯的心理是表现自己才能的强敌，只有克服了这种心理，才能真实地向众人展示自己。

琳达从小就是一位很胆小、害羞的女孩，直到上了大学还是改变不了。课堂上每次教授提问时，她总是迅速地低下头去。有一次，教授突然要求琳达发表个人意见，琳达很紧张地看了教授一眼，她知道自己躲不了。她强迫自己镇静下来，在心理默念着："现在不是害怕的时候，我必须把握机会，我一定能行。"于是她强迫自己忘记胆怯而专心地回答教授所提出的问题。琳达果然做到了，而且她的表现获得了教授的肯定。

自那次之后，琳达突然发现，原来自己开口说话也没有什么难的，自己不仅做到了，而且做得很好，还得到了教授的肯定。于是，琳达对自己越来越有信心，再也不是昔日那个唯唯诺诺的胆小女孩了。

琳达的表现，就是一种羞怯心理导致的紧张胆怯。羞怯，一般有

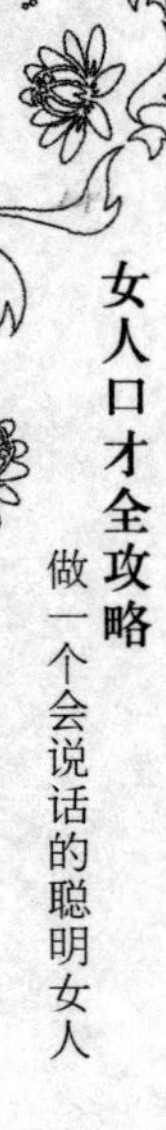

两种表现：第一是害羞，第二是胆怯。害羞是交际过程中的表现，胆怯更多的是交际准备时的精神状态。

交际中的羞怯心理大致有三种类型：

习惯性羞怯心理

多见于性格内向、气质沉静的女性。有习惯性羞怯心理的女性，见生人就脸红，对生人常怀有胆怯心理。

认识性羞怯心理

这种类型的人过分注重自我，有很重的患得患失的心理，一举一动都怕人耻笑，非得很有把握才敢于行动。一旦准备不好，就会惊慌失措，失去方寸。

挫折性羞怯心理

这种人本不是羞怯性格的人，只是因为某次交际活动中的失败，接受了错误的教训，从而对交际“望而却步”。

羞怯心理是阻碍人际关系发展的重要因素之一，而且，时间长了，还会导致自身性格上的缺陷。因此，如果自己有羞怯心理，一定要尽力克服，具体方法如下：

树立信心

要敢于肯定自己，善于发现自己的能力，而不要总是否定自己，或者为自己的胆怯找借口。多给自己一些信心和勇气，你就会发现自己其实是很出色的。人与人之间是平等的，不论对方的性别、年龄、身份、地位，只要你把自己内心的真正意思清楚地表达出来就可以了，剩下的事情是对方的，不需要你去考虑。

不要怕别人议论

被人议论是正常的事情，再说，“人非圣贤，孰能无过”，只要自己认真地去说去做了，就没有什么可怕的。每个人几乎都曾经有在众人面前发表意见的经验，也可能怯过场。如果随时都因为担心说错话而过分压抑自己，不敢与他人交谈，你将会无法享受谈话的乐趣。

要使自己从胆怯紧张中站出来，必须先遗忘恐惧，勇敢地面对问题。其实，那些在台上说得眉飞色舞、慷慨激昂的演说家，或者是知名的表演者，他们在面对大众的前一刻也会胆怯、紧张，但是当他们站在众人面前时，一切的恐惧就会全部抛至脑后，一心一意只想把事情做好。

没有人从来不犯错误，没有人没有过失误。一次失败了，没有什么大不了，只要记着在失败中找到原因，避免下次犯同样的错误就好了。

想要让自己能够流利地表达意见，最好的方法就是让自己习惯开口。在任何场合，都要积极把握和别人交谈的机会，试着与他人闲聊、寒暄，从中学习说话的技巧，建立自信。你可以先从身边熟悉或不太熟识的邻居或同事说声“你好”开始，说得多了，你就会发觉自己越来越习惯与陌生人说话了。

把握说话的细节

作为女人，我们知道讲话的重要性，注意讲话有内容，知道增加内涵，加强修养，让自己的谈吐高雅幽默。我们从各个方面去提高自己，训练自己，让自己拥有好的口才。但是，我们有时候会忽视一些小的细节，比如动作、语气，甚至一些没用的语气词，都会让我们的话听起来不再漂亮。有时候，忽略了小小的细节，会造成大的损失，让我们陷入一个非常被动的境地。因此，我们在此列举一些容易被人忽略的细节，给女人们提个醒，以避免犯同样的错误。

说出自己的特色

一个有自己语言特色的女人是令人着迷的。因为，别人会从她的语言魅力感受到她内在的高雅气质。因此，女人一定要留意自己的语言，千万不要在这方面做一个贫乏的人。要想自己的话能打动人心，必须找到自己的表达方式。

多种方式说话

不要总是采取同一种说话方式，试着以不同的方式来表述一件事，或陈述自己的某种心情，这样，你的语言就会显得格外生动。

以情动人

少说干巴巴的事理，多抒发感情，用感情去打动人，在感情中让别人接受你的道理，再漂亮的语言都不及真情实感打动人。对女人来说，会不会说话并不是最重要的，而有没有感情，才是最要强调的，因为这首先是一种对他人的态度。饱含温情的话语，就像是一缕春风，能温暖他人的胸怀，同时也能映衬出女人善良的美德。

安慰别人

善于表达对别人的同情，让自己和对方产生感情上的共鸣。在日常生活中，每个人都可能会遇到挫折或不幸，都需要来自别人的安慰。女人要学会安慰别人，用适当的语言去化解对方的痛苦和不幸，合适而恰当的安慰，能让人摆脱苦恼，对方自然会把你当成比较亲近的人。

含蓄地表达自己的意思

不要直接说出自己的思想，有些话直接说是会令人不快的，含蓄的程度以别人的心理能接受为准。女人相对于男人，感情要细腻敏感得多，而且更易害羞，所以说出话来往往含蓄委婉，有丰富的言外之意，充满了巧妙的暗示，听起来有一种回味无穷之美。因此女人要想使自己的谈吐更加动听，就应特别注意在蕴藉这方面下点工夫。

温和的语调

温和永远都是女人最动人的语调，在说话的时候最好是既透露了自己的观点，又流露了自己的温柔，这样的女人是最能够说服他人的。

善解人意

善解人意是女人说话的基础，特别是对于不善于表达自己内心的男人，他们更会格外珍惜善解人意的女人。人们普遍有一种心理，即

对那些对自己的一言一行心领神会、体贴入微的人，都有一种由衷的欣赏与喜爱。女人天生比男人细心，与人交谈时，如能发挥出这方面的优势，善解人意，及时为他人解忧消愁，那就极易获得对方的好感与青睐。

语言一定要生活化

只有用说话者和听者双方都习惯、共同感兴趣的语言来表达，才容易沟通感情、交流思想。一个会说话的女人，语言一定是自然、朴实的，既生动又亲切而且简练，其中能够包含深刻的思想，也表达了真实的情感。生活中过分咬文嚼字，追求语言的华丽新奇，听者就会对你产生不信任感，从而对你的谈话予以拒绝。朴素明朗的言谈用语，才是大家都容易接受的。

说话声音不要太高

女人的声音本来就比较尖，说话声音太高，就会有一种刺耳的感觉，而且，声音越尖，可信度就越低。说话时要控制声音，语调要尽可能沉稳和亲切一些，这样会使对方觉得你待人真诚，也容易收到较好的效果。降低音调，你的话就会引起更多的关注和尊敬。

讲话不要太温柔

温柔是女人的天性，但是，如果太过温柔地讲话，往往让一个人看起来缺乏信心。如果是面对一群人讲话，那就更要大点声，洪亮的声音，加上一些自然的肢体动作，会表现出讲话者的权威性。

讲话方式不要太婉转

女人不想表现得太锋利，所以常常在表达自己意愿的时候加上很多的修饰语，来软化语气。但与此同时，婉转的语气也弱化了自己要传递的信息的意义。因此，表达自己观点的时候，要用清楚、明确的语言。这样，表达的意思直接、坦诚，有说服力，不拖泥带水。如果你不想表现得太锋利，可以在结束谈话之前加上一些补充的话，这样既能软化你的语气，同时也不影响你要表达的意思。比如说："我认为现在就是开始行动的最好时机，当然，我也非常想听听在座各位的看法。"

说话要节制

女人在与人交谈时要有节制，不要说太多。爱说话可能表现出你的开朗、诚恳，同时也表现出你缺乏自制力，女人的沉默有时也是一种交际语言，有时会收到意想不到的效果。

说话简洁明了

很多女人在开始讲正式话题之前，喜欢讲一些开场白，这本也没有什么不好。但是，开场白三言两语就好，切忌讲得太啰嗦，太啰嗦的开场白，容易让人厌烦，给人一种讲半天也不知所云的感觉。"简洁等于自信"，如果需要讲一个非常重要的问题，可以事先考虑清楚自己要讲的内容，组织好自己的思路，有必要的话可以做一个预先练习，到时候简单明了地把自己要表达的意思讲清楚就好了。

少说无意义的话

所谓无意义的话，就是用来填补讲话中间空白时所说的话，如果这些话充斥在讲话中间，你讲话的内容就会显得不甚连贯，而听者对你的话也就没有了兴趣。

其实，需要注意的细节还有很多，而且，不同的人在讲话中会有自己的特点，也会有自己特别需要注意的地方。再就是，根据不同的讲话对象，需要格外留心，这就要看具体情况来说了。

与陌生人交谈的技巧

人初到一个新环境，接触陌生的人群时，都会有紧张、拘谨的感觉。但是，所有人都必须跟陌生人打交道，所有的朋友都是由陌生到熟识的。那么，我们如何在初次见面的时候，就能很快地跟陌生人熟悉起来，很快得到对方的认可和喜欢呢?

首先，人的第一印象是很重要的。因此，见面之初，要给对方一个良好的第一印象。而第一印象的表现，主要在于形象和语言两个方面。初次见面的两个人，一方的外在形象和说话方式将作为第一信号传达到对方心里，并保留成为一种模式，影响着对方日后对他的整体评价。

形象方面我们可能提前做一些准备，而且，只要平时注意保持自己以一个良好的形象示人，那么，无论是偶然或是意料之中的，我们的形象都不会因为见到陌生人而遭到破坏。

但是，语言就不一样了。一是因为不知道见到的陌生人会是一个什么样的人，因此，不知道对方是什么性格，不知道对方适合用什么样的语言来交谈。二是语言是随机发生的，会随着时间地点等现场状况有所改变。所以，我们不可能像背台词一样，事先把与别人谈话的内容背下来。这就需要我们掌握一些与陌生人进行语言交流的技巧，自己在心里有一个大体的轮廓，遇到陌生人的时候，可以根据情况，随机而变。说得具体一些呢，主要有以下几个方面，需要格外注意：

有一个漂亮、独特的开场白

大家在听你第一句话的时候都是很专注的，第一句话给人传递的信息就是他对你的大至评价。为了给别人留下一个良好的第一印象，吸引大家的注意力，在面对面的谈话中，说好第一句话是十分重要的。第一句话结束后，很多人心里就有了要和你继续谈下去还是结束谈话的答案。

一个漂亮、独特的开场白，可以让你在很短的时间把对方的注意力吸引过来。一个别具一格的开场白，会让对方耳目一新，眼前一亮，你在对方心中的印象分值也会扶摇直上，瞬间把对方的心给“钩”住。

流行歌星王力宏跟年轻的钢琴家郎朗曾经在香港有过一场合作演出。在王力宏心中，郎朗外表沉静，应该是个沉默寡言的“文艺青年”，没想到郎朗一见他，就给他来了一个漂亮的开场白：“力宏，你是龙的传人，我是狼(郎)的传人。”这个超冷的开场白，立刻拉近了两个年轻人的距离。郎朗这句话，给王力宏留下了很好的印象。

王力宏说：“郎朗是我见过最好相处，也最热情的古典音乐家！”

一个人说话的内容反映了一个人的生活素养，一个好的开场白，会一下子拉近人与人之间的距离，也会在别人眼里树起一个美好的形象。

开场白要做到漂亮，就要不拘泥于形式，别具一格，可以出口不凡，一语惊人；也可以设置一个悬念，让你的话包裹一层神秘感，比如讲个故事，或打个比方，但是，不要故弄玄虚，那样反而会

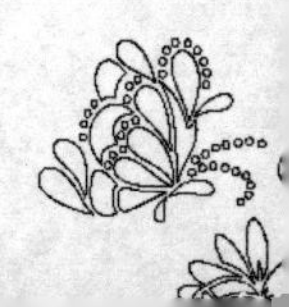

弄巧成拙。

用好女人的亲和力

每个人都拥有一个无形的“自我保护圈”，通常只有非常亲密的人才能进入，否则不容易侵入这个范围。但反过来说，若对方已经侵入了这个圈内，则往往就会产生对方是和自己亲密的人的错觉。女人可以适当地制造和利用这种错觉，迅速缩短自己与陌生人之间的距离。

“亲和力”，在新闻传播学上指报道与受众之间的紧密感、亲切感、信任感、互动性、关注度和接受度。日常生活中，亲和力可以有很多种表现形式，如微笑、抚摸、握手、拥抱、嘘寒问暖、温婉的语调、深情的注视等。具有亲和力的人，容易让人产生亲近感。具有亲和力的女人在与人谈话时，口气总是柔和的，态度也是友善的，有亲和力的女人脸上也总是时刻保持着微笑。

亲和力还表现在与人的零距离接触上，与对方进行身体的接触，可以迅速地缩短彼此间的“心理距离”。有位评论家曾经说过，有一次当他去商场买衬衫时，售货小姐拿皮尺帮他量颈围的时候，由于与售货员距离挨得很近，他甚至在瞬间产生了与情人在一起的感觉。这一点是人的自然心理反应，与道德没有关系。但是，这一点可以被女人充分利用。如女人与女人之间的手挽手，或者年长一些的女人对年轻者的安抚或拥抱……女人在适当的时候运用适当的肢体语言与人有一个零距离接触，会在瞬间把双方的心理距离也会拉到很近。当然，运用肢体语言进行零接触时，一定要把握好度，把握不好容易引起误会。

女人天生就有亲和力，这一点毋庸置疑。因此，女人在与陌生人接触时，可以充分发挥自己的这一优势，快速拉近与陌生人的距离。

让别人感受到你的真诚

真诚是一种情感，能打动别人的心，也最容易被别人所感受到。在面对陌生人时，人们很难打开心扉，尤其是女人更是容易把自己的内心世界看护得很严很紧。只有用真诚的态度和语言，让对方撤去自己内心的警戒线，沟通才容易进行。而要做到真诚，就需要女人自己先敞开心扉，主动把自己的内心展示给对方，让对方感受到你的真诚，才会对你毫无戒备，进而向你展示自己的内心。

人与人之间，总是从陌生到熟悉的。从陌生到熟悉是需要一个过程的，而这个过程的长短就取决于双方的态度。如果一方有着娴熟的交际能力和语言技巧，另一方也会很快被带到一个熟悉的环境中来，两人很快就会成为朋友。如果你是一位想要结识陌生朋友的女人，那么，就充分利用你的性别优势和语言技巧，来做一个交际高手吧。

说话聊天时的安全技巧

在社会交往中，人与人之间的交谈不一定总是要谈论很正式的话题，更多时候我们需要一些闲聊天，尤其是与陌生人交谈时，以闲聊作为开场白，不仅对于自己是必要的，而且还能消除对方的紧张心理。如果一个女人想在这类谈话中立于不败之地，那么就需要把握一些相对安全的技巧。

准备几个安全话题

所谓的“安全话题”就是跟其他人不会有利害冲突的话题，也就是让谈话的对象无法挑出你话题的毛病。比如讲几个无伤大雅的笑话、随便议论一下某个电视剧或是某本书……尤其要注意的是，在有专业人士在场的时候，要注意少谈论专业性的话题，那会让你很没面子。或者你的谈话对象对某一类话题很敏感，也一定要尽量避开。具体准备什么样的安全话题，就要先了解你的谈话对象是什么人，从而避开有关话题。

以自身为话题开头

以自身为话题比较容易开口，而且，一般情况下不会惹到别人，而且，自己主动向对方敞开自己的心扉，会让对方感觉到自己真诚，从而与自己接近。一般在这样的情况下，对方也会很自然而然地谈论自己或别的事情，通过自我介绍式的交流，就不容易因为说错话给对方造成误会或麻烦了，而沟通也就可以顺利进行下去了。

使用模糊词语

有了安全话题，还要注意说话时用语的安全。这一般是一些大众性的词语或是一些泛泛的模棱两可的词汇。

比如，有人问起一本书或一出戏，而你压根儿没听说过，你可以这样回答：“我认为作者早期的作品更好些，风格更质朴。”或者这样说也一样：“我认为他的后期作品更成熟。”这些总是成立的。

大家在谈论着什么，而你正在走神。忽然有人问你：“你认为呢？”你不必说实话，否则会给自己带来尴尬。你可以说“具体情况具体对待”、“不能笼统一言概之”等。

巧妙回避

巧妙回避是指对一些敏感性的话题或是问题，自己不知道怎么回答，或是不想回答的时候，用其他的方法把话题引开去。

比如有人说你说的话有错误，你可以这样回答：“丹麦物理学家波尔说过，世界上有两种真理，一种是小真理，一种是大真理。小真理的反面是拙劣的谎言，而大真理的反面仍然是事实。”说完，你就彬彬有礼地离开，让对方捉摸你的话。

又比如你单位的工资制度不透明，老板有过交代，不让相互打听薪水，但偏有同事要问。你可以就势端起水杯，好像你在润润喉咙后准备回答，突然你急促的咳起来，让别人以为你被水呛着了。这些做完了，你直起身来，对惊恐的人们说没事了，这时大家早就把问题丢到九霄云外去了，你呢，也就真的逃过了这一关。

八面玲珑的技巧

所谓“八面玲珑”，是指一句话会令每一位听者都感到愉快，也就是照顾到每一个人的情绪，维护每一个人的面子。这就要求你在讲话的时候，言辞间不要锋芒太露，“见面说话留三分”就是这个道理。

轻松愉快的气氛

在与尚未熟识的人说话时，最好选择较为轻松愉快的话题，这样可以使说话自然顺畅地展开。毕竟，沉重的话题使大家心情沉重，有争议的话题又容易引发冲突和不快。社交场合应该是令人身心放松的愉悦之地，选择能烘托气氛的轻松话题是最明智的举动。对方既不是熟识的朋友，交心就免了吧。而且，愉快的谈话气氛是使双方的交谈能够顺利进行的重要因素。与人交谈时，如果能做到思想放松、没有顾虑、想到什么就说什么，那么谈话就能进行得相当热烈，气氛就会显得相当活跃。

不要说有争议性的话题

与陌生人见面的四分钟内，最好谈论一些无关紧要的话题，避免有争论性的内容，以免意见分歧带来不愉快。

适时转变不同的话题

围绕着一个主题打转说话，内容就会受到局限，总是说同一个东西，会很快感觉到没有话说，容易造成气氛尴尬或沉闷。而且，适时转变话题，可以避免在某一个话题上引申得太远而触及对方的隐私，从而造成不好的后果。

上面提到的这些，说是技巧，其实只是分析了一些不同的情况。具体什么样的话题更安全，什么样的词语更让人爱听，还要看具体的环境、具体的说话对象和当时现场的气氛。这就需要女人发挥自己的耐心和细心的优势，仔细观察，细心领悟。

只要你用心去体会了，相信你肯定能把自己谈话时的安全系数提高。

身体语言比有声语言更重要

说话是一种语言表达方式，除了说话之外，身体的语言也很重要。在面对面的交流中，一半以上的信息不是通过有声语言来传达，而是通过身体语言来传达的。社会人类学专家爱德华·豪尔也认为，人的交流当中身体的语言行为占60％。因此，人与人之间进行交流时，不可缺少身体语言。

人在说话的时候只有嘴在动，而身体的其他部位都是静止的，就会显得拘谨呆板。真正的社交口才，是既要有动人的谈吐，又要有得体的肢体语言，方可趋于完美，一个具有良好口才的女人，其身体语言必定会与有声语言配合默契。身体语言包括肢体的动作和面部表情，女人在与人讲话时，不仅仅是口头表达能力强就可以的，更要学会使用眼神、面部表情、手势等身体语言来帮助你更好地把你想要表达的意思表达出来。

身体语言是对有声语言的一种辅助和补充，身体语言能弥补有声语言的不足，通过各种动作和表情，协助有声语言将内容准确无误地表达出来。视、听作用双管齐下，能给别人完整、确切的印象，辅助有声语言更好地表达内心的情感和思想。

说话时，身体语言辅助得好，会为口头表达锦上添花，反之，如果身体语言的意思表达得不好，会引起听话者心中的不愉快。而且，身体语言如果表达出来的意思不准确或是表达出的意思与口头表达的意思相反，可能就会引起误会。那么，有哪些身体语言需要我们注意，需要练就怎么样的身体语言才算是比较得体呢？

古罗马诗人奥维特说："沉默的眼光中，常有声音和话语。"眼睛是心灵的窗户，谈话时，目光的交流是对对方谈话的认可和回应，眼神的交流甚至比语言本身还要重要。

谈话时眼睛正视对方，是最基本的礼貌，也是让别人知道自己正在聆听的最好方式。如果你同坐在椅子上的人谈话，最好坐下来同他的眼睛保持平视。偶尔肯定地点点头表示自己对谈话内容认可或有兴趣，同时还要不时面带微笑。微笑是应该一直保持在脸上的表情，如果你对对方的话题不是太懂或不是太感兴趣，那么，只要微笑着点头，微笑着用眼睛看着讲话的对方，你甚至不用说一句话，就可以让谈话的对方感觉到你在用心倾听，能让对方感受到你的真诚。

交谈中不愿进行目光交流的人，往往令人觉得是在企图掩饰什么或心中隐藏着什么事；眼神闪烁不定则显得精神上不稳定或性格上不诚实；如果几乎不看对方，那是怯懦和缺乏自信心的表现。

在与别人交流时，如果你想表现出真诚地听人说话的样子，那就要端坐或是站立。

在与人说话时，如果是坐姿，最好不时将身体稍稍前倾以表示在专心听讲，这样既保持机警又不失轻松。因为，身体前倾暗示着你很乐意与对面的人交往。而且，优雅的坐相，展现女人端庄稳重，落落大方的特性，给人以娴静、含蓄、深沉的美感。如果是站姿，站立时，两脚平行放置，全身放松，这表明你稳稳地站着而不是随时准备抬脚就走。站立时，不要交叉双腿或双脚，因为这样会给人敌视或防

备的感觉。女人如果能做到在和几乎所有人谈话时，都能保持优美的站姿或端庄的坐姿，不仅会赢得别人的尊敬，而且也有利于谈话氛围的愉快。

除了面部表情和坐姿、站姿以外，与人见面时的握手礼，也是一个不可忽视的身体语言。握手，是人们在社交场合司空见惯的礼仪。一个平常的动作，但却是沟通思想，交流感情，增进友谊的重要方式。握手代表了一定的情感态度，表示对他人的友好敬重。

一般情况下，握手时要用右手，这是一项通则，伸左手显得不礼貌。握手时必须上下摆，而不能左右摇动。当遇到比较熟悉的人或至交时，为达到传递某种情感的效果，可以伸出双手行握手礼。

对于女人，在与人见面握手时，不只是要表现出自己的热情就可以了，而且需要掌握一些礼节。

女人之间行握手礼时，只要服从一般规范即可，握手时间及握手的力度都比较随便，但是与男人握手，与长者、贵宾握手，则要遵从特定的礼仪规范。一般男女之间握手时，男人只轻握住女人手指即可。握手时不要戴着手套或墨镜，女人只有在社交场合戴着薄纱手套握手，才是被允许的。

身体语言在交流的过程中有着非常重要的作用，在有些话不好说出口或不能准确表达的时候，身体语言甚至会有比有声语言能表达出更奇妙的效果。尤其是对一些会令人尴尬的话题或是表示拒绝意思的时候，不用开口说话，用你的表情告诉对方就可以了，这样，既能达到目的，又能避免彼此尴尬，面子上过不去。

身体语言对女人比对男人更重要。对于女人而言，身体语言不只是有声语言的补充和辅助，女人的身体语言还代表着她的修养和素质。俗话说："站有站相，坐有坐相。"女人的站相和坐相，直接展现出一个女人的修养。

女人坐的时候，姿势要自然，而且保持端正，切不可斜靠在椅中，其他的如盘腿，或者把手臂搁在椅背上，都会给人一种没有礼貌的感觉。坐的时候都不宜将双腿叉开，更不要架二郎腿。站的时候，千万不要叉开腿，也不要放松四肢。站着的时候，重心稳定，是一个人性格坚定的体现。

第三章

察言观色：首先掌握女子心理洞察术

每个人的内心世界都会有困惑，也没有谁的心灵会永远一尘不染。要想帮助别人解除困惑，洗涤心灵，就要先学会用睿智的目光洞察人的内心，然后用贴心的语言帮助别人洗去尘垢，温暖心灵。语言要从“心”开始。

说服从“心”开始

人们总是希望把自己的观点、想法、思路准确有效地传达给别人，希望对方能够接受自己的意见或建议，这个过程就是说服。

从人的本性来说，每个人都愿意坚持自己的观点，希望自己的观点被别人认同，而不是自己被别人的观点说服。也就是说，在观点争辩的过程中，人们会对对方给予自己的观点，从内心存在本能的抗拒。因此，在说服别人的过程中，在遇到双方观点有强烈冲突的情景时，如果处理不好，往往会给人际关系造成直接或间接的伤害，因此说服别人是需要一些技巧和应变能力的。

通过激励说服别人

人的行为都是需要激励的，人的心理也是渴望得到某种激励来促使自己行动的。对于人的激励，有两大因素：对获得的渴望和对失去的恐惧。

艾森豪威尔总统曾说：“说服是一门艺术，让人们做你想让他们做的事情，并且令其乐此不疲。”让别人心甘情愿，乐此不疲地做你想让他们做的事情，就是利用了人们渴望获得的心理。因此，在激励别人时，你必须把你想让他们去做的事情能给他们带来的收获放在前面，让人们在心里认可接受了这个收获，并且渴望得到它，那人们自然就会去做。比如利用人们对安全的渴望，劝说人们不要做危险的事情；利用人们对财富的渴望，说服人们去做经济收入高的工作……都是利用人们对获得的渴望。

同样，害怕失去也一样激励着人们的行为。这种恐惧，不管形式如何，通常强于对获得的渴望。人们害怕失去金钱财富，失去健康，失去爱以及任何他们想努力得到的东西。那么，你只要想到用什么理由去说服人们保护自己的财富、关注自己的健康、怎样做才不会失去别人对自己的关爱……就可以了。这些理由有很多，你只要把自己想要达到的目标放到这些理由里去说就是了。只要你能让人明白通过做你想让他们做的事情，他们就能避免某些损失，你就能影响他们去做特定的事情。如果你提供的机会既能带来收获又能避免损失，那就最好不过了。

以退为进，维护对方自尊

人人都有自尊心，没有人愿意被他人不费力地说服而任其摆布。很多时候，人们为了维护自己的自尊和虚荣，对明知道正确的事情，也要予以反驳。这个时候，给人一个维护自尊和荣誉的机会，让对方的自尊和虚荣心得到满足。对方在自尊得到满足的情况下，也会给说服者一个面子。而对于说服者来说，自己退一步，给对方一个台阶，让对方的虚荣心得到满足，在让对方获得尊重的同时，再摆出自己的理由来，对方自然也会乐于接受了。这样，说服别人时，自然就会非常容易成功。

一个刚毕业不久的年轻女教师，接管一个差班的班主任工作，学校里的其他教师都为这个年轻女老师捏了一把汗，因为这是个连有着多年教学经验的老教师都头疼的班，给这个班上课的老师几乎都受到过这个班里学生的捉弄。

果不其然，接任伊始，班里的学生就给这个年轻的“黄毛丫头”来了个下马威。这天，天气炎热，又正好赶上学校安排各班级学生参加平整操场的劳动，班主任把任务布置下去以后，班里的学生走出教室，但是，谁也没有去干活，而是都躲在阴凉处乘凉去了。任凭这位年轻的女老师怎么苦口婆心地劝都无济于事。后来，这个年轻的女老师想到一个以退为进的办法，她对学生们说：“我知道你们不是怕干活，而是因为天气太热了吧？”

学生们正愁找不到借口搪塞老师，又不愿承认自己懒惰，见班主任这样说，于是纷纷抱怨起天气来。班主任老师一看，正中下怀，于是她说：“既然如此，咱们就等太阳下山后再干，现在我们就痛快地玩吧！”学生一听自然十分高兴。年轻女老师为了调动气氛，又跑出去买了几十个雪糕给学生们解暑。学生们开心地边吃边玩，吃完玩够了，没等老师再说什么，学生们就主动去劳动了。

年轻女教师上任伊始，既没有经验也没有威力，面对调皮学生给自己的下马威，她没有贸然硬碰硬，因为她知道，对于调皮的学生来说，强硬的态度是不能解决问题的，倒不如自己先软下来，给他们一个台阶，让他们站到自己设好的圈子里，承认自己不是因为懒惰，而是因为天气热才不愿意劳动的。然后，女教师再把他们怕的理由解决掉，让学生们自己感觉没有理由了，不用别人说服就把事情解决了。

退是为了更好地进，妥协并不意味着要放弃，反而是为了更好地达到目的。以退为进是一种有效的交谈策略，它表面是退缩，实质上是进攻。好比拉弓射箭，把弓弦向后拉的目的是为了把箭射得更远。

但是，女人们要注意，运用以退为进的说话策略时，有几点需要注意：

⑴要知己知彼，方能百战不殆。知道对方要什么，知道对方的弱点，抓住对方的软肋，有针对性地退。

⑵退要适度，进要有力，有如拉弓，用力过度则弓弦易断，用力不够则不能把箭射远。退是为了更好地进，退到一定程度，就要进了，不能一退再退，否则，会让对方感觉你软弱可欺。

⑶生拉硬扯不会取得好结果，顺应对方的话题和心态，自然而然、顺理成章，退得巧妙，进得有力。在不知不觉中，让对方完成你想要他们做的事。

温暖对方，而不是战胜别人

真正的人际关系大师并不想“战胜”任何人，“战胜”实际上等于“失败”。相反，他们会找到人们需要什么或想要什么，然后鼓励人们去追求这些东西。

我们都知道太阳和风的故事：

风与太阳打赌，看谁能让那个穿着大衣的人先把衣服脱下来。比赛开始了，风使劲地吹啊吹，然而它吹得越起劲，那个人把大衣裹得越紧。不管风刮得多么猛烈，它只能让那个人把大衣裹得越来越紧。最后，疲惫的风只好放弃了。

轮到太阳了，太阳微笑着慢慢地把温暖的阳光洒在那个人身上。几分钟后，那个人慢慢地松开了大衣。太阳继续温暖地照着，那个人把大衣脱掉了。一会儿，那个人又把毛衣也脱掉了，一边脱还一边擦着脸上的汗水，太阳还在继续温暖地照着……风终于认输了。

凭着自己的温暖，太阳做到了风竭尽全力也没有做到的事情。

不要想着强迫别人接受你的观点，重压之下是没有什么好结果的。只有把话说到别人心里去，把温暖送到别人心里去，别人才会主

动地、心甘情愿地按照你的要求去做。

无论是激励还是以退为进，说服别人最重要的就是要说到做到对方的心里去，让对方的心里有一种满足感，同时，感到温暖和舒适。这样，对方就不会产生抗拒情绪，可以客观地对待你要说的话，并且有意识地愿意去接受。这样，无需花费太多口舌，就能达到说服对方的目的。

动之以情，方能晓之以理

拥有感情并能够把自己的感情恰当地表达出来，正是人与其他动物的最大区别。每个人，无论其性别年龄、身份地位如何，也无论其内心的善恶美丑，都是有着丰富的情感的。人最怕也是最软弱的地方，就是内心的感情。所以，要说服一个人，最根本的办法就是想办法让对方从内心里先认可你，在感情上与你的距离拉近了，接受了你这个人本身，那么，对你的观点看法接受起来就容易了。

而相对于男人来说，女人的感情更丰富，运用感情的能力也更强。所以，女人在说服别人的时候，可以充分利用自己的这一优势，必能达到事半功倍的效果，可以从以下两方面入手：

动之以情，晓之以理，以真心打动别人

在大多数情况下，进行说服的过程，很大程度上可以说是对对方情感的征服。只有先动之以情，然后才能晓之以理。

有个出租车女司机在一个晚上拉了一位男青年，车行至不远，男青年就掏出尖刀逼司机把钱都交出来，她装作很害怕的样子交给歹徒300元钱说："今天就挣这么点儿，要嫌少就把零钱也给你吧。"说完又拿出20元找零用的钱。

见"的姐"如此爽快又是个女子，歹徒慢慢放松了警惕，把刀也收了起来。他让"的姐"把他送到火车站去。"的姐"一边慢慢地开

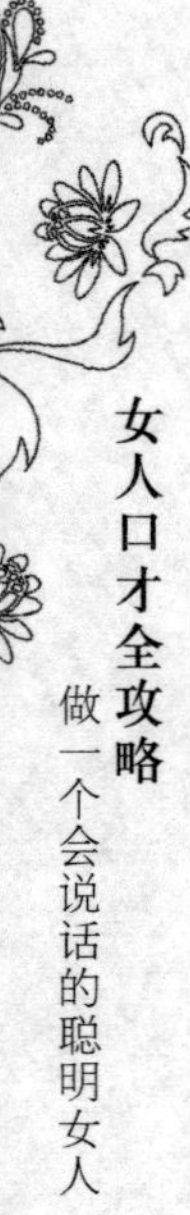

着车，一边跟歹徒说话："小伙子，你是哪里人呀？这么年轻一个人出来闯荡挺不容易的吧。是不是家里条件不太好啊？"

这话好像说中了年轻歹徒的痛处，他愤愤地说："你们城里人也太黑了，自己吃香的喝辣的，我们累死累活卖命干活儿，也挣不了几个钱，还要找各种理由给克扣了，凭什么你们城里人就该比我们生活得好？凭什么这样对待我们？"

从他的话里，"的姐"听出了这个年轻歹徒抢劫自己的动机，她心里有底了，知道这个年轻人不是那种穷凶极恶的抢劫犯，他本质上并不坏，只是自己受了委屈无处发泄，才把火发到了自己这里。

于是"的姐"趁势跟他套近乎："是啊，现在确实有一些黑心老板克扣工人工资，这些人早就应该受到制裁，我也恨他们，我一个亲戚也像你一样受过骗，当时也跟你一样，非要杀了他们老板去，后来让家里人给劝住了。然后，他们通过法律途径把钱要了回来。你被骗了，也要通过法律解决，不能自己蛮干，蛮干就是犯罪。"

见年轻人不吭声，"的姐"接着说："其实，大多数城里人都是好的，也跟你们一样靠自己工作挣钱。你看大姐我，这么晚了还要出来开车拉活儿，孩子他爸也是上夜班，我家里5岁的孩子只能一个人被锁在家里，谁都不容易呀！"

见歹徒沉默不语，"的姐"干脆把车停了下来说："小伙子，姐也知道你心里的想法，要过年了，自己没有钱带回家去，心里不舒服。这样，姐也不去报警了，这300块钱就算姐帮你的，但是，有一句话要听姐的，以后一定不要再做违法的事儿了，那样会毁了你一辈子的。"

年轻人再也听不下去了，只见他哭着把钱往"的姐"手里一塞说："大姐，你放心，我这辈子就是穷死饿死都不会再做这样的事儿了。"说完，拉开车门冲了出去。

"的姐"说服这个年轻人，就是先动之以情，把自己放在跟对方一样工作挣钱的位置上，然后，又晓之以理，劝说他不要走上犯罪的道路。最终，让年轻人真心感动，诚心改过了。

感情是沟通的桥梁，只有把桥梁搭好了，双方沟通起来才更顺畅。因此，在说服别人时，要做到推心置腹，以心换心，让对方真正从心理上对自己认可了，道理也就很容易讲清楚了。

利用非有声语言传递信息

在人与人的沟通中，有声语言信息的比例只占不到20%，80%以上都是非有声语言信息。所以，对非有声语言信息的充分利用，能让你在说服别人的过程中，把你内心的活动和想法，通过面部表情、肢体动作等非有声语言，表达得更彻底，更完善。让对方对你的意图有一个充分的理解。同时，你也可以通过观察对方面部表情的变化，准确把握对方心理的变化，从而找到一个最简捷最关键的突破口去说服对方。

女人较之男人来说，感情更为细腻、敏感，表情也更加丰富。所以，一定要善于运用你的表情和肢体语言，来增强说服的效果。比如，如果是谈及对方的工作成绩、生活中的幸福时光时，就应当适时流露出喜悦和欣慰的表情。当谈到对方遭遇到的不幸和困难时，应当自然地流露出同情、关心和安慰的表情；必要的时候可以给予对方一个温暖的拥抱，只这一个动作，就能把对方与你的距离拉得很近。一个会说话的女人，应该非常善于通过自己的表情来向对方传达自己的感情，以赢得对方的认同，增强说服力。

说服力强的女人，能通过目光、眼神来准确地反映她的思想和态度。在某种情况下，一个眼神，能抵得上千言万语。

以情动人，以情感人，是女人最擅长、最容易做到的。“情”字也是最能够深入到人内心最深处，最能打动人的。心服胜于口服，人心一旦被打动了，对方就把你整个人都接纳了，还有什么观点不能接受的呢？

温馨劝慰，“靠近我，温暖你”

人在遭遇困境或是灾难时，是最需要别人关心和安慰的。女人在安慰别人方面是有特长的，因为女人特殊的细心和体贴，一般会让受到伤害或痛苦的人暂时得到一些温暖，有一些安全感。女人天生的亲和力也会让痛苦中的人信赖她，愿意把她当做可以倾诉痛苦的对象。但是，人们在痛苦时的心也是最敏感的，一旦安慰别人的话语中有什么地方触碰到对方内心的痛处，不仅不能起到安慰的作用，反而更会增加对方的痛苦。那么，如何能适当地安慰正处于痛苦中的他们呢？

安慰痛失亲人的人

失去亲人，对于每一个人来说都是最不愿接受而又不得不接受的，当失去亲人成为一个不争的事实的时候，对于陷入痛苦中的人来说，重要的不是“坚强”，而是让对方把心中的痛苦痛痛快快地发泄出来。作为被倾诉的对象，女人这个时候做得最好的事情就是倾听，帮助对方将心中的悲痛发泄出来，听着他们把自己对逝去者的思念说出来，当对方向你诉说失去亲人的哀伤时，不要有意回避提及对方亲人的往事。或者你也可以小声倾诉逝去者的美德和做过的好事，然后当对方转为专注的倾听时，也可以缓解他的痛苦。

对于年纪比较轻而失去配偶的人，更要注意，不要过早说如：“你还年轻，马上就会找着合适的人结婚的。”或者“还好你们没有

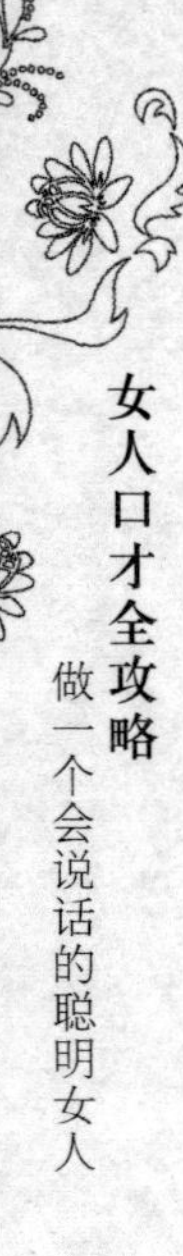

生小孩，再婚比较容易些。”这样的话语无疑是对生者与逝者的双重伤害，尽管你可能的确是好心。

如果对方有孩子，在安慰时不必把孩子牵扯进来，这不仅对减少对方心中的痛苦无实质作用，反而会加重对方的痛苦。

安慰失恋的人

当一份刻骨铭心的恋情消逝时，无论多么洒脱的人，都会伤心难过。这时，不要去攻击当事者的另一方，应耐心地倾听对方的倾诉，不要轻率地指出两个人中的任何一方有什么不对之处。你的倾听就是对当事者最好的安慰，而过多地参与评判也许正好刺中对方的痛处。比如：“你们俩本来就不配，分手是迟早的事。”这样的话最好不要讲。对于当事者来说，虽然爱已逝，但情还在。而过多地评判会让当事者本人从心里对你的好心存有反感和抗拒，并且，会极力去维护对方。对于当事者来说，每一份爱情是用生命来谱写的，即使已经成为过去，但那也是曾经的美好，当事者是不会容许别人践踏的。

考虑一下对方当时的境况，想办法把他带出失意的感情。对于习惯了过两人世界的失恋者，邀请他一起吃饭，或者是找几个比较亲近的朋友一起聚会都能分散他单一的思维。对于女人，邀她一起出去看电影或是逛街都是不错的选择，但是，要尽力避开以前两个人经常一起去的地方，避免对方触景生情，更生新的痛苦。还可以多陪她买几件不同风格的衣服。对于女人来说，在换上新装时，心中也会暗示自己该换一种生活状态了，离走出失恋的阴影也就不远了。

劝慰工作中失意的人

“比上不足，比下有余”，人总是会在不知不觉中有一种比较的心理。对于工作中失意的人来说，“比下有余”也许会让失意者暂时找到一种心理的平衡，从而产生“知足”的情绪。因为，失意本身往往就来自于“比上不足”。

安平平在出版社做编辑工作已经有两年了，当时是大学毕业后到这里实习的，单位主编看好她，就让她留了下来，做社里的实习编辑，等到工作熟悉了，就可以转成社里的正式员工了。当时班里的同学都对她这么快就找到一份好工作羡慕得不得了，她也为此窃喜了一阵子，觉得自己真是太幸运了。但是，如今她已经工作了两年，工作不要说熟悉，自己独当一面已经完全没有问题了，而正式成为社里员工的手续却迟迟不能办理。对此，安平平虽然不说什么，但工作热情明显降了下来，甚至一度对自己的价值产生了怀疑。

她的情绪被同在一个办公室的校对员曹小开看了出来，曹小开安慰她说：“安姐，如果你觉得心里不舒服，你就多想想你的读者，有多少人都希望天天见到你的名字。我认识的好多朋友都说你的文章写得好呢。”

听了小开的话，安平平的心一下子豁然开朗了，是啊，自己工作的价值是什么呢，让读者开心，不就是自己最想要的吗？能得到读者的认可，不就是自己最大的价值体现吗？像曹小开这样，只是帮自己校对稿子，每天都这样开心，自己有什么不开心呢？

“比下有余”，并不是劝对方安于现状，不思进取，而是让失意者看到自己的优势和价值，找到内心的平衡，从而摆脱失意的痛苦。

另外，在劝慰别人时，要注意掌握以下原则：

别把自己当中心

女人喜欢以自我为中心，因此，女人在劝慰别人时，一定要留意

对方的感受，千万不要把自己当成中心。当你去探望或者劝慰你的朋友时，一定要记得你的目的：你是为了支持和帮助对方摆脱困境，让他快乐的。要时刻留意对方的感受，观察他的情绪变化，根据情况变化自己的态度和语言，而不要自己说得忘乎所以就把对方忘记了，让对方受到了冷落。这样，劝慰不成反而会给对方增加不必要的痛苦。

不要以对方的不幸际遇作为引线，而把自己的类似不幸经历扯出来，那和别人的不幸没有什么关系。如果你确实也有过类似的遭遇，你可以这样说："相信我，我是过来人，我明白你的心情。"或者"我曾经也痛苦过，但要相信，一切都会很快好起来的。"而不要扯得太远，重点的关注角度应该在对方那里。

认真耐心地倾听

女人总是习惯于向别人倾诉，但是，如果你去劝慰别人，你就要尽可能先让对方倾诉，让对方把自己内心的痛苦全部倾诉给你，给对方表达和宣泄的机会。很多时候，对于不幸者，不需要什么道理去开导，道理也许他们比你懂得还要多，对方需要的只是把自己内心的痛苦说出来，说出来，痛苦就会减轻了。也许，他们会一遍又一遍向你重复他们有多么难受，不断重复告诉你，他们有如何痛苦，没关系，你不需要说太多话，让他们去说吧，你只要耐着性子听就是了。用你的眼睛、耳朵和心灵去认真地倾听对方的声音和诉说，不必去追问事情的前因后果，那没有任何意义。你的耐心倾听，胜过任何语言上的安慰。

恰当的态度和感受

在劝慰别人时不要强硬地告诉别人"你应该……"或"你不应

该……”之类的话，听到这样的话，也许对方会给你这样的回应：“应该……？那你试试，你能做到吗？”人在痛苦的时候，往往不受理智控制，没有什么应该或是不应该。不幸者要表达的是自己的一种感受，人有权利保有自己真正的感觉，而不需要你的左右。

“一个人的痛苦由两个人承担，每个人只有一半的痛苦”，你要做的是把对方的痛苦分担过一部分来，假设自己也有着相同的遭遇，与对方感同身受地表明你的态度和感受。而对于被安慰者来说，这种感同身受的表现与安慰，就是他们需要的最好的礼物。

“良言一句三冬暖”，女人温馨的劝慰，就如冬日里的暖阳，让遭受不幸者阴郁寒冷的内心温暖明亮。女人细心的劝慰就像创可贴，在朋友失意的时候，轻轻地为他贴上，能让对方的伤口早日愈合。女人耐心的劝慰，就像宽容的大海，能够包容一切，让对方得到身心的放松。

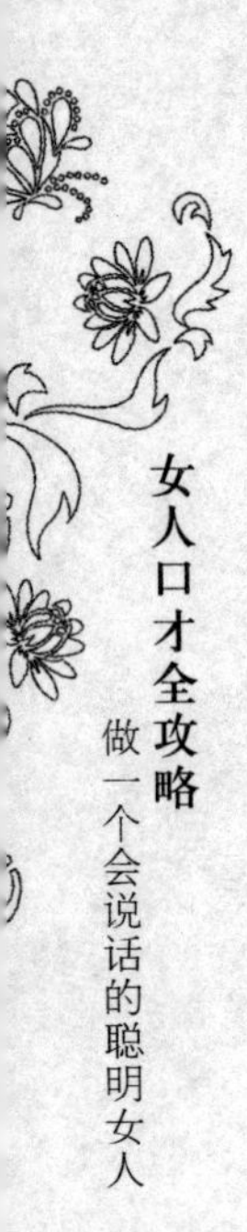

把话说到对方的心窝里

“话不投机半句多”，人与人在交流的时候，如果没有共同话题，谈不到一起，那这样的交流对双方而言都是一件让人备受折磨的事。那么，如何才能把话说到别人的心坎上呢?

关注别人，说对方感兴趣的话题

从心理学角度来说，对对方的关注度越高，进行的交谈越能打动对方的心灵，为对方所欢迎。

每个人都希望受关注，希望别人关注自己。因此，如果想引起某个人的关注，那么，你要先去关注对方。要想把话说得让对方愿意听，最好从与对方有关的话题入手，这样很容易引起对方的兴趣。因为是关注对方自身，对方觉得自己被重视，想不让他敞开心扉，打开话匣子都难。

如果是多人在一起聊天，如果你想与某个人交谈，可以看似不经意地提及一些与这个人有关的话题，因为与其自身有关系，通常情况下，这样的话题一展开，对方就会马上来了兴致，主动跟你说话，很自然就可以聊起来了。

语气尊崇，赞赏对方的兴趣所在

一般来说，人们对于自己感兴趣的话题或是自己的特长会有格外的兴致。画家对于别人欣赏自己的画而高兴，作家因别人喜爱自己的作品而欣慰。用欣赏的眼光看待别人，看待对方的长处，以一种欣赏的口气赞美或是以崇拜的语气请教，都能很快得到对方的认可，从而愿意对你敞开心扉。

因为工作需要，保险业务员小王去一所知名的大学拜访该学校的杨教授，杨教授是那种为人比较严肃、不苟言笑的老知识分子，让很多学生都很敬畏。小王去之前，也是有点犹豫，怕自己到了那里冷了场，陷入尴尬的境地。果然不出所料，到了杨教授家里，除了开头说了几句应酬的话以外，教授就再也一言不发了，坐在沙发上看起书来。于是，两人再也找不到话题了，屋子里出现了让人尴尬的沉默。

忽然，小王看到了教授家养的热带鱼，于是，心生一计，她走到鱼缸前，饶有兴趣地看了起来。杨教授看小王看的神情专注，于是也走过去，笑着问："你也喜欢热带鱼？"

小王赶紧接过话题说："是啊，我一直想养几条热带鱼，但是，不知道养什么样的，也不知道该怎么养，正发愁呢。"

提到养热带鱼，杨教授一下子来了兴致，他像是一下子遇到了知音，神采飞扬地大谈了一通养鱼经，从鱼的来历、名称、特征，讲到鱼的产地，生活环境，如数家珍一般。讲完了又拉着小王到书房看他收集的各类名贵热带鱼的照片，现场气氛一下子活跃起来，两个人之间的距离也一下子变得亲近了。这时候，小王顺势把自己此次的来意说了出来，教授也回答得很爽快。直到晚饭的时候，教授还一再挽留，让她吃完饭再走。而且临走时还硬塞给小王几尾小鱼，并且一直把她送到楼下。

小王是聪明的，也是细心的，她能在紧张尴尬的气氛中，急中生

智，发现杨教授养的热带鱼，并以此判断教授对养鱼感兴趣，并以请教的口吻来展开话题。这样，既显示了她对教授的尊重和崇拜，又表现了她良好的教养。同时，这一话题又提到教授的兴趣点儿上，让教授有机会在一个晚辈面前把自己的养鱼经说出来，让他养鱼的知识得到了一个充分的表现，从而产生一种成就感。教授自然心情愉悦，与小王自然也就亲近起来。

恭维话不要说得太多

人人都喜欢听恭维话，在必要的场合说一些恭维话也是很能让听者内心舒服的。但是，恭维话不可说得太多，尤其是大家都在众星捧月的时候，你大可不必去凑那个热闹，说一些言不由衷的恭维话。也许，在适当的时候，选择沉默，或者真诚地提一些建议，反而会说到对方心里去，让对方真正高兴起来。

吴笑天自己创业一年，公司效益还不错。年末的时候，吴笑天在酒店宴请公司所有的员工。

在酒桌上，吴笑天给大家敬酒，感谢大家这一年来的努力工作和对自己的帮助。同时，几乎每个下属也都和吴笑天碰杯向他敬酒，说一些“吴总领导有方”、“吴总才智过人”、“祝愿公司越来越好”或者“祝吴总发大财”之类的恭维话或祝福。

对于祝福，吴笑天并不排斥，无论大家是否真心，在年末有这样的祝福，吴笑天还是愿意接受的。至于对他本人的一些恭维话，他却从心里不是太愿意听。这样的话他听得太多了，再听起来总感觉对方说得言不由衷，是为了讨好自己。趁大家都玩得热闹的时候，他一个人走到一个角落里，他想一个人静一会儿。

走到那里，他发现员工安小娟也在这个角落里，拿着一杯酒默默地品着。吴笑天端着酒杯迎上去说：“今天一直没见你说话，你看别的同事们多热闹！”

安小娟看了一眼老板，笑了笑说：“不是不想说，只是不愿意说，这些客套话和恭维话说得太多了，我想您也听腻了吧，这么多人都在说，我说不说也没有什么关系。如果要我说的话，我倒是想就过去一年的工作中出现过的问题，提几点建议，可是，这个场合有点儿不适合，有机会再跟您说吧。”

吴笑天听了这些话也笑了：“那就什么也不要说了，我们一起喝酒吧。”

后来，吴笑天和安小娟成了无话不说的好朋友。

安小娟的话很平凡，甚至有点儿伤了现场的大雅，但是，她真心为公司着想的真诚打动了老板，把话说到了老板的心窝里去，所以，二人才能真正成为朋友，而不仅仅是雇佣关系。

在很多交际场合，人们听惯了不想听的话，但又不能不听；也有很多不想说不愿说却不得不说的情况。这些话都徒有形式，没有内容，更没有感情，听得人心里烦闷却又不能不应付。如果别人都在言不由衷地客套的时候，你能别开生面地表达自己的真情实感，相信没有人会不喜欢听。

要想把话说到别人的心坎里，就要摸清对方的心思，知道对方想听什么，不想听什么。当然，要做到这些，并非一朝一夕的功夫。这需要自己在日常生活中，对周围所接触的人进行观察，练就一身能够察言观色的好功夫，在说话之前就能知道对方心里想些什么。当然，对于自己身边比较熟识的人就好办了，只要在平日里多注意他的言行举止，摸清对方的性格爱好，到时候就能根据具体情况来说话了。

忠言也要“顺耳”

都说良药苦口，于是，药厂为了让人们吃药的时候不再“吃苦”，而选择给药裹上糖衣。这样，人们在生病吃药的时候，不再抵触了。

同样，当人们犯了错误对其进行说服教育的时候，总爱强调“忠言逆耳”。其实，“忠言”也不是一定要“逆耳”，这就如人生了病吃药一样，若是良药，裹上糖衣便不再苦口了，但它依然有效。我们把“忠言”说得好听一点儿，加点蜜，变得顺耳了，它也还一样是忠言。

人在有了过失或犯了错误时，面对别人的批评和指责，往往会下意识地在别人面前为自己的错误做一些争辩，找一些借口，为自己的错误做掩饰。而在别人给予正确的评价甚至是赞美的时候，反而能敞开胸怀，正视自己犯下的错误，面对自己的弱点。这是人的本性，也是人性的弱点。与此相对应的，如果我们面对犯了错误的人时，应该持一个怎样的态度呢？应该怎样来指正对方的错误之处呢？

漂亮女孩贝贝新买了一件漂亮的名牌衣服，高高兴兴地穿给朋友琳琳看，没想到琳琳迎头就来了一句：“是挺漂亮的，可是太贵了，相对于这么高的价格来说，这件衣服太不值了。”原来琳琳正好也在商场看过这件衣服，知道这个衣服的价格，当时她就是因为觉得衣服价格太高而没有买。

一听这话，贝贝犹如一盆凉水扑面，她着急地辩解着："这还贵呀，你看这个面料多柔软，你看这做工多好，名牌就是名牌，这个价格已经非常合理了。"

第二天贝贝穿着新衣服去单位，与她同一个办公室的同事韩青看到后大声夸赞："衣服好漂亮啊！你真有眼光！在哪里买的，我也想去买耶！"

贝贝听了心里自然高兴，但还是有些沮丧地回答："漂亮是漂亮，但是，我觉得买得有些贵了，一千多块呢。当时只是看着好看，一冲动就买了，其实，现在想想有一点儿不值，这样的面料，还有这做工也不是太好，真是不值一千多块钱。"

韩青听着笑了笑说："是有一点儿贵，不过，你的眼光真的不错，如果从审美方面来考虑，那是物超所值的。"

其实，贝贝也知道自己的衣服买得不是物有所值，但是，面对好友琳琳的评价，她本能地要反击。虽然是好朋友，但是，她从内心是不愿意承认自己没有眼光，不愿意承认自己被当了"冤大头"，所以，即使自己也同意琳琳的看法，但是当面也决不认错。

而对于韩青"有眼光"的赞美，贝贝一下子觉得自己得到了认可，从而愿意把韩青当成朋友，而把自己真实的想法说了出来。而韩青的评价更妙，在不知道价格以前，她夸赞衣服漂亮。而知道价格之后，她也并没有说衣服买得不值，而是从另一个角度，把价格与漂亮连起来，让人在承认价格不菲的同时，还不觉得自己的钱花得冤，同时，还得到一个有眼光的好评。这样的话贝贝自然愿意听。

中医在给人治病的时候，一般不会用猛药来医治。因为用药过

猛，会产生严重的副作用，甚至危及病人的生命。批评也是如此，真正高明的批评，更多的是交流、引导和印证，而不是专横的态度、刻薄的话语。合情合理的批评，有时只言片语便可令人心悦诚服。而刻薄的语言，不仅不能达到让对方改正错误的目的，反而会引发其他方面的问题，造成不必要的副作用，严重时会造成错误的一方反其道而行之，说得俗一点儿就是，明知道自己错了，还是明明白白地跟你对着干。如果你批评的话说出来过于“咄咄逼人”，就会在不经意间伤害到对方。这时，即使你的话语再中肯，你的态度再诚恳，都不易被对方接受，严重时甚至会伤害到两个人的感情。

小亚和亚茹是一对非常要好的朋友，但是，两个人的性格却截然不同。小亚的性格活泼开朗，爱说爱动，在学校里曾是个运动健将。工作后，她在休息日一定要去运动一把，因此，虽然工作繁忙，生活有些不规律，但是，身体一直很好，既苗条又健康。跟小亚相反，亚茹却是一个文静的女孩，尤其不爱运动，上学时甚至连体育课都能免就免，更别提主动参加体育锻炼了。每天除了上班就是窝在住处看书，慢慢地身体也变得越来越胖。

当亚茹意识到自己越来越胖时，一方面她也准备开始锻炼身体，并请求好朋友小亚随时监督自己。同时，她的内心也变得很敏感，对诸如“胖”、“肥”之类的字眼显得格外敏感。

这天，小亚又来找亚茹一起去锻炼身体，但是，无论小亚怎么说，亚茹就是不去。原来这几天亚茹工作忙，连续加班，感觉很疲惫，而且心情也有些不好，所以，就不想去。

最后，小亚实在忍不住了，对着亚茹大声嚷嚷起来：“亚茹，你看看你自己的体型，你知道你现在是什么样子吗？肥头大耳，臃肿蹒跚，丢到熊猫窝里也分不出来……”没等小亚说完，亚茹已经脸色煞白，她一句话没说，就哭着跑了出去。从那以后，亚茹再也不愿意跟小亚在一起了，两个好朋友几乎成了陌路人。

小亚本来是一片好心，她想用狠话督促好朋友起来锻炼，却没想到自己的“好心”太过尖刻，以至于让朋友无法接受，进而导致两个人的友谊都受到了影响。

其实，“批评”大可以不必如此尖刻，尤其对于女人，温柔一些，温暖一些，相信效果会更好一些。如果小亚在亚茹不愿意运动的时候，好言相劝，理解她因为工作压力大而心情不好，并跟她讲清运动正好可以缓解工作的压力和身体的疲惫的道理，也许，亚茹想清楚这个道理后会跟着小亚一起去锻炼的。即使亚茹不去，至少，两个人不会闹到这样一个地步。

当你的批评或建议变得温柔和贴心的时候，也许你的朋友会对你说：“让批评来得更猛烈些吧！”因为，你的批评能帮他（她）改正错误，而不会让他（她）受到伤害，这样的批评又有谁不愿意接受呢？

每个人都会有过失，每个人都会有犯错误的时候。犯了错误，就需要有人批评指正，这样，才能改正错误。但是，人都是有自尊的，而且，人的本能也会对来自于别人的不同看法产生本能的抵触，这就需要批评者掌握批评的艺术。批评的目的是为了帮助对方认识错误，改正错误，把事情做好，而不是要制服别人。所以，批评对方时不是要摆出一个高高在上的姿态，更不要用一些“咄咄逼人”的刻薄话来伤害对方的心理，更不能用攻击性的语言，那样的话，批评就失去了其本身的意义了。

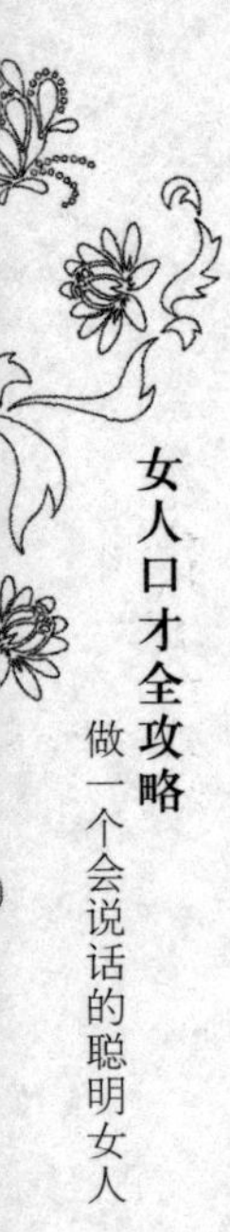

批评方式，“巧妙”两字不可少

每个人都会犯错误，但是没有人喜欢被批评，批评别人是一件吃力不讨好的事情。所以，要把批评说得让人乐意接受，需要高超的说话技巧。有批评技巧的人，能将批评的话，说得让人如沐春风，让对方知错后改正；不会批评的人，即使是很小的分歧，也可能给人留下尖酸刻薄的印象。这样的批评不但不会解决问题，反而会让对方产生反抗心理，甚至一错再错。

批评是一门艺术，是一门每个人都应该学会，也是每个人都必须接受的艺术。批评的方式有很多，对于接受者来说，接受起来就有很多种感受。但是，无论是哪种方式的批评，接受者在一开始都会有一种本能的抵触，这就要求批评者想办法把这种抵触降到最低，以最易为人接受的方式去批评对方。对于批评者来说，在批评别人时，一定要言之有理，言之有物，要以理服人，这是最基本的要求。批评时，只有情真理切，才能收到好的效果。

既然批评是一门艺术，那里面就一定有技巧可言，让我们来看一看下面这些每个人都需要掌握的技巧：

搞清楚事情的来龙去脉

批评对方之前，先搞清楚事情的来龙去脉，理清思路，选择一个合适的开场白，比如：“现在你想听听我的一点想法吗？”“能否提一些对于这个问题的建议？”当对方表示出愿意听的意思时再斟酌语气，把自己的想法说出来。这样，对方就会比较容易接受。如果对方反应冷淡，根本不想听，那样你倒不如选择沉默更好。

用婉转提问的方式批评

对于那些善于思考、性格内向、思想比较成熟的人来说，用婉转的口吻，问询的方式提出批评是比较合适的。因为这些人思维比较敏锐，有一定的思考和接受能力，对于自己的失误，只要稍加点拨，就能很快醒悟。把批评的信息以这样的方式传达给他们，他们立即便会加以注意，同时，也不会丢了他们的面子，他们接受起来也比较容易。

批评从赞美开始

美国著名企业家玛丽·凯在《谈人的管理》一书中说道：“不要只批评而要赞美。这是我严格遵守的一个原则。在批评对方以前，先找出对方的长处来加以赞美，听到赞美的时候，对方会在心里对批评者有一个认可和感激的心理。在此基础上，再中肯地提出自己批评的建议，让对方感觉到你处理问题比较客观公平，自然会心服口服地接受。批评过后，最好再给一些鼓励和表扬的话，一方面为了让受批评一方不至于因为受到批评而心存不满；同时，不让受批评者因为受到批评而情绪沮丧，也为对方增加一些自信。

以启发的形式批评别人

我们批评别人的目的，是让对方真正从心里认识到错误，并改正错误。因此，在批评的时候，要针对对方的内心思想，也就是要针对错误产生的“内因”。而要让人从思想意识上有所改变，就可以用启发的形式，把错误的问题指出来，让对方自己去认识并去改正。

查尔斯·斯科尔特是美国一家钢铁公司的车间主管，一天中午，当他经过车间时，看到工人们正在禁止吸烟区吸烟，而那样做是很危险的。查尔斯·斯科尔特当时就有些着急，但是，他并没有走过去生硬地阻止这些吸烟的工人，而是走向那些工人，递给每人一根雪茄，然后说："各位，如果你们可以到外面去抽这些雪茄，我将感激不尽。"工人们都是明事理的人，他们立刻意识到自己违反了一项规定，他们什么都没有说就把手里的香烟熄灭了。从那以后，他们对斯科尔特非常敬重，对于他的指令也一律听从。

高明的批评者总是逐渐"敲醒"对方，启发他进行自我批评。查尔斯·斯科尔特就是认识到，工人们是一时大意才造成了错误，所以，选择用启示的方式提醒工人们。查尔斯·斯科尔特知道，这些工人都是性格比较刚烈的人，如果自己生硬地去阻止他们吸烟，他们未必会听自己的，因为道理大家都明白，只不过是一时大意。自己强行阻止，可能会起一个相反的作用，不如用委婉的语气把大家点醒就是了。事实也证明，查尔斯·斯科尔特的方法是正确的，他的劝阻起了作用，而且还赢得了工人们的敬重。

以模糊的语言批评

一般在单位里，领导需要对某个人或某些人提出批评的时候，常常会用到这种方式。例如：某单位为整顿纪律召开了员工大会，领导常常会说："我们公司的纪律总体来说是好的，但最近一段时间也有个别人表现较差，有一些迟到早退现象，有些人在上班时间聊天……"这段讲话就用了好几个模糊词语，如"最近一段时间"、"有一些""有些人"等，这样，既照顾了这些人的面子，又点出了存在的问题，提醒有违纪现象的人注意。通常这种说法比直接点名批评效果更好。

口气不要太严肃太尖刻

批评别人时，如果用权威一样的口气阐述自己的观点，会让对方觉得压抑。如：“你应该……”、“你不能……”等等，这样对方会觉得你的观点是要强加给他。这时，对方会从潜意识里不自觉地有一种抗拒情绪，容易使双方的沟通陷入僵局。这样，不要说对方接受你的意见了，恐怕连对话都很难进行下去。

减少话语中的“攻击性”

攻击性的语言会对人造成伤害，有人身攻击之嫌。批评是对事不是对人的，批评的是做错的事儿，于人本身没有直接的关系。如果用攻击性的语言直指人，大多数情况下会引起对方的强烈反感和抗议，甚至会造成严重的后果。

不要轻易说“你错了”

著名成功学大师卡耐基曾经告诫人们：不要轻易地说出“你错了”这三个字。因为，这样的话很少有人愿意接受，这是人性的弱点。不要指望别人明明白白地告诉你“我错了”，在人们的意识里，认错是一件很丢面子的事情。即使知道自己错了，一般情况下，人们会自觉改正，但是，很少有人会主动认错。所以，如果你想批评指正对方的错误，也不要轻易地说“你错了”，如果你一定要说，对方往往会在明知道自己有错的情况下，还为自己的错误百般辩解，找出各种各样的理由为自己开脱。最后，错误也得不到改正。

批评别人的技巧有很多，怎么应用要看具体情况而定。但是，有一点是基本的，那就是，批评别人一定要真诚，要发自内心地想着帮助别人。你的真诚与否，对方是能感受到的。如果态度诚恳，大多数情况下，对方还是愿意接受的。

女人夸女人，世上最美的语言

女人是要人夸的，没有一个女人不爱听人夸。女人是需要人夸的，女人越夸越美。在女人听到的赞美之词当中，大多数是男人送来的。但是，女人从心里更愿意有其他女人赞美自己，女人夸女人，才是真的夸。

因为女人最明白女人需要什么样的赞美，所以，女人夸起女人来，比男人夸得更确切更动听。女人与女人之间天然就有一种亲近感，只有女人最懂女人。女人了解自己的夸赞对象，就像了解自己一样。明白自己需要什么，也就知道对方需要什么。而其中种种不可言喻的奥妙，是男人无法理解无法把握的。

女人和女人之间需要互相夸赞，女人间相互赞美不仅能相互满足虚荣心，还可以互相关怀、彼此同情，分担彼此的失落或忧愁。一个女人，如果不会对同性进行夸赞，往往会被排斥在大众之外。

林兰是一所中学的语文教师，天生性格内向，不苟言笑。不爱说笑倒也罢了，要命的是林兰说话语气生硬，不但不会夸赞别人，而且常常会让人陷入尴尬的境地。有一次，同一教研组快五十岁的李老师穿着一件紫红色大衣来上班，李老师尽管觉得这件衣服颜色有一点儿亮，但是，这是她刚刚大学毕业的女儿用第一个月的工资给妈妈买的礼物，李老师还是高高兴兴地穿来了。李老师一进办公室，同事们都觉得眼前一亮，纷纷说衣服漂亮，夸赞李老师的女儿孝顺。可是，到了林兰这里，林兰却说："您身材那么胖，还穿这样款式的大衣，太不适合了！还有，您都这把年纪了，这么艳的衣服还穿得出去呀！"林兰的话一出口，把李老师气得一句话也说不上来，一扭头出门去了。

从那以后，同事们有什么事情都不会向她征求意见，怕她说出难听的话来让大家不开心。林兰也明白大家不搭理她的原因，可她就是不愿意说假话满足另外一个女人的虚荣心。

其实，林兰本心并不坏，她说李老师的话也不是没有道理。但是，那样说话总是让人不愿意接受。如果实在不愿意说假话满足对方的虚荣心，那就不夸衣服，至少可以夸一夸李老师的女儿孝顺，这一点儿是没有错的。这样，即使不说衣服漂亮，也会让李老师心里很高兴。

女人夸赞女人，可以从很多方面去夸。每个人本身都有很多值得别人赞美的地方，女人尤其如此，所以，她可以随便找到一个女人值得夸奖的地方。比如：

气质

夸赞女人不一定用漂亮，任何女人对自身条件都是明了的，倘若你夸赞一个相貌平平的女人美若西施，对方会认为你嘲笑她。一个女人如果不是天生丽质，夸赞对方漂亮反而会让对方觉得不真实。如果对方在外貌上确实有一些欠缺，那么，夸赞对方漂亮，甚至会让人觉得具有嘲讽的意味。而气质是一个很模糊也很好用的词。夸赞一个女人有气质，永远也不会错。因为，一个女人的气质跟外貌、年龄、身份地位都没有关系。而且，气质代表着一种高贵和高雅，夸赞一个女

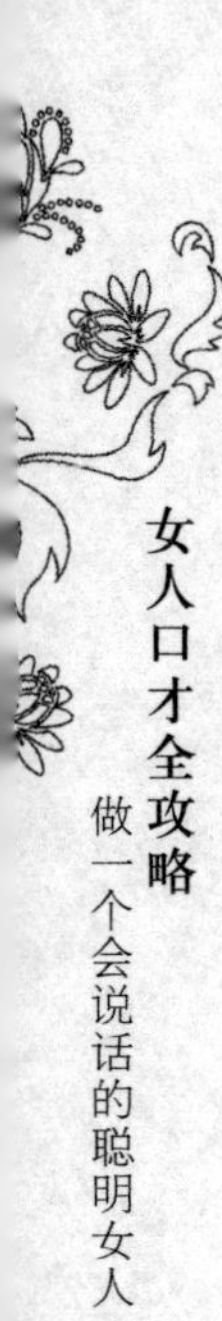

人有气质，即使对方不认可，也会因为你的夸赞而让自己表现出一种优雅的姿态，至少不会因为你夸赞得不当而发怒。

女人味

女人味是女人气质形象和内涵综合起来的神韵，女人的女人味不是先天就有的，而是后天培养出来的，是发掘出来的。女人一定要有女人味，尤其在现代社会，由于生活的压力，很多女人变得很强势。但是，再强的女人也不喜欢别人说自己没有女人味。女人有女人味，即使年龄已经有点儿“老”，但是，美丽和风韵依然还在。所以，对于一个相貌普通的成熟女人，夸她有女人味，她一定会高兴的。

年轻

女人非常在意自己的年龄，如果涉及年龄问题时，可以把她的年龄说得比实际年龄小一些，至少小5岁。如果对方把自己的实际年龄说出来，你就说她长得实在是年轻。夸赞一个女人最好的话是说她长得年轻，如果一个女人实在没有什么可夸的了，你就夸她长得年轻，这一点儿无论对多大年龄的女人都是适用的。只要是长大成人，已经走进社会开始工作的女人，即使是本身的年龄并不大，你夸赞她长得显小也不会有错。

品位

有人说看一个女人就看她的品位。品位，可以简单地解释为档次格调。品位是一种生活态度，对生活不同的感受和态度体现出一个人品位的高低。品位与物质的优劣无关，一个身着布衣的女子也可以穿出不同的风韵，一个家住土楼的女子同样可以活出不同的精彩，一个有着良好的、优雅性格的女人，即使在贫乏的环境中也能怡然自得。

如果需要对一个女人的穿衣打扮进行赞美，而你自己又不能够欣赏对方的风格，那么，你可以夸赞她穿得有品位，戴得有品位。

女人夸赞女人，有很多方式可以用。同时，女人夸赞女人，也有很多地方需要注意，因为女人本身就很敏感，无论是对于夸赞或是被夸者，甚至双方以外的第三方，只要面对的是女人，就要认真注意，不要在不经意间伤害到了谁。以下几点需请大家注意：

别当着女人夸女人

女人生性爱攀比，天生小心眼儿。女人的攀比往往是暗中较劲，即使是亲密朋友之间，也愿意比对方好一点。这时，倘若你当着其中一位夸赞另一位女性，在夸赞一方的同时，似乎另一方在某一方面就比被夸赞者弱，而表现弱势的一方当然不会对你有好感。当着女人的面夸女人，很容易造成厚此薄彼。即使两个人你都夸，也总会厚薄不一，很容易弄出一些小差错，弄不好两个人都伤到了，倒不如什么也不说来得实在。

如果必须当着女人夸女人，那就一定要把好度。而且，夸赞某一位时，最好只夸赞某一个方面，而不是全面。这样，可以给她周围的女人在其他方面留有余地。你夸赞的一个女人的优点越多，就越容易冒犯他人，让周围的女人感觉受到伤害。

少说“我”，多说“你”

女人都期望在别人那里得到关注，你若想某个女人对你有好感，一定要把关注的重心放到她的身上，与她说话时，少说“我”，多说“你”。

女人都是非常敏感的，尤其是对于别人对自己的态度更是敏感。

所以，在与女人谈话时，你一定要不时地通过各种方式，来表现出你对她的欣赏和关注。学会分享她的欢乐，肯定她的成功，始终让她感觉到自己是你们谈话的重心，这就是对她最大的夸奖了。如果你一不小心把自己放到了重心的位置，对面的女人很快就能感觉出来，她会觉得你自私，对她毫不关心，甚至会对你产生抱怨。

女人是最懂女人的，女人夸赞女人，往往意味着在某些方面，自己不如对方，女人往往在夸赞别人的时候，会有一丝心理的不平衡。但是，女人还是要赞美女人的，因为，女人最需要赞美，一个女人，如果没有了别人的夸赞，她就会活得很不幸。为了同样需要夸赞的自己，女人一定要赞美女人。

第四章

舌灿莲花：女人说话要以智取胜

女人要想做到舌灿莲花，不只是人们普通意义上所说的“能说会道”、“口齿伶俐”就可以了，更需要运用心理策略，把握人的内心世界，摸透人的所思所想，从心理层面上与人进行交流沟通，让人们从内心深处信任你、佩服你，从而达到以智取胜的目的。那样的口才，才是真正深入人心的金口才。

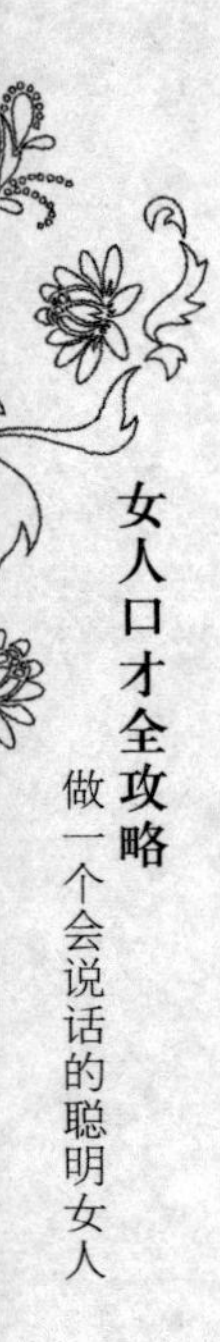

巧妙应对让你尴尬的问题

在生活和工作中，人们经常会遇到对方提出一些意想不到的问题，如会议上、应聘时、媒体采访中，这些问题往往非常敏感，不好回答。一旦回答不好，就会让自己陷入一个非常尴尬的境地。那么，对于这些尴尬的问题，我们就要想一些应付的对策。下面这些技巧可以应用：

偷换概念

指利用词汇本身意义上的多义性和歧义性来“掉包”，采取彼此取代的办法，刻意造成一种理解上的误会，来达到某种目的。

20世纪80年代，在一次记者招待会上，一位外国记者别有用心地问作家王蒙：“请问50年代的你与80年代的你有何相同与不同？”

“50年代的我叫王蒙，80年代的我也叫王蒙，这是相同之处；不同的是，那时我20岁，而现在我则50岁了。”王蒙不慌不忙地抬起头，从容不迫地回答道。

这个问题看似简单，但记者的用意非常明白，是想让王蒙谈一谈对中国形势的看法。王蒙抓住记者问题中只提到关于年代的变化，故意曲解，以自己姓名和年龄的同与不同，替换了国家形势的同与不同。回答得既幽默机智，又没有让外国记者得到任何信息。

以谬治谬

指当提问者提出某种不合理要求或指责时，不予反驳，而是提出与对方类似的反问句，以其矛戳其盾，让对方自相矛盾，最终达到峰回路转的效果。

有一则历史故事是这样说的：

隋朝有一善辩者。一次，有人问他："腊月时，家人被蛇所伤，怎样医治？"

他应声答道："取五月五日南墙下雪涂之，即愈。"

对方反唇相讥："五月五日哪里有雪？"

善辩者笑道："腊月何处有蛇？"

问话之人以谬论相刁难，其用意无非是企图给善辩者造成一种进退两难的局面。而回答者则正好抓住对方的"谬论"，以谬治谬，以其矛攻其盾，让对方的问题不攻自破。

转移话题

指当他人提出一个自己一时回答不了的难题时，试着转移话题。看似在回答问题，实际上是把问题从另一个角度引申了出去。

在一个小型联欢会上，坐在观众席上的一名女子问赵本山："听说您在全国笑星中出场费是最高的，一场要一万多元，是吗？"

赵本山没有回答对方提出的问题，而是先问道："你的问题提得很突然，请问你是哪个单位的记者？"

"我是一家电器经销公司的。"女子回答。

"那你们经营什么产品？"

"有录像机、电视机……"

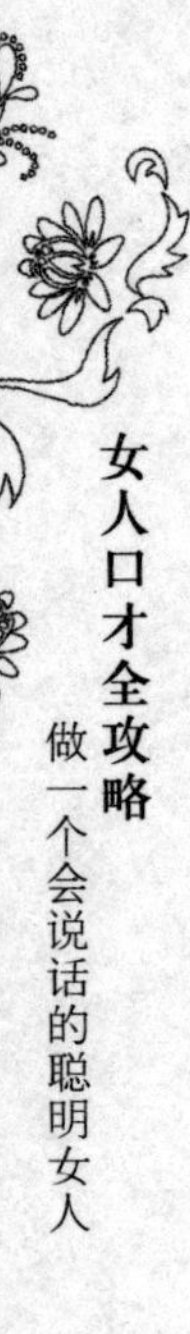

“一台录像机卖多少钱？”

“四千元。”

“如果有人出四百元，你卖吗？”

“那当然不能卖，一种商品的价格是由它的价值决定的。”女子回答得非常干脆。

“那就对了，演员的价值是由观众决定的。”

面对如此不好回答的问题，赵本山巧妙地将话题岔开，以一种类比的方式，回答了这位女子的提问。既答复了对方的提问，又回避了正面回答问题的尴尬。

借物类比

指借用一事物或其他事物的特征来代替对事物实质性问题直接回答的方法。既让对方明白，又避免了自己陷入尴尬境地。

在纽约国际笔会第四十八届年会上，有人问中国代表陆文夫：“陆先生，你对性文学怎么看？”陆文夫说：“西方朋友在接收到礼品后，往往当时就打开来看。中国人恰恰相反，一般都要等客人离开以后才打开盒子。”

陆文夫巧妙地用一个生动的借喻，把一个敏感棘手的难题给解释开了，中西不同的文化差异体现在各个方面，也体现在文学作品的民族性上。陆文夫的回答，既是对提问者所提问题的拒绝，也没使提问者感到难堪，以至于影响到双方的继续交流。

答非所问

每个人都有自己的隐私，尤其是女人，在自己的内心深处，都有一块不希望被人侵犯的领地。但是，偏偏就总有好事者，对别人的隐私格外感兴趣。如果你也遇到了这样好奇的人，你会怎么办？如“年龄几何？”、“收入多少？”、“夫妻感情如何？”等等，这些纯属个人的隐秘问题，让你不想回答，又无法回避。

最好的回答就是答非所问。女人对自己的年龄是最敏感的，如果你被问到年龄，你可以这样说：“我是不是看起来很显年轻啊！”收入问题也是每个人都不愿意随便透露给别人的。如果对方一定要问，就这样回答：“我属于有产阶级，但不是资产阶级。”这样，既不得罪对方，也不会让对方的目的得逞。

自我解嘲

自我解嘲（自嘲）是用戏谑诙谐的语言，通过表面的嘲笑和贬低，达到某种目的。自嘲的目的不是故意放大自己的短处，而是在看似刻意嘲弄的同时，为自己解除另一种尴尬，有“醉翁之意不在酒”的意味。

在一次外交官招聘面试中，有这样一个问题：你是否想结婚？你的婚姻计划是什么？

这是一个很难回答的问题，回答想结婚，对方会拒绝录用；回答不想结婚，可能会被认为有心理障碍。很多人在这个问题面前败下阵来。

轮到一位女博士了，这位女博士年龄也不小了但还没有结婚，而且，女博士虽然内在条件不错，精通几门外语。但是，其外在条件不是特别好，相貌平平而且体型有些偏胖。当她同样被问到这个问题时，她很严肃地回答道：“关于这个问题，我暂时还没有这个计划，毕竟目前还没有小伙子可以配上我的体重！”

就这一句自嘲式的回答，竟然让她顺利地通过了考试，她被成功录取了。

女博士的自嘲，让这个别人无法回答，也没有答案的问题，有了一个圆满的答案。而作为外交官的招聘方，要的也就是这样的不能回答又必须回答出来的答案。女博士用自嘲成功地为自己找到了满意的工作，这不能不说是她的聪明所在。

让你尴尬的问题有很多，应对的方式则更多。只要你是个聪明的女人，自会找到应对的方式。

聪明女人，“太极术”应对敏感话题

女人在很多场合，会遇到一些人提出让自己尴尬难以回答的问题，尤其是单位领导或者公众人物，遇到的这样的问题更多。在那种情况下，既要保持个人身份，给对方一个答复，还要注意保护不适宜公之于众的隐私，不该说的事情一定不能说出去。这时，要学会“太极术”，用绵软的内力，把对方抛过来的话悄无声息地推回去，既不让自己因此受到不必要的骚扰和伤害，又给对方留了面子。

有些下属对领导的事情有着格外的兴趣，尤其是女下属对女上司的隐私更是兴致颇高。她们往往会想尽一切办法，打探小道消息。而作为女性领导者，对于自己的隐私问题，一般是会严格保密的。但是，作为领导，遇到下属提出的一些问题，如果强行不予回答，一是不合情理，二是，不回答本身就是一条小道消息。而对于自己的隐私问题，说得太多太实，有可能招致流言满天飞。这个时候，就可以用太极术，把对方的问题接过来，再绵绵地推回去。

在单位里，对于公司上层的事情，下层是不可以随便议论的。但有些下属喜欢从主管那里提前打探一点儿小道消息。如果你作为一个公司的中层领导，面对下属的打探，不妨用用这一招：

小林是一家文化公司的女主管，手下有十几个人，是清一色的娘子军，女人在一起，没事的时候最容易议论别人的是非。这不，临到

年末了，外号“小打听”的章小菲就开始问了：“小林，年底老板会给你拿多少年终奖啊？”

小林笑笑给她一句：“你觉得应该给我拿多少合适呢？”

“有人说老板打算年后要裁员，消息确切吗？”

“你是不是觉得咱们这儿应该裁员了？”

“听说老板这次出差要签一份大单回来，是吗？”

“你希望是这样吗？”

……

作为女性领导，对于下属抛过来的问题，小林回答得很巧妙，她没有直接同章小菲说这些事儿不能说，也没有回答“小打听”想要打听出来的是与非。而是把章小菲提出的问题又返回给她，让对方自己来回答自己的问题。

对于成为公众人物的女名人，遇到的敏感问题更多。有时对方的问话很不友善，甚至有些问题会让你感到难堪。在众目睽睽之下，如果回答得不好，你的公众形象可能因此会受到影响。如果以“无可奉告”这样的话直接拒绝，会显得不礼貌，还会给人造成耍大牌的印象。这个时候，太极术就可以派上用场了。

被誉为“天后”的女歌手王菲，她的个性十足在娱乐圈里也是出了名的，在回应媒体的采访时，经常噎得记者们哑口无言。

王菲在台湾成功举办“菲比寻常”演唱会后，面对记者的提问，王菲同样给出了很有个性的回答：

记者：“最近有传闻说你和李亚鹏结婚了，是不是真的？”

王菲：“传闻就是传闻，信则有，不信则无。”

记者：“那你近来是否过得很甜蜜？”

王菲："上回记者会你不在啊？那你们（指其他记者）告诉他答案吧。我看你们接下来也没正经的问题了，都问偏门了。"

面对记者抛出的敏感问题，王菲是大打"太极"，对于最敏感的情感问题，王菲一句"传闻就是传闻，信则有，不信则无"，在回避问题的同时，暗含着对媒体记者的警告，告诫媒体不该在花边新闻上做文章。至于说到"近来是否过得很甜蜜"这样的问题，王菲则巧妙地把球踢给了其他的记者。王菲聪明地利用太极术，在绵柔的推进中，把记者们提出的敏感问题推了出去。而聪明的记者们，面对着被如此绵柔的力量推回来的问题却无能为力，自认失利。

太极是我国传统武术项目，是中国的国粹。太极的特点是"以柔克刚，以静待动，以圆化直，以小胜大，以弱胜强"。太极的力量，在于绵柔当中藏着强大的内力，让接收者能感受到力量却无力反驳。女人，很重要的一个特点就是性格中柔性的成分比较多，而太极术，也正是利用了女人的柔性、柔韧，在温柔的话语中夹着锋芒，在对方不易觉察的情况下，达到自己说话的目的。

太极术的应用范围可以很广，工作、生活、人际交往、情感等等。因为，对于女人，很多场合都有可能会遭到一些不公平或不友善的待遇。这个时候，如果过于激烈的抗争或反驳未必能得到好的效果，而且，还会给人造成粗俗无礼的印象。而太极之术可让对方感受到推过来的力量，却无法回击，让你在润物细无声中就把问题解决掉了。

硬话软说，绵里藏刀

工作在服务行业的女人，时常会遇上有人无理取闹的情况。这种情况让人很头疼，如果你硬碰硬地斥责，可能会将事态扩大，使矛盾激化，给周围的其他客人造成不好的影响；你忍气吞声，好言相劝，也许会助长对方的无理。聪明的女人会采取硬话软说的方法，用温柔的方法把无礼者制服。

女人遇到这样的情况，首先是不要冲动，更不要破口大骂，那样做除了会损害你的形象以外，毫无用处。聪明的女人懂得先后退一步，让对方把事情抱怨完，然后，再根据情势，用理智的态度和委婉的谈吐，将对方的攻势化解于无形。

一家酒吧里面，一名中年妇女指着面前的杯子高声叫道："小姐，你过来看看！你们的牛奶是坏的，把我的红茶都糟蹋了！赶紧给我换一杯！"

"真对不起！"服务小姐微笑道："我立刻给您换一杯。"

新红茶很快就端了上来，碟边与前一杯一样，放着新鲜的柠檬和牛奶。小姐轻轻放在顾客面前轻声说："这位女士，我是不是能建议您，如果您想在红茶里放柠檬就不要加牛奶了，因为有时候柠檬酸会使牛奶结块。"

听到这话，这位女士的脸一下子红了，匆匆喝完茶走了出去。

这位女士在牛奶结块的时候，并没有意识到那是由于自己的无知造成的。而面对这位客人粗暴的谴责，服务员小姐并没有当场指出是客人自己的无知造成的牛奶结块，而是“默默地”重新换了一杯红茶，并且“悄悄地”告诉客人，不要把牛奶与柠檬同时加在红茶里。服务员小姐“默默地”接受了客人的指责，显示了礼貌和涵养，又“悄悄地”指出了客人的错误，在给客人留了面子的同时，也把“理”讲给了客人，让客人认识到自己的错误。

女人本身的特点就是以柔为主，温柔的态度，柔和的语言，这些都是服务行业的女人必备的素质。但是，柔，并不代表软弱没原则。柔，只是说话的态度和姿态。道理还是要讲，有理也还是要争，只是，争的时候是悄声细语，硬话软说，在悄声细语里以柔克刚，达到“不战而屈人之兵”的目的。

在一家饭店的大厅里，一名摔倒在地的外国人怒气冲冲地叫嚷着：“你们这是什么饭店？地板这么滑，连个防滑措施都没有，害得我滑倒把腰摔伤了，我要投诉你们。”周围的服务人员赶紧过去把他搀扶起来，这时候，值班经理王娜也赶了过来。

把那外国人让到旁边的椅子上坐下，王娜客气地说：“很抱歉，让您身体受到伤害，您的腰不要紧吧？我马上派人带您去医务室，请您稍等。”

外国人坐在椅子上，不停地抱怨，等他情绪逐渐平静下来时，王娜温和地说：“先生，我们已经和医务室联系好了，请您换上这双鞋，现在我们就带您过去。”

其实，就在这名外国人摔倒的时候，王娜已经发现了问题所在，那就是对方的鞋子。外国人离开后，王娜把他换下的鞋交给服务人

员，并说："这双鞋后跟已经磨薄了，在他从医务室回来以前把它送到楼下修鞋处换上橡胶后跟。"

检查结果，这名外国人腰部没有什么问题，他本人也完全冷静了下来，跟随服务人员回到大堂。

王娜过来问过情况后说："您的腰没有什么问题，这样我们就放心了。请喝杯咖啡吧！"

这时候这名外国人也觉得自己刚才有些过分了，他不好意思地对王娜说："地板太滑太危险，我只是想请你们注意一下，没有别的意思。"

这时候，出去修鞋的服务人员回来把修好的鞋递给这名外国人，王娜说："很冒昧，我们擅自修理了您的鞋，据鞋匠说，您的鞋后跟已经磨得太薄了，这样非常容易打滑摔倒。"

外国人接过刚刚修好的鞋，一下子有一些尴尬，他不好意思地说："真的很不好意思，谢谢你们的厚意，也谢谢你们的宽容，我永远也忘不了这里。"

从此以后，只要这个外国人来中国，就一定住在这家饭店，而且他还经常把他的朋友也介绍到这里来住。

大堂经理王娜，在这名外国人大吵大闹发火的时候，并没有硬碰硬地据理力争，指出摔倒是对方的错，而是先把对方的话接下来，并礼貌地把对方扶起来，送到医务室，然后帮对方把鞋子修好。事情发展到此，王娜已经把"礼"做到了。但是，王娜并没有就此止步，让这名外国人觉得是饭店有错误，使自己受到了伤害。而是礼貌地指出，对方摔倒是因为鞋子后跟磨薄造成的，不是因为饭店的地面太滑。让外国人认识到自己的错误，从而对王娜充满了感激和尊重。王娜既维护了饭店的声誉，又留住了客人，同时还赢得了客人的尊重，并为此带来了新的客源。整个过程是有理有力有节，绵里藏刀，柔中有刚，充分显示了王娜的智慧和口才。

软话的原则是迁就对方，用柔和、顺承的方式让对方泄掉心头的固执和坚持，但是，这种迁就不是一味地忍让，说软话的目的是用绵力巧妙地改变对方的思路，让对方认同你。而待对方清醒以后，再用绵软而有力的语言，把自己的理讲出来。这时的软话中就有了力量，有了更多“刚”的成分，让对方能够真切地感受到其中的力量和厉害。从而，最终达到让对方信服你的目的。

硬话软说的道理大家都懂了，但是，并非人人都能把这一技巧应用得非常到位。下面这些基本的原则可以供大家参照：

硬话软说要有度

说软话并不代表一味迎合别人的意思，过于唯唯诺诺，反而会让对方觉得你确实是有错的，最后不但不能说服别人，反而会被对方说服。或者，前面一味地迎合对方，到关键时刻再突然提出相反的意见，会让对方感觉你没有主见或者没有诚意，也不利于问题的解决。

硬话软说要看清对象

说软话的目的，是为了先退一步，让对方情绪平复了，在心理上认可了，恢复理智了再讲明道理。如果对方是通情达理的人，对方自然会明白你的良苦用心，也会领会你要表达的意思。但是如果是蛮横不讲理之辈，对方可能会认为你是软弱可欺的，这时的软话，反而会助长对方的嚣张气焰。

不要忘了说软话的目的

说软话时的妥协退让不是目的，只是为了达到目的的一种手段。

软话本身并不软，而是先软后硬，软中有硬，是硬话软说。目的是为了让对方在你说软话的时候平复情绪，为下面说硬话做准备，真正的目的是让对方接受最后的硬话。如果忘记了目的，一软到底，最后反而会让对方占了主动。上面两个事例当中，都是说话者用柔软的语言把对方的怨气化解于无形，最后，再在对方情绪平复以后，把真相告诉对方，让对方自己主动去为自己的错误买单。

回天有术，机智妙语弥补失言

我们常说，话多有失，人们在日常生活中，免不了会有失言的情况出现，尤其是女人。女人天生就比男人爱说话，因此，出现失言的机会也就相应的要多一些。失言不可避免，但是，也不是想象中的那样可怕，只要你具有足够的智慧和冷静的态度，用妙语补失言，还是可以挽回失言造成的影响的，有时候甚至会产生出乎意料的特殊效果。所以，一旦出现了失言的状况，就要想办法用妙语弥补回来，才不至于造成误会，让自己或别人陷入尴尬境地。

在一架客机上，空姐黄小芸本着“顾客至上”的服务精神，热情地询问一对抱孩子的年轻外籍夫妇，看是否需要为他们怀抱的幼儿预备早餐。先生用中国话答道：“不用了，孩子吃的是人奶。”

可能是没有仔细听这位先生的后半句话，为进一步表示诚意，黄小芸接着热情地说：“好的，如果您的孩子需要用餐，请随时通知我好了。”

听到这话，那位先生先是一愣，随即大笑起来。这位空姐如梦方醒，意识到了自己的失言，顿时羞红了脸。

不过，黄小芸也是训练有素的“老”空姐了，她马上又补充了一句：“我们这架飞机，设有专门的哺乳室，可供婴儿哺乳休息。如有需要，随时通知我。”

此时，怀抱幼儿的太太也意识到了局面的尴尬，立即高兴地应声答道："非常感谢！你们的服务真是太周到了！"

且不说"专门的哺乳室"是否存在，单是黄小芸在自己面临尴尬时，在众多乘客面前，机智地用"专门的哺乳室"为自己找回了面子，让自己从窘境中脱身而出，还显示出自己的服务周到，不能不说她是一个聪明智慧的女人。

弥补失言造成的影响，除了要具有处变不惊的冷静心态和足够的智慧，这其中也有一些技巧可言：

将错就错

指在说出错话之后，并不予以纠正，而是将错就错，将错话继续说下去，在说的过程中进行解释和意思的延展，从而最后达到纠错的目的。

一次婚宴上，面对众多参加婚礼的来宾，主持婚礼的女司仪传达着向新人的祝福："你们即将步入婚姻的殿堂，在未来漫漫的婚姻生活中，需要双方共同的努力去经营这美好的婚姻，就如机器需要润滑剂一样，你们现在就好比是一对旧机器……"没等女司仪说完，全场响起一片嘘声，一对新人更是立刻变得面红耳赤，因为他们都是各自离异，历尽波折才成眷属的，司仪的话正好似对他们的讥讽。但只见女司仪似乎并没有听到人们的嘘声，而是稍微顿了顿，不慌不忙地接着往下说："……一对旧机器，已过磨合期，接下来该是最美好的日子了。"此言一出，举座称妙。女司仪顺势接着道："新郎新娘，祝愿你们永远沐浴在爱的春风里。"大厅内掌声雷动，一对新人也因为女司仪的祝福，而感到格外幸福。

女司仪本来应该要说的是"新机器"，因为心情兴奋，过于激动而造成失误。但是，女司仪是见过场面的人，她能很快冷静下来，为自己的失误续上一个好的结尾，把原本能引起举座不满的话，改成了众人都称妙的好话。不仅弥补了自己失言的尴尬，而且，成了点睛之笔，出现了意想不到的美妙结果。

引申法

指迅速将错误的言辞引申开去，避免继续在此纠缠。例如：“我刚才那句话还应作如下补充……”接下来把补充的内容说出来，别人的注意力也就被你后来的观点吸引，而把前面的失误忘记了。

上海东方卫视的女主持人袁鸣曾经在主持一个大型节目时出现过一次失言：当时是在海南主持庆祝“狮子楼京剧团”成立文艺晚会，因为时间仓促，准备不是太充分，在介绍参会嘉宾时，有一位叫南新燕的老先生，是当地一所大学的教授，袁鸣因为准备不充分，介绍时望文生义，说成了南新燕小姐。当这位已经头发花白的老教授站起来的时候，现场顿时一片哗然，一时间，老教授和主持人都感觉有些尴尬。

好在袁鸣能够急中生智，连忙改口道：“哦，非常抱歉，是望文生义了。不过，您的名字，让我想起了一首古诗：‘旧时王谢堂前燕，飞入寻常百姓家。’非常充满诗情画意的美妙图画。今天，古老的京剧艺术也首次飞过了琼州海峡，到海南落户，京剧作为国粹，也从遥远的北方飞到了南方，从宫廷艺术飞入到平民百姓的舞台上。这是一幅更美更妙的画。”

袁鸣的妙语立刻让在场的嘉宾和观众一齐拍手叫绝，南新燕老教授也轻松起来，他乐呵呵地来到台上，与主持人握手。

作为一名主持人，袁鸣有渊博的知识以及临阵不乱的大家风范。一句古诗，既把人的注意力引开，让当事者从尴尬的处境里走出来。

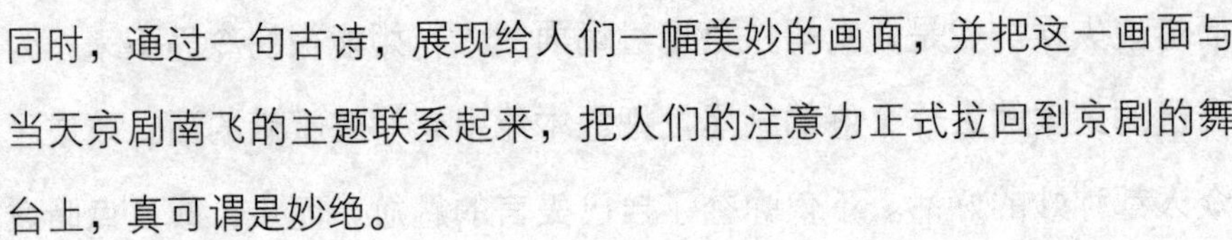

同时，通过一句古诗，展现给人们一幅美妙的画面，并把这一画面与当天京剧南飞的主题联系起来，把人们的注意力正式拉回到京剧的舞台上，真可谓是妙绝。

移植法

指如果自己不小心说错了话，及时把错误移植到他人头上。比如："这是某些人的观点，我认为正确的说法应该是……"顺理成章地就把自己的口误纠正了过来。这样，不但能说出自己的正确观点，让对方不认为是你的口误，还会加深对方对你的印象。上面例子中空姐就是利用了这种方法。在自己陷入尴尬的时候，巧妙地续接前面的话，补充一句"婴儿哺乳室"，来为自己的失言和尴尬打掩护，让自己从尴尬中成功走开。

此外，还有些情况可以利用"词义别解"的方法，就是利用汉语一词多义的特点，把说错了的话做别样的解释，生出新的意思，来掩饰自己言语中的疏漏。在这种情况下，说错话者不仅容易取得对方的谅解，而且会因幽默诙谐、机智风趣而博得对方的好感。

再有像借题发挥、借意转述都是不错的方法，怎么应用就看具体环境具体情况来随机应变了。

智言妙语，反击对方的无礼

女人无论是在工作中还是在生活中，随时随地都有可能会碰到一些无礼的事情和言语，让自己难堪或受到侮辱。这个时候，有些女人会生气或愤愤不平，或者因为受委屈而哭泣。那样对对方一点影响都没有，只会让自己受伤害，而且，女人生气或委屈的哭泣有时反而会使得对方的无礼行为变本加厉。当然，也有些女人可能会以无礼还无礼，用一些粗话与对方对骂，那样也不好。粗俗的话一方面显示自己的修养不够，另一方面，以粗言粗语对抗对方的无礼也不一定能达到想要的效果，甚至会招来对方更加无礼的言语。那么，作为女人，怎么来反击来自别人不友善的行为呢？看一看下面几种方式：

仿拟应对，让对方不战自败

仿拟应对，就是仿照对方说过的话语，来反击或戏谑对方，让对方自觉无趣，无法反驳，从而自动停止对当事者的无礼言行。比如有这样一个事例：

一位男子在大街上邀请一名年轻女孩看电影："你好！小姐，我请你看电影好吗？"

"谢谢，我不去！"

不想这位男子不肯罢休，接着说："小姐，你要明白，我可不是那种随便邀请女孩看电影的男人！"

女孩轻轻一笑说：“先生你也要知道，我也不是那种随便接受男士邀请的女孩！”

听到女孩这样回答，那位男子自觉无话可说，只好讪讪地离去了。

这位聪明的女孩，她正是模仿男子“我可不是那种随便邀请女孩子看电影的男人”，说出“我也不是那种随便接受男士邀请的女孩”，与男子的话正好对应，让男子无话可对，无法再纠缠下去。

女人要想灵活运用仿拟应对法，需要注意以下两点。第一是仿拟之言与对方的话不仅仅在形式上相似(结构相同、字数大致相等)，更主要的是在内容上要有一定的关联。

著名童话作家安徒生，一生生活俭朴，不太注重着装。一天，他戴着一顶破帽子正在街上行走时，有个过路的无赖过来取笑他说：“你脑袋上边那个玩意儿是什么？能算是帽子吗？”安徒生并没有生气，而是立即回敬道：“你帽子下面那个玩意是什么？能算是脑袋吗？”对方一下子哑口无言，愤愤地走开了。

安徒生就是把无赖取笑自己的话中的“帽子”和“脑袋”换了一个位置，不仅形式完全一样，而且内容上也换的非常巧妙。仅仅两个词的对换，就让对方极为难堪，哑口无言。

运用仿拟应对法需要注意的第二点就是要弄清楚对方说话的动机，如果对方是有意刁难，我们可以以牙还牙。如果对方并无恶意，那我们就需要以礼相待了。否则，会显得自己小气和无礼。

借助人所共知的俗语，来表达自己的不满

周慧坐火车从北京去杭州出差，火车上与她面对而坐的是一位看起来挺有涵养的男士，一路坐着无聊，两个人便随便聊了起来。天文地理，社会现象，无所不聊。但是，都是一些不涉及个人的话题。出门在外时，周慧从来不跟别人聊关于自己的私人话题，这一点是她每次出差一贯坚持的原则。但是，谈着谈着，对面的男士便不自觉地把话题扯到了个人身上，从周慧的工作，再到个人年龄甚至个人感情都问到了，这让周慧很是反感。

周慧明白，一个人出差在外，对于坐在对面的陌生异性所提的私人话题，既要在心里有所提防，还不能因为话不投机，让对方失了颜面。周慧如果直接指出对方的不礼貌，一方面显得自己不礼貌，另一方面，还要防止万一说话不慎刺激到了对方，让对方恼羞成怒，反而会对自己不利。

于是，她没有接答对方的问题，而是转而岔开话题说："先生，看您应该是个白领吧，我听人说过这样一句话，叫做'对男人不能问收入'……"没等周慧说下去，那位男士一下子就尴尬地涨红了脸："对不起小姐，我问得有些唐突了。"

周慧笑了笑，没说什么。顺手把自己买的橘子递给对方一个说："这橘子挺好吃的，尝一个吧。"

上面故事中的女孩周慧是个非常聪明的女孩，面对对方问出的问题，巧妙地用了一句俗语，看似把话题岔开了，实际上是借这句话指出对方的无礼，也算是给了对方一个台阶。对方也是个聪明人，没等周慧把话说完，就明白了周慧的意思，最后，大家皆大欢喜，并没有因为一个敏感的问题而让大家都尴尬。

很多时候，女人面对别人不友好或是太敏感的问题时，不好回答或是不想回答，直接拒绝又有失礼貌，巧妙地利用一些大家耳熟能详的俗语来反驳对方，大多数时候，问话方在这样巧妙的台阶面前，会见好就收。双方在相互都不说破的情况下，把问题解决了。这样，双

方都不会感觉尴尬，谈话还可以继续，谈话气氛也不会受到影响。

我们列举的这些事例和方法，只是女人应对他人无礼时的方法之点滴。因为女人要接触的人和事有很多，在生活的各个方面，会遇到各色各样的无礼之徒。无论是粗俗的还是含蓄的，我们都要用睿智的语言，以有礼对抗无礼，用智慧反抗别人的无聊和无赖，展示一个真正聪明的女人过硬的语言技巧。

拒绝有法，聪明女人巧选择

女人生活在这个社会中，什么样的人都可能会遇到，什么样的事情都有可能会发生。当你试图给所有人帮助，跟所有人做好朋友的时候，你就会觉得你无法做到，你觉得你必须要拒绝一些人一些事。因为，你没有那么大的能力，也没有那么大精力，去满足所有人的要求。而且，也没有必要去满足所有人的要求，因为，生活本就不可能十全十美。所以，在更多时候，女人要学会拒绝，学会用适当的方式去拒绝别人。

吴兰原来是一家纺织厂的女工，因为单位效益不好，自己辞职下海创业，办了一家刺绣加工厂，并且，很快形成了规模，跟国外很多服装厂家都有业务关系。单位效益好了，自然成了人们求职的热门。除了应聘的求职者以外，也有些人通过他们和她以前的老关系找上门来，想在她的工厂里求得一个职位。

这天，吴兰在纺织厂时的一个老领导打来电话，想给她推荐一个设计“人才”，问他能否接收。当时她的单位正好需要设计人员，而且有老领导的面子，她就让求职者过来面试。但是，面试结果却并不理想，对方并非像领导说的那样是“人才”，而是一个地地道道的外行。

吴兰有些犯难，接收这个人吧，没有位置给她安排。不收吧，老

领导那儿不好交代，要知道，这位老领导在原单位的时候真的是帮过自己不少忙呢。考虑再三，吴兰还是决定拒绝，但是，她想着得有一个好的方法跟自己的老领导说。

两天后，吴兰高兴地打电话给那位老领导，首先请这位老领导和他推荐的求职者一起参观工厂车间，让他们对自己的工厂情况有一个大致了解。并向他们讲明了各工作室工作人员忙碌的情况和做事的难度。然后，他跟那位老领导说："我们这里的几位领导也考察过了，您推荐的这位人才还真的是个人才，只是，她学的专业跟我们的要求不对口，到这里来上班反而委屈了她。倒不如另找一家对口的单位，在那里她才能真正发挥自己的才干。我可以问问我周围的朋友，看一看他们那里需要不需要这样的人才，您看好吗？"

老领导也是个明事理的人，听吴兰这么说，觉得也有道理，于是就很爽快地把自己介绍的人带走了。

吴兰拒绝老领导推荐的人才时，并没有直接说自己不能用。而是先让他们参观自己的工厂，让他们自己了解到真实的工作状况，然后，说出这位被推荐者与自己需要的专业不对口，在这里工作反而会委屈了她，让这位被推荐者很有面子，推荐人"老领导"也没有失面子，两个人都能很安然地接受不能去她工厂上班的事实。最后，吴兰还不忘再加一句，"问问我周围的朋友，看一看他们那里需要不需要这样的人才"，向老领导表明自己想帮忙的诚意，也为自己没有聘用被推荐者这件事情做一个追加的补偿，让对方在没有求职成功的前提下，还对自己心里充满感激。

在这个事例中，可以看出吴兰在拒绝时有这样几点做得非常到位：

让对方了解实际情况和难处

吴兰通过让他们了解实际情况，带他们参观工厂车间，在被推荐者自己看到与自己所学专业不对口的情况下，即使吴兰不拒绝，想必被推荐者也会自己提出的。这样，对于吴兰的拒绝，她接受起来自然不成问题。另外，以“本单位不适合，还有别的单位可能接收”的方式，留给对方一条后路。这种拒绝法更充满人情味，更为巧妙。

给对方留足面子，切不可伤人自尊

人都是有自尊心的，一个人有求于别人时，往往都带着惴惴不安的心理。因此，在拒绝以前，先考虑到对方的自尊心，比如说一些同情关心的话，让对方先在心理上放松，在心理上与你产生共鸣。然后再讲清实际，说明无法接受要求的理由。由于已经在心里认可了你，对方接受起来也就不会有太强烈的反感情结了。

力求使对方释然

吴兰在拒绝对方时，让对方感觉到，自己在公司并不合适，如果留下来，反而可能更会阻碍自己的发展。而对于推荐者“老领导”来说，自己推荐的“人才”在这里并不能得到“人才”应有的发展空间，倒不如不来的好。被吴兰拒绝，反而会让他有一种轻松的感觉。

除了上面吴兰用到的几点以外，还有一些拒绝别人的技巧和方法：

用沉默表示拒绝

沉默是最好的拒绝，当你想表达自己拒绝的意愿而又不知道如何表达时，最好的方法就是选择沉默。比如：刚到一个单位，就有人送来请帖，请你参加聚会。如果你不喜欢这样做，你可以不予回复，这

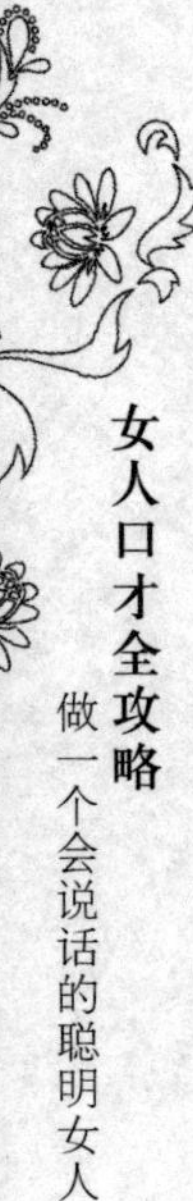

样，一般人都会明白你的意思，而又不会造成由于直接拒绝会造成的尴尬局面。

用拖延表示“不”

有人想邀请你参加某些活动，你可以用拖延的方法告诉对方，你可以说：“我现在没有时间，什么时候有时间再约吧。”或者你可以说：“我想过一段时间再考虑这件事情。”这样，既给了对方面子，表示你不是想拒绝他，而是实在没有时间，同时，也达到了拒绝的目的。

用推脱表示“不”

这样的方法在工作中比较容易用到，如对方想请你帮忙解决某些问题，你可以这样说：“对不起，这不是我分内的工作。”或者说：“这些事情另有别人负责，我没有这个权利。”再或者，有人想跟你聊一些不能说的商业机密，你可以说：“对不起，这方面的事情我并不太懂，资料由经理掌握着呢。”等等，类似的话都可以说。

还有像“回避法”、“反问法”，都是一种拒绝的方法，在方法的选择上，只要顺应当时的情境，用什么样的方法都没有硬性的规定，只要能达到拒绝的目的，你可以选择任何一种或者几种方法同时用，也可以自己根据实际情况，用自己独到的方法。

除了拒绝别人时要找到合适的方法，在拒绝时还有其他需要注意的要素：

拒绝的时间

拒绝宜早不宜迟。一般来说，如果想要拒绝对方，就要及早拒绝，一是可以避免彼此的伤害；二是及早拒绝，可以让对方不再抱有幻想，趁早另寻其他的方法和出路。如果想要拒绝又拖拖拉拉，不肯说出口，就会让对方一直怀有希望，这是对对方的不负责任。

拒绝的地点

通常情况下，拒绝的地点应选择在相对隐私的私人空间比较好，这样，可以给对方留点面子，不至于出现尴尬局面。如果必须在公共场合，也要尽量缩小空间和范围，不必让太多的人看到这一场面。

拒绝的态度

拒绝时态度要真诚，拒绝终究是件令人不愉快的事。无论以哪种方式拒绝，都是为了减轻双方的心理负担，尤其是要考虑“对方”的心理承受能力，尽量使“不愉快”的感觉降到最低。拒绝时真诚的态度，能够让对方在心理上对拒绝者予以理解，从而能比较容易接受一些。以歉意的态度说不，会让人感到心理上的安慰。尤其是领导、长辈拒绝下级、晚辈的要求时，最好以同情关切的态度来陈述理由，使对方心服口服。

道歉，用温暖的语言抚平心的伤口

在日常人际交往中，我们也许会在有意无意间得罪了别人。为了不伤害到彼此间的友好关系，甚至产生感情上的疙瘩，我们一定要学会道歉，为了自己的错误及时认真地去向对方说声“对不起”。但是，道歉却远非一句“对不起”那么容易。

“对不起”是我们最常用最基本的道歉用语，如果你不小心踩到了别人的脚，你可以立即真诚地说一声“对不起”，一般情况下对方也会宽容地说一声“没关系”。可是，生活当中，更多的时候，我们对别人的伤害，远远不像不小心踩到别人的脚那样简单。更多的时候，我们对别人的伤害，是一种心灵上的伤害。这样的伤害，往往会给对方造成很大的精神创伤和痛苦。这个时候，单单一句“对不起”往往不足以平复对方的怒气和委屈，不足以弥补你给对方造成的伤害。所以，在需要道歉时，我们一定要知道，我们应该怎样去道歉，才能让对方的情绪得以平复，怎样去道歉才能让对方受到的伤害尽可能小。

道歉要态度真诚

冒犯别人需要道歉时，态度一定要真诚，让被冒犯者觉得你是真正认识到自己错了。被冒犯者希望看到的是你勇于承担责任的态度，和对错误严重性的认识。而不是无关痛痒的敷衍。如果带给对方的伤害太大，对方可能一下子不会原谅你，会对你态度冷漠或者进行怒斥。这时候，你一定要忍住，要站在对方的立场上想一想如果受伤害的是你，你能轻易原谅对方吗？你要有耐心再次诚心地道歉，“精诚所至，金石为开”，只要你敞开心扉真诚地对待对方，两人之间便不会有解不开的心结。

道歉要及时

道歉的一个很关键的原则就是要快，道歉之事宜早不宜迟，如果感觉自己给对方造成了伤害，对对方有歉意，那么，认识到以后要尽快道歉，千万不要用时间来冲淡对方的愤怒，时间带走的将不止是怒气，常常还有对方的感情。

娟子与男友是大学时的同班同学，两个人都学的建筑设计专业。大学毕业后，娟子在一家设计院找到了一份不错的工作。男友一时没有找到好工作而报考了研究生。终于研究生毕业了，可以找份工作跟娟子商量结婚的事了，男友兴奋不已。这天，男友刚刚做好的一份工程设计图，请娟子给提点意见，毕竟娟子已经工作有一段时间了，对于设计图的实际效果应该比他了解得更多一些。

没想到，恰逢当天娟子心情不好，看到男友送来的设计图，当着他同事的面，对男友便是一顿劈头盖脸的批评。男友当时脸色就很难看，一句话没说，拿起设计图就拉着同事走了。

事情过去以后，娟子也感觉有点不好意思，男友的设计图也并没有自己说的那样差，自己当着男友同事的面让他那样难堪，实在是不应该。她想着打个电话道个歉，却又不想在男友面前服软，希望他能打回来，自己再顺势道个歉就行了。于是，死撑着不打。但是，一个星期过去了，男友也没来电话，娟子有些气，就这点儿事，一周不打

电话。接下来又一周过去了，娟子心里有些慌。但是，她还是下不了决心打电话，感觉男友为这点儿事儿跟自己赌气显得太小气了些。终于，一个月过去了，娟子再也沉不住气了，她主动给男友打过电话去，说：“上次你跟同事拿着设计图去找我，我……”但是，男朋友只是淡淡地说：“哦，没什么，我早忘了。你还有什么事儿吗？我正在忙。”

电话挂了，娟子的心也凉了，她感到自己跟男友之间真的出了问题。虽然后来两个人的关系又恢复了以前的样子，但是，娟子每当要提到这个问题时，男友都会给挡回去，他始终不肯再给娟子一个道歉的机会。

拖延数日的道歉，已经是一种错过。如果时间再长，就可能连追悔的机会都没有了，最后只能在心里留下遗憾，甚至抱憾终生。所以，在需要道歉的时候，就应该马上道歉，要知道，太迟的歉意到了对方那里也就没有了意义。

道歉要选择恰当的方式

恰当的道歉，对改善双方之间的关系起着非常重要的促进作用，但是，不恰当的道歉，却会使问题错上加错，有时甚至会造成严重的后果。有些人，明明是冒犯了别人，让别人难堪自己也处境尴尬，但却总是不肯放下面子承认错误，于是，避重就轻、含糊其辞。结果，被冒犯的对方不但没有收到应该有的歉意，反而会被再次伤害。以致使事态进一步激化，从而最终影响到双方的关系。

在一次公司管理层会议上，心直口快的年轻副总经理对总经理提出了反对性的意见，从而惹恼了固执己见的总经理。于是，众目睽睽之下，总经理冲动地讽刺这位年轻的副总智商有问题，指责他在公司遇到困难时动摇军心。年轻的副总当众受到这样的讥讽，心里非常难过，当场就愤而离开了会议室，并很快向总经理递交了辞呈。

接到年轻副总经理的辞呈，这位总经理也感觉自己当时有点儿过了，伤害到了对方的自尊心。他在内心对年轻的副总经理也有一些愧意。但是，当助理暗示他是不是应该给年轻的副总经理道个歉时，他却说："我是有些过分，也可以道歉，但是，他要先就私离会场这件事给我道歉。而且，他也应该学会如何承受职场的压力。"

年轻的副总经理终于没有承受住这个压力，坚决地辞职了。

道歉就是道歉，无论你的身份地位如何。伤害到了对方，就应该为自己的错误道歉。但是，如果在道歉的时候，还要再为自己找一些理由或借口，甚至不惜以再次伤害别人为代价，来为自己找一个台阶，那么，这样的道歉有还不如没有。故事中这位总经理的做法就是这样，他明知道是自己过分了，知道自己应该向对方表示一下歉意。但是，他说出口的却是要对方先道歉，而且，还把压力的问题摆出来，暗含着责怪对方不能承受压力的意思，让年轻的副总经理再一次受到伤害，从而坚决辞职。

如果总经理感觉以私人方式道歉面子上过不去，怕在下属面前减少了自己的威严，他可以从上级对下级的角度向他道歉。可以这样说："我们都是在为公司工作，发生争执也都是为了公司的利益着想，我应该以宽容的心态来接受你的不同意见。对不起，那天是我说话太重了。"这样的道歉，即使无法完全消除双方的隔阂，至少不会让年轻的副总经理做出坚决辞职的决定。

冒犯了别人，道歉是必须的。但是，我们更应该注意的是，尽量减少对别人的冒犯，因为，即使是道歉，对别人的伤害也会在对方的心里留下阴影，这样的阴影总会对人与人之间的关系造成影响。

说话也要讲究天时地利

人，总是在一定的时间、一定的地点、一定的条件下生活，在不同的场合，不同的时间，就应该说不同的话，用不同的方式说话，这样才能收到理想的言谈效果。也就是说，说话也要讲究天时地利，只有在适当的场合适当的时机说出适当的话，才能达到好的效果。否则，就会出现说的话与当时的时间或地点发生错位，从而造成误会甚至更为严重的后果。

美国前总统里根在一次国会开会前，为了试试麦克风，张口便说："先生们请注意，五分钟之后，我将对苏联进行轰炸。"一语既出，众人哗然。为此，苏联政府向美国提出了强烈抗议。

里根的错误就在于在不恰当的场合，不恰当的时间里，开了一个极其不恰当的玩笑。从而造成了极为不好的后果。

说话的场合包括说话的场景和时间，这对说话的效果起到了直接的制约作用。著名作家李存葆说过："在战斗最激烈的时候，鼓动宣传就不应该是长篇大论的，有时只要对敌人痛骂一声，对战友一招手：'有种的，跟我上！'就足够了，这句话比充满激情的宣传更有效！"

说话要看场合

在同一个社会环境中表达同一思想内容，不同的场合必须采取与之相适应的语言形式，否则就达不到说话的目的。有些话只能在某些特定场合说，换一个场合就不行了。同样一句话，在不同的场合说就会有不同的效果。作为女人在日常的工作与生活中，更要注意说话看场合。

一般来说，在非正式、非公开场合，可以随便一些、轻松一些，措词也不必太过拘谨讲究，那样反而会让大家都感觉拘束。比如：家人朋友之间的私人交谈，街坊邻居饭后的品茗闲聊，同学聚会相互问候致意……这些时候，说话可以轻松随意一些，话题也可以不必拘泥。

而在正式公开的场合，如作报告、会议发言、答记者问、主持节目及外事活动等情况下，就必须严肃、认真，用词要力求准确无误，言谈之间也要把握好分寸，绝不可信口开河。特别是有身份、有地位、有影响的人，在这种场合更应注意。

如果不注意场合，只根据自己的感觉说话，就会显得不合时宜，从而成为不受欢迎的人。比如，在轻松愉快的场合谈论一些严肃的话题，会让人觉得乏味；而在严肃认真的场合开一些过于娱乐性的玩笑，很可能会让人觉得你太轻浮，不识大体。或者在不应该开玩笑的场合，选择了不合适的话题，开了不该开的玩笑，也会让人厌烦甚至憎恶。

说话要讲究“入乡随俗”

说话要讲究在什么样的环境下说什么样的话，也就是人们所说的“入乡随俗”。如果不注意当时的环境，只根据自己的想法去说，可能你说出的话就跟当时的环境格格不入，这并不能让你显得与众不同，可能还会引起别人的误会甚至反感。

在中国，历来就有“入乡随俗”之说，到哪个地方，就要了解当地的风土人情，说话办事要按照当地的风俗进行，这样才能产生良好的沟通效果。

清朝洋务大臣李鸿章在一次出访美国时，为了表示友好，在一家饭店宴请美方人士。开宴之前，他按中国的风俗讲了一番客套话："这里条件差，没有什么可口的东西招待各位，粗茶淡饭，谨表寸心。"没想到这番在中国看起来很正常的客套话，却惹恼了当时饭店的老板。饭店老板认为李鸿章说这番话，是说他们饭店的条件差，饭菜不好，诋毁了他们饭店的声誉，非要其公开赔礼道歉不可。最后，只好请相关部门人员出来调解事情才算过去。

李鸿章就是因为没有详细了解美国的风俗习惯，只是按照中国的传统习惯客气一番，结果差一点儿给自己惹祸上身。

说话时语言和环境是一体的，如果不能融和到一起，会就显得突兀不合时宜。只有根据不同的场合选择合适的话题，这样才能尽快融入当时所处的环境中去。

把握说话的时机

除了说话时要注意场合，对时间的把握也是不可忽略的。选对了说话的时间，对你来说可能就是一个机会，有可能达到事半功倍的效果，你可能会因为一句话就能办成一件大事。相反，如果话说的不合时宜，就会造成不必要的误会或麻烦。

在20世纪90年代初，计算计还不是特别普及。某企业因生产需要，购置了一批计算机及相关设备，并准备修建一个计算机机房。但是，机房负责人王静瑶申请在机房安装空调的事，却屡次被领导驳回。理由是：企业的其他工作人员都在没有空调的环境条件下办公，不宜单独对机房破例。虽然王静瑶一再声称安装空调是因为机房温度太高，怕影响计算机的使用，但是，领导就是不点头。

后来一次偶然的机会，单位组织出去旅游，在旅游途中，参观一个文物展览会，领导发现一些文物有些破损，经询问解说员得知，文物破损的原因是，由于经费问题，文物不能在恒温条件下保存所致。如果有制冷设备，文物可能会保存的更加完善。

这时，站在一旁的机房负责人王静瑶趁机对领导低语："其实，机房里装空调也是这个道理！"领导看了她一眼，沉思片刻说："回去再打个报告上来。"很快，领导就批准了机房的要求，装上了空调设备。

机房负责人王静瑶就是选对了说话的时机，在领导对文物破损有所感悟时，用"机房里装空调也是这个道理"，趁机提出机房空调的事情，正好迎合了领导当时的心理，所以领导很快就批准了这件事。所以，说话要把握时机，如果该说的时候不说，时机转瞬即逝，便有可能失去机会。如果王静瑶不是在当时就说，而是回到单位以后再提，领导或许已经在心里把这件事放下了，那时申请起来就不一定这么容易了。

掌握说话时机并不是一种天生的特别直觉，而是在平时生活中慢慢体味出来的。不论在什么场合，适当地把握说话时机都是迈向成功之途不可缺少的要素。很多女人就是因为不懂得把握说话的时机，以至于丧失了许多机会。

"天时、地利、人和"，这是做事成功的三大条件，具体到说话而言，只有注意到"天时"和"地利"，选择好合适的时间和地点，再把你想要说的话说出来，才会最终达到"人和"的目的。

巧织人脉：巧妙赢得他人的心

人际关系，就是人与人之间的交流和沟通，而其中语言的交流与沟通，是传播人与人之间信息的最重要的手段。语言信息沟通得好，人与人之间就更容易相互信任，亲密无间。语言信息沟通得不好，人与人之间就容易产生误会和隔阂。也就是说，语言交流的顺畅与否，最终决定了人际关系的顺畅与否。

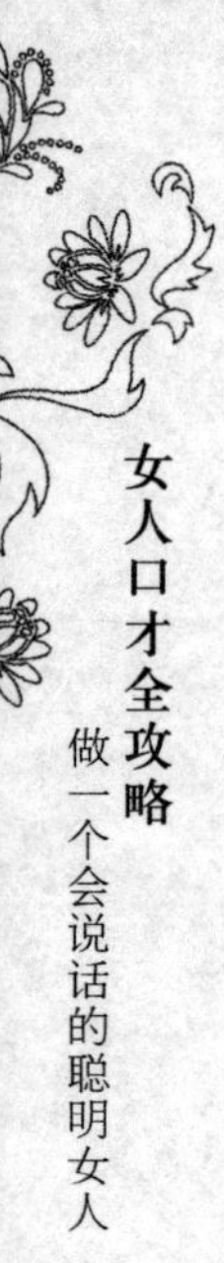

会听“弦外之音”，顺情说好话

在与人交往的过程中，女人比较容易相信别人，尤其是初入社会的女人。她们往往会单纯地相信别人说的话是对方真实意思的表达，结果，可能因为自己理解错误而造成误会；或者是因为别人要表达的意思没有完全听明白，不知道究竟应该怎样；又或者是自己说错话得罪了别人，从而使得相互之间不能正常地沟通。所以，女人要学会察言观色，要会听懂弦外之音。

静初是某单位人力资源部的职员，她在这个职位上已经工作了5年了，工作踏实，能力也不错，颇得老板赏识。最近据说有管理层人员调整，同事们都私下议论这次的部门经理非静初莫属，静初自己也是这么认为的。

终于，这天老板找静初谈话了，老板先是夸奖她的工作态度，接下来又夸奖她的业务能力，认为她可以担当更重要的职责。静初听了心里美滋滋的。

接下来老板话锋一转说：“最近行业不景气，利润比去年降了很多……如果由你来做人事部门的经理，你会不会考虑裁员呢？”

静初正在得意之时，并没有仔细琢磨老板的意图，只是随口说道：“不会，很多同事都是从公司初建时就在这里的，大家一起同甘共苦很多年了，裁员的话，大家心里会很难接受。也许，大家再努力努力……”

“哦……”老板若有所思，没等静初再说下去就打断了她，“好的，就这样，你先回去吧。”不久，静初的另一名同事王丽就坐到了人事经理的位置上了，而静初的能力丝毫不亚于王丽。

在职场上，很多时候作为上司并不会把所有的事情都说透说破，他也许只是做一些试探性地询问，或者巧妙的暗示，如果下属能明白领导的暗示信息，并及时做出反应，就会增加与上司之间交流的默契。如果听不懂上司的弦外之音，很可能会误解领导的用意，错失良机。

上面故事中，老板的意思就是想裁员，静初说的那番话，老板肯定早已经考虑到了。老板对静初说，也只是想听一听她的看法。如果当初静初能站在企业利益的角度，去考虑是否裁员的问题，就能让老板感觉静初是同自己站在同一立场上的，凡事从公司利益考虑，老板自然愿意委以重任。但是，恰恰相反，静初没有听懂老板的弦外之音，只是从个人情感上说出不想裁员的想法。一方面老板会觉得静初同自己不在一条战线上，另一方面，也会觉得静初过于感情用事，不适合当领导，所以，最终把人事经理的位置给了另一名职员。

在人们的社会生活中，人与人交往的时候，由于各种原因，人们常常不会直接把自己的意思表述出来，因此，要想听明白别人话中的意思，不只是要听懂言下之意，更要听明白弦外之音。因为，对方真正想要表达的恰恰是隐藏起来的言外之意。听懂“表面台词”后面的“潜台词”，才能维护好你的人际关系。

张新颖刚刚大学毕业，屡次求职失利，于是，不再想留在大城市里打工度日，决定回到自己的家乡考公务员。

虽然也相信自己的实力，但是，毕竟考公务员也是个热门，数以千计的人去争夺某一个职位，成功考取也不是件容易的事。于是，张新颖想到了自己在当地的县民政局工作的表哥，想让表哥帮忙，看能不能在某些地方通融通融。没想到新颖来到表哥家里，刚开口透露出一点儿意思，表哥就明白了，表哥没让她继续说下去，而是笑着给她看了一条别人发到他手机上的调侃短信息：

“满腔热血投身社会，当个小官吃苦受累，摸爬滚打终日疲惫，艰难险阻必须到位；一日三餐时间不对，屁大点事反复开会；逢年过节值班应对，一时一刻不敢离位；应付检查让人心累，工资不高还要交税；学有专长早已荒废，囊中羞涩见人惭愧；抛家舍业愧对长辈，回到家中还要惧内；大好年华如此狼狈，唉，当个小官真的很累！”

新颖也是聪明人，一看短信就知道了表哥的意思。从小跟表哥一起长大，她也了解表哥的为人，知道表哥肯定也是有他的难处才用这样的方法拒绝自己。所以新颖也就没有再提起这个话题，随便同表哥聊了会儿家常就告辞了。

新颖的表哥没有直接拒绝自己的表妹，但是，他的短信里藏着的潜台词是：在当地当个小官，既没有权也没有利，在单位里和家里都说不起话来，所以，无力帮助自己的表妹。而张新颖也领悟到了表哥的意思，及时收回了请表哥帮忙的想法，没再提这个话题，没有让表哥为难，也避免了兄妹之间的尴尬。如果新颖没有及时领悟表哥的意思，执意求表哥帮忙，而表哥自己无力帮助自然会感到为难，但对表妹的请求又不好拒绝，所以，就会形成一个很尴尬的局面，弄不好还会影响到两个人的关系。

善于听取“弦外之音”并不是一件很容易的事，这里面也有技巧和诀窍而言，主要有以下几个方面需要注意：

由话题来听取“弦外之音”

一个人选择话题，往往不自觉地透露出自己内心的想法，所以，如果对方问起一些比较敏感的话题时，你在回答的时候就要在意一些，别让别人就此钻了空子。比如有朋友问起你的收入状况，可能的弦外之音是：“你有余钱可借吗？”或者父母问起你的朋友状况时，可能的弦外之音是：“你现在是不是有合适的男(女)朋友？”再或者有异性朋友问起你是否有男（女）朋友时，可是的弦外音是对方喜欢你，想要和你做朋友……所以，你要在对方说完话以后，暂缓作答，想想对方到底是什么意思？以免答错了让双方都尴尬。

从对方的态度语气中察觉对方的真实想法

每个人都有自己独特的说话方式，但是，一个人对其他人说话时的语气和态度，会受到个人情感的影响。每个人的情绪或意见，都会在说话时不自觉地表现出来。同一句话，因为态度和语气不同，表达出来的意思就不一样。如果对方对你有质疑，则说话的语气就会表现出愤怒或鄙视；如果对方对你敬佩，则说话时就会表现出谦恭有礼；如果对方的口气中有讥诮、嘲讽之意，则表示对方轻视你，看不起你；如果对方的态度表现出谄媚讨好，则可能是对方有事求你或是想把他和你之间的距离拉得更亲近一些……所以，要想听出对方的真实想法，女人在听他人说话时要仔细揣摩，不可轻易下断语，以免误会了别人或被别人误会。

从表达习惯中发现对方的“潜台词”

人在说话的时候，会不知不觉地把内心深处的想法反映出来。这

些想法对方不一定想要告诉你，但是，你可以听出来。比如对方经常向你提起自己的成就，如果你是他的上司，你就要考虑对方是不是想请求你加薪或升职；如果你是他的朋友，他可能是在向你炫耀，你就大方地做个顺水人情，给他个机会，肯定他的成就，让他有一定的满足感。如果对方经常向你诉说家庭或情感的烦恼，如果是异性朋友，在安慰对方的同时，要注意不要跟他走得太近，以防他把失落的感情转移到你的身上。如果对方说话时，习惯使用第一人称，表明对方很有个性，控制欲也很强，比较自我，对这样的人则要在充分理解的基础上，尽量避免伤到他的自尊心，否则，他会翻脸不认人。

既然是弦外之音，有些话就是不好明说的。所以，如果你听出了对方的弦外之音，按照对方的意思走下去就是了。而不必非要再强调一下，或者怕自己听得不是很明白，非要明明白白地再重复一下对方的意思，让对方确认。这样反而会让对方尴尬，从而不承认自己话里隐藏的含义，而对你的故作聪明也会心生反感。

争论，永远没有赢家

也许，你会经常碰到这样的状况，工作上和同事产生了分歧，在家里同爱人或孩子之间出现了矛盾，明明自己正确却被别人说成是错的……为了给自己讨个说法，我们往往据理力争，非要说出个一二三来，否则誓不罢休。但是，你要明白，由争论而得来的胜利，实际上是损失惨重的胜利。争论过后你所激发的怨恨与恶意，强过任何意见上的暂时改变，并且会延续得比较久。争论如同争斗一样，永远没有赢家，失利的一方固然委靡，胜利的一方也很“受伤”。

很多时候，我们谈话的目的，就是想知道别人对一件事的看法是否和自己对该事的看法一致，希望别人也能和自己一样，这样双方交流沟通起来就会比较顺利。但是，大多数时候，人与人对一件事的看法是不同的，这时候，就特别容易为一个观点一个看法引起争执。结果是大家彼此都争了个面红耳赤，却是谁也说服不了谁，什么结果都没有。

“先生，这不能怪我们，广播中已经几次宣布了飞机班次，并催促登机，您难道一点都没有听见吗？”机场的女服务员极力辩解着。

“不可能！我一直坐在那边注意听着呢，如果你们宣布过了，我不可能错过的！”

“先生，不会的，您想想，如果我们没有宣布过航班，其他的旅

客又是怎么知道的呢？为什么别人都没有错过呢？”

“别人怎么样我不知道，反正我是没有听到……”

“可是，我们真的是广播过，不然，您去问问其他人……”

这是在机场候机大厅，服务人员与一位误了飞机的乘客之间的对话。其实，这样的争论在那个时候已经没有任何意义了，事实已经这样了，再争论也无法改变。其实，广播中广播过航班班次，乘客肯定也是知道的。延误了登机是因为自己的疏忽，乘客心里也是明白的。同机场服务人员争执，只是因为耽误了登机，从而耽误了他要去做的事情，他心里很沮丧很恼火，想把责任推到别人身上，发泄一下自己的怒气，来减轻自己的沮丧情绪。但是，机场的服务人员并没有意识到这一点，而是觉得错不在自己，从而据理力争。而乘客正在恼火的时候，越争论越走不出沮丧的阴影，从而越来越恼火。如果机场服务人员在乘客发火的时候并不去与乘客争论，而是积极地为误机的乘客想办法，把顾客的注意力转移到怎样去解决这个问题上，乘客自然也就不会去争辩，反而会积极配合机场服务人员寻找解决问题的办法，争论的事情自然也就不了了之了。

如果是领导做决策或是科研人员在为一个学术观点而争执，我们可以赞赏这种坚持原则毫不屈服的精神。但是，大多数人都既不是领导也不是科研人员，我们都是普通人，我们遇到的也都是一些平平常常的小事儿，而且，对这些小事儿的看法上，也没有什么原则性的对与错，我们完全没有必要去争论。大多数情况下，争论的双方谁都不会是胜利者，最后往往会落个两败俱伤。

一个秋日微凉的黄昏，丈夫和妻子因为鸡毛蒜皮的小事儿争论起来，他们各讲各的道理，一直没有停战的意思。终于，丈夫气不过，赌气蹲在院子的角落里抽烟去了，穿着单薄衣服的他忽然看起来那么瘦小。一刹那间，妻子心里也感到心疼，她放弃了继续为自己辩解，拿着厚实的外套走到丈夫的面前，笑笑说：“来，坏脾气的帅哥，披上吧！别冻坏了！”丈夫听了妻子的话，心里有一些温暖，也有一些感动。这时，妻子突然说：“也许几十年后的某一个黄昏，你还是一个人独自在这个院子里的时候，会想起眼前这一刻的，而我可能已经先你而去了！”听了这话，丈夫一把把妻子紧紧抱住，那一份痛惜，在两人心中同时产生。两人从此不再争吵。

家不是一个讲理的地方，而是一个讲爱的地方。智慧的女人永远懂得以“情”治家会远远胜于以“理”治家，因为情人之间、夫妻之间没有理可以讲，智慧的女人懂得在他“不讲理”的时候，不予争辩。当情侣或是夫妻之间开始据理力争的时候，便会蒙上一层阴影，两人都会不自觉地抱着一堆面目全非的歪理，敌视对方，伤害对方，最终只能两败俱伤。

故事中的妻子和丈夫都是明智的人，妻子在丈夫负气抽烟的时候，心中的“爱”已经大于了他们争论的“理”，所以，她主动出去给丈夫披上衣服。而丈夫在妻子说过那一番话以后，也早已经在心中对妻子充满的感激和怜爱。

无论是夫妻还是朋友，在争论中，即使我们赢了对方，把对方的说法攻击得体无完肤，那又能怎样？对方在争论中输了，必定会认为自尊心受损，日后必然还会找机会争回面子。继而又挑起新一轮的争论，这样你来我往永远没有停止，而且会因为彼此自尊心屡次受挫，而最终伤了和气。好好的朋友做不成，弄不好成了仇人。

在争论中，即便你是绝对有理的一方，如果采用了争论的办法要

求对方认可，那么这种意见的分歧就将永远存在。争论永远不能让你得到满足，但让步反而可以让你得到更多。与朋友相处，如果你总是想推翻别人的观点，那么，即便是你赢了，最后也难免落个孤家寡人的下场。

卡耐基曾经说过这样一句话："天下只有一种方法能得到争论的最大利益，那就是避免争论。"如果你非常喜好争论，甚至常常在争论中获胜，那么，你也会发现，你的这种胜利并没有什么意义，但是因为你争论的胜利，你可能已经失去了对方的好感。智慧的女性不会靠争辩来为自己赢得胜利，与其和对方争论得面红耳赤，不如避开彼此的锋芒。

让“逐客令”变得有人情味

在你的日常生活中，是不是会经常碰到这样的事情：一周工作很辛苦，本来星期天自己想着在家好好休息一下，结果一大早呼啦啦来了一大帮朋友，在你这儿又说又闹，你自己无心闲聊，却不得不小心陪着，以免被朋友看做不近人情。或者，你着急出门去办一件重要的事情，你的朋友却在你这里侃得正有兴致，丝毫没有离开的意思，而你又开不了口赶对方走，结果，对方越说越有兴致，而你是越听心里越急，结果，自己的事情耽误了，朋友也并不领情……这样的事情相信每个人都碰到过很多，尤其是女人，这样的感触可能会更多。因为，女人天生善于倾听，女人也是最喜欢说话的，因此，向你倾诉的女人也会很多。你在付出自己温柔耐心的同时，也付出了自己的精力和时间。结果往往是朋友的倾诉结束了，而你的心情却是糟透了。

很多时候，你也许会“舍命陪君子”，毕竟朋友来访，是一件令人高兴的事儿。但是，如果你经常这样委屈自己，你自己的时间就会白白地被消耗掉，最终你自己可能一事无成，而只能是别人闲聊时“倾倒垃圾”的“垃圾桶”。

更多的时候，你并不想做“陪聊”，但是，你还是出于礼貌勉强敷衍。并不是你不想下“逐客令”，而是担心下“逐客令”会伤了对方的感情，因此难以启齿。那么，你就愿意让别人无端占用你的时间

“谋财害命”吗？你的回答肯定是：“当然不愿意！”是的，没有人会愿意让别人来浪费自己的时间，只是找不到一个合适的拒绝别人的方式，不知道用什么样的逐客令，才能让对方心甘情愿地、不伤感情地不再浪费你的时间。其实，合适的方法就是运用委婉高超的语言技巧，将逐客令说得美妙动听，做到既不挫伤说话者的自尊心，又能让其知趣离开。要将逐客令下得有人情味，可以参考下列方法：

以委婉的语言提示对方

你可以用婉转的语言来提醒、暗示滔滔不绝的客人，你并没有多余的时间与他闲聊。比如：“还好，我今天晚上有点儿时间，咱们还可以聊一会儿，不过明天我就必须要写一写年度职位总结了，年终单位要评定年度优秀员工，我得好好准备准备，争取能评上。”这句话的含义就是：“我很忙，明天不要再来打搅我，今天也最好早点儿结束，我好做准备。”一般对方听了这样的话，就知道你有事儿要忙，会自觉地告退。即使不能当时告退，第二天也一定不会再来打扰你。

几位年轻人下班后去拜访某教授，解答了这几个年轻人的一些问题以后，教授已经很累了，但这几个年轻人似乎没有意识到时间已至深夜。于是，教授接着一位年轻人的话说：“你提的这个问题很值得研究，明天我要去上海参加一个学术讨论会，正好准备就这个问题找几位专家一起聊聊，回来咱们再讨论怎么样？”几位年轻人一听，立刻不好意思地起身告辞：“很抱歉教授，不知道您明天还要出差，耽误您休息了。”

教授第二天要出差，需要早点休息，但是直接谢客，又怕打击了年轻人的热情，所以，才顺势接过对方的话题，用委婉的语言来暗示对方自己需要休息了，话语委婉得体而不失礼仪。这样，既达到了辞客的目的，也没有让几个年轻人感觉失望和尴尬。

用热情和客气招待对方

很多人有这样的感受，到别人家里做客，如果对方一直以一种非常热情、非常客气的方式对待自己，自己反而会感觉拘谨不自然，和对方之间也会有一种距离感，感觉对方无法亲近。反过来，如果有喜欢闲聊的朋友经常性地不期而至，无论你是忙是闲都会登门造访，那么，你也可以反用这种方法。就是朋友每次来时，你都热情备至，客气有加。让对方在你的高度热情下感觉不自然，让你的客气把对方弄得很拘谨。那么，好聊者往往会在你的“非常热情”的关注下，来的越来越少。这样的方法，既不失礼貌，也会让对方自觉受不了你的热情而减少拜访。

公司经理廖宏曾经帮助手下的员工小王办过一些纯属个人的事情，小王为此感激不尽，因而屡次登门拜访，总是说一定要好好谢谢经理。为此，廖宏也说过小王：“帮你的忙也只是我举手之劳，不必感谢。”小王好像并不理会经理的提示，依然经常过来，而且每次来都要在廖宏家里东拉西扯，待到很晚。这让经理很是烦恼，但是也不好说什么。倒是经理夫人更聪明一些，每次小王来，她都礼貌地献果倒茶，热情招待，并且一直在一旁陪着说话聊天。有时候孩子有事儿，经理夫人也会说：“妈妈在陪叔叔说话……”结果，孩子会很不开心地走开。小王为此也觉得有些不好意思，这样几次之后，小王忽然觉得自己去经理家里，会给人家带来很多麻烦，再后来也就不好意思去了。

经理夫人有意地把小王放在了一个非常尊贵的位置上，而作为下属的小王，本不该受这样的待遇。这让小王自己也觉得不自然了，从

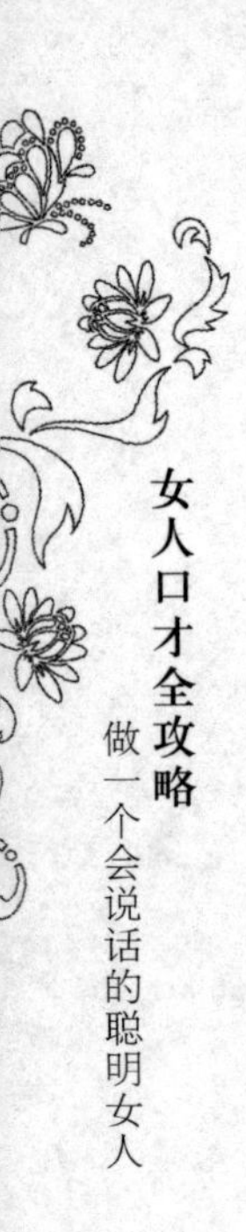

而自觉不再去经理家里打扰。

小王屡次到经理家里，第一是表示感谢，第二肯定也是想着能与经理拉近关系，想必经理和夫人对此也是心知肚明。但是，经理不好直接拒绝。而经理夫人的过度热情，倒是达到了更好的拒绝效果。

主动出击去拜访对方

有时候闲聊的朋友会在突然之间登门拜访，有些则是有规律地造访。对于这样的人，你可以琢磨一下，对方经常会什么时间来，然后，在对方登门之前出去，或者主动登门去对方家中，到那里你就由主人变成了客人，也就主动掌握了交谈时间的长短。你去的次数一多，也就改变了对方去你家的习惯。这是一种特殊形式的逐客令，只是，这样的逐客会让你付出一些自己的时间作为代价，但是，效果很好。

让更多的朋友意外“骚扰”你

对于经常在预料之外来拜访的客人，可以事先同其他的朋友约好，在你与这样的客人谈话之时，让家里的“骚扰”电话不断：领导要你去加班、同学邀请你参加聚会、有个重要的客户找你……这时你可当着客人的面回答：“稍等一下，我这里有客人走不开。”然后，再对客人说：“你看真的很烦，天天有这么多事，星期天也有这么多人来打扰。”看到这种情形，但凡有点儿自知的客人，都会自觉地起身告辞，而且，在以后也会很少来打扰了。

主动起身与客人握别

当来客谈完正事后，作为主人的你，可以马上站起来说：“这件事就这么说定了，你要不要再坐一会儿？”这个时候，客人即使想着再坐下去，看你已经起身，也就明白了你的意思，自然也会起身告辞，你也可以就势与客人握别。

每个人都不喜欢被拒绝，到别人家里拜访肯定也不愿意听到别人的逐客令。所以，作为主人一方，如果必须要和拜访者说的时候，就一定要注意照顾一下对方的自尊心，不要在拒绝别人的时候让对方有受伤害的感觉。

因人而异来交谈

女人在语言方面是有天赋的，但是，仅仅依靠天赋是不能把话说到完美的。要想把话说到完美，就要注意在说话时达到“天时、地利、人和”，在这样的情况下，说出来的话就是最美妙的了。“天时、地利、人和”看起来好像很麻烦，其实也很简单，你只要在说话以前，稍微用一点儿心思，体会一下当时的时间环境，更重要的是，要弄清楚你的说话对象自身的一些特点。那样，你就不会说出不合时宜的话，或者是因为表达方式的不同，给别人造成误会了。

因性格而异

对于性格比较直率的人，说话就要开门见山，直来直去，不要拐弯抹角；对于性格比较内敛，做事含蓄的人，就要注意不要把话说得很直白，“话说三分”就足够了；而有些人生性多疑，与这样的人交流，说话前就要注意酝酿言词，不要引起对方的误会。如果你没有把握住对方的性格，而随意开口，往往会让自己陷入一个非常尴尬的境地。

杨卉是文秘专业毕业的应届毕业生，在学校时成绩就不错，毕业实习时也得到了所在单位领导的好评。毕业后她找了一家大公司应聘文秘，面试过程中，公司经理对她进行提问时，她把在学校所学的一些公关的礼仪规范几乎全用上了，说话礼貌文雅，内敛含蓄，对什么问题都不去直接回答。但是，可巧公司经理是个急性子，比较喜欢直来直去。看到杨卉每次回答他的提问时说话都不直接，他心里很是着急。但是几次暗示后，杨卉仍然没有意识到经理的这一提醒，还认为是经理的客套话，依然按照自己的方式说话，最后的结果可想而知，杨卉面试没有成功。

杨卉就是因为没有摸清面试经理的性格，并且对于经理的暗示也没有在意，所以才导致自己面试没有成功。因此，说话前要充分把握对方的心理，根据对方的性格去说话，你才能成为一个成功的女人。

因性别而异

对不同性别的人说话也要有所区别。从说话方式到说话语气，都要注意区分。一般同男士说话可以稍微直爽一些，这样会让对方感觉你性格比较豪爽，好打交道。而对女性说话，则尽量要委婉细腻一些，女性天生心眼小，如果说话太过直接太过粗犷，有些女性可能不容易接受。

因年龄而异

人的年龄不同，兴趣爱好就会不同，关注的重点也会有所不同。年轻人初入社会往往更关注一些时尚前沿的话题，言谈之间也往往会比较激进冲动，和他们说话时，你最好也能说一些与时尚有关的话题，至少不能把太陈旧的东西拿出来同他们说。而且，与年轻人说话的语气和方式可以稍微轻松一些。

中年人心理已经成熟，他们会更关注与自己切身利益相关的一些现实性的话题。而且，人到中年，大多数人也都有了些城府。所以，和中年人说话，可以把比较贴近现实生活的话题作为切入口，说话的

方式和口气也要适当严谨和圆滑一些。

如果你接触的是老年人，那么，最重要的是做到在语气上表现出足够的尊重。另外，老年人往往喜欢回忆过去的一些事情，你可以刻意去提一个“想当年”的话题，以请教的口吻让老年人去说，让他们回忆一些当年的美好和荣誉，你只要当一个“忠实”的听众就好了。

因文化程度而异

文化程度的不同，人的理解能力和接收水平也就不同。同时，文化程度也会决定一个人的生活环境，而生活环境也改变了一个人说话和听话的习惯。所以，在你说话之前，要了解对方的实际情况。一般来说，文化程度稍低一些的人，喜欢说话比较直接一些，有什么话直来直去。再就是说话时尽量用大家都能听得懂的通俗话去说，甚至可以稍微带一些粗俗之气，但只要无伤大雅，都可以用。而对于文化程度相对高一些的人，对方的理解能力会强一些，说话时可以不必太过直白，有时候你只需点出，对方就明白了。在语言的运用上，也要相对文明文雅一些，在必要的时候可以用一些书面语。而有些人水平确实更高，是那种“嬉笑怒骂皆成文章”的人，如果你的才气足够，也可以来一个出口成章，跟他做一些这样的交流，对方可能会很愿意接受。

职业不同

不同的职业，决定了一个人与众不同的说话方式。从事以体力为主的职业的人，说起话来可能会声音洪亮，语气和用词上也比较直白通俗。在跟他们说话时，也最好能跟随对方的习惯来选择说话方式。而脑力劳动者，尤其是做文字方面工作的人，说起话来可能就会有些文绉绉的，而且，这当中还不乏幽默睿智之人。跟这样的人交流时，你的嘴巴和脑子都要转得很快。对于经商之人，你可以适当地谈一些生意场上的事情和信息，但是，要切记说话要掌握住分寸，因为，每个商人都有自己的领土和禁忌，有些商业上的秘密你是不可以随便问随便说的。而如果对方是科研人员，你就要注意说话时最好严谨正统一些，尤其是涉及对方专业的话题，你可以向对方请教，但最好不要随便发表自己的看法，因为你是外行。

“看人下菜碟”不是一种谄媚的态度，不要固执地以为只要自己真诚正直就可以让对方愿意听你说话。与不同性格的人打交道，就应该采取不同的说话方式，这样才能让你说的话有分寸、进退得宜。

与名流交谈，找到对方真正的心理需要

与身份地位高的人交谈，尤其是社会名流，人们会下意识地在心里有一种紧张的感觉。尤其是女人，在与比自己身份地位高的人谈话时，往往会表现出羞怯的态度，说话也会变得语无伦次。其实，他们也是普通人，只不过因为某些原因，比你更成功一些，社会地位更高一些，身份看起来更尊贵一些。而对于这些人自身来说，在他们成功的领域以外，他们也和普通人是一样的，有血有肉有感情，他们也有着普通人的心理，有时候甚至比你更害羞、更脆弱。所以，在与社会名人交往之前，首先把自己的心态放平和，把对方放在与自己平等的位置上。

在与名人交谈之前，你可以预先为自己的谈话内容做一些准备，如果对方的知名度很高，你可以通过熟悉他的人去了解或者通过公共渠道查找关于他的资料，对对方有一个尽可能详细的了解。这样，至少在谈话时可以有内容可说，而且，也可以避免出现因为自己的唐突而冒犯对方的情况。对对方了解得越详细，谈话会进行得越顺畅。

准备充分后，下一步就是见面了。

如果是初次与名流见面，你最好先问一些开放性的问题，这样可以让对方在回答的时候不受拘束，从而拉近双方之间的距离。而你也可以从对方的谈话中，了解到对方更多的脾气秉性。你所提的问题，一定不能是用简单的“是”或“不是”来回答的，而需要较长的答案。只有这样，你才有可能引起对方的谈话兴趣。

对于不喜欢多说话的名人，比如从事创作性工作的作家、诗人、画家、音乐家等，这些人在社交场合也许不很活跃，但他们的谈话大多能对人的心灵有一些启迪。不过，这些人都特别敏感，与这些人谈话时，态度要温和冷静，不要表现得太过热情，那样反而会让对方感觉难以招架。如果能找到他们职业以外的兴趣爱好是最好的，你可以以此为突破口，找到与对方交谈的话题，拉近彼此的距离。

李倩是个实习记者，实习期的第一个任务就是去采访一位不喜欢被人打扰的老画家。老画家是个不苟言笑的人，而且对于前去采访的记者向来就不喜欢。这次李倩的到来，一样受到了老画家的冷遇。在老画家的工作室，老画家甚至没有给李倩倒一杯水。李倩有一些尴尬，但是，她很快冷静下来，寻找机会，想着怎么打开老画家的话匣子。很快，细心的她就发现老画家家里有很多已完成或未完成的根雕作品，于是，她很感兴趣地对老画家说：“您也喜欢根雕吗？我最近对此很着迷。”

老画家一听此言，脸色立即缓和了下来。一个年轻女孩竟然喜欢根雕，老画家好似一下子碰到了知音。他详细地向李倩介绍根雕艺术的渊源，让李倩欣赏他的作品，告诉李倩什么样的作品才是好作品，怎么样才能制作出好的作品……直到李倩要告辞了，老画家还好似意犹未尽。很快，李倩的采访稿《老画家的第二职业》就因其生动真实而大受好评。后来，李倩也真的爱上了根雕，并跟老画家成了忘年交。

李倩只是一个实习记者，她并没有太多的采访经验。面对不苟

言笑而且对记者也不欢迎的老画家。李倩除了尊敬的态度和温和的语言，并没有过分热情地夸赞老画家专业从事的艺术创作，而是从他的业余爱好中，发现了老画家的兴趣所在，这是一个很好的突破口。因为作为知名的画家，老画家的作品肯定已经被无数人欣赏和称赞过了，老画家也肯定已经被若干记者采访过无数次了。所以，对于一个实习的小姑娘，老画家表现出那样冷漠的态度也不足为奇。但是，他的业余爱好却未必有很多人知道，更不用说得到过多少人的欣赏，他也愿意把自己的另一类艺术作品展示给别人看，这是所有人的本性，名人也是一样。所以，李倩在这里找到了突破口，以此拉近了自己与老画家的距离，不仅让自己的采访有了很大的收获，而且，还交了一个忘年交。

在与名人交谈的时候，关键还要看对方心理上有哪方面的需求。对于对方身份地位的吹捧或者是对对方取得的成就的称赞，都不是对方真正需要的，因为，对于名人来说，他们已经听到过太多这样的话，你的话再好听，也只能是锦上添花，在他心里激不起任何波澜。反倒是来自另一个方向的声音如反对的意见或中肯的建议，或许会让对方在花团锦簇中感觉到一丝新意，从而激起对方谈话的兴趣。

一次，相声艺术家姜昆到广州演出，演出一结束，市里几家新闻单位的记者便争相进行采访。这些人大都在提问题前先对姜昆的相声说一通赞美的话，接下来就是让他谈谈对自己取得的成就的感想。但是，这些都被姜昆婉言谢绝了。

就在大多数记者都失望至极，准备打道回府之时，有一位女记者叩响了姜昆的房门，一看又是记者采访，姜昆正要拒绝，只听女记者说："姜昆老师，我对您的表演也很欣赏，我也知道您很累很忙，但是，我想就您演出时的一些细节性的问题，提一些我的不成熟的看法，因为时间实在紧张，所以只好冒昧在这里提了……”姜昆一听，是为了让自己更完美地演出而来提建议的，便十分热情地接待了她。

这位女记者之所以能说服姜昆接受采访，是因为她知道作为一个知名的相声艺术家，姜昆肯定已经听过太多的吹捧和赞美。也许，他已经不想再被更多的人用同样的话来吹捧，他更愿意静下心来，听一听反对的声音，琢磨一下自己怎样能在艺术上有更进一步的提高。女记者的话，正好迎合了姜昆想着更进一步提高艺术水平的心理。虽然不是赞美和吹捧，但对于姜昆这样一个有名的相声艺术家，这样中肯的建议，是他更愿意听到的。

在与名流交流时，一定要注意你提问题的方式。自然得体的方式，不卑不亢的态度是你最需要的，这会让他们感觉良好，进而营造出一种融洽感。太过谦卑，对方可能会看不起你；当然，更不能太过高调，好似自己高高在上，以评论家的语气质询对方，那样会让对方非常反感。对对方提出问题时，你的语气要充满感情和兴趣，如果用崇拜的口吻说话，可能会让对方更愿意接受一些。

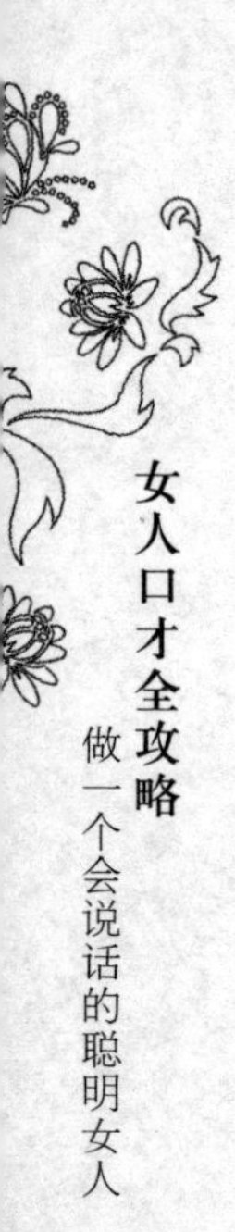

别让你的幽默伤了对方

同学聚会、朋友聊天或者是同事结伴出游，相互之间开个得体的玩笑，可以活跃气氛，松弛一下紧张的神经，联络彼此的感情。因而会开玩笑的人，常因其诙谐幽默而受到周围人的喜爱。不过，开玩笑也要讲究分寸场合，玩笑开得不好，不仅达不到娱乐的目的，还可能适得其反，伤害彼此的感情。以下几点需要特别注意：

场合要适宜

慧慧和红梅是大学同学，毕业后为了相互有个照应，两人同租了一套两居室的房子。前不久，红梅刚刚交了一个男朋友，慧慧看了也觉得不错。于是，红梅的男朋友也慢慢和慧慧熟识了。红梅也会经常带男朋友到家里来过周末，三个人在一起说说笑笑很开心。

可是，一段时间以后，红梅的男朋友就不怎么来了，红梅也对慧慧变得越来越冷淡。慧慧不知道哪里得罪了红梅，心里很是郁闷。

后来，慧慧还是在同是大学同学的杜娟那里了解了实情。原来，红梅男朋友过来的时候，慧慧说话太随性了，经常当着男朋友的面开玩笑说一些红梅的小毛病，比如："男朋友来了，你也勤快起来了，看把屋里收拾得多干净！你要是一直这么勤快就好了哦！""就你这臭脾气，也只有你男朋友能忍得了你！"……时间长了，红梅的男朋友也会在私下里以这样的话开红梅的玩笑，这让红梅心里很不舒服，觉得慧慧不该在自己的男朋友面前这样说自己。

其实，慧慧和红梅开玩笑也不一定是恶意，甚至还可能是好心想让红梅男朋友感觉红梅爱他，或者让对方对红梅好一些。但是，实际的效果却并非如此，毕竟红梅和男朋友还只处于男女朋友阶段，没到谈婚论嫁的程度。这么早就当着其男朋友的面和红梅这样开玩笑，很可能会改变男朋友对红梅的看法。因此，红梅不再带男朋友过来，对慧慧也开始冷淡也就不足为奇了。慧慧就是因为没有注意到，不该在红梅男朋友在的场合同红梅开那样的玩笑，才导致一对好朋友的关系受到影响。

要因人而异

开玩笑要因人而异，不同的年龄、身份还有性别，开玩笑的程度都要有所区别。一般长辈对晚辈开玩笑，要保持长者的庄重身份，让晚辈不失对长辈的尊敬；而晚辈对长辈开玩笑，则要以尊敬长辈为前提。同时，开玩笑还要注意男女有别。男人大多对语言的承受能力较强，一般的玩笑不会让男人感到太尴尬；而女人则相反，不得体的玩笑很容易让女人难堪，甚至下不了台。

再就是要注意每个人的性格，人的身份、性格、心情不同，对玩笑的承受能力也不同。同样一个玩笑，能对甲开，不一定能对乙开。有些人天性开朗风趣，喜欢开玩笑，和这样的人开玩笑可以稍微放肆一些；而对于性格内向，心思细腻的人，开玩笑时就要格外注意分寸，避免惹恼对方。

晶晶是个性格开朗的女孩，平时爱说爱笑，风趣幽默，但是作为女孩有时会显得性格有些粗犷，不拘小节。为此，她也得罪过一些人。但是，她周围大多数朋友都知道她这种性格，一般也不会和她太

过计较。

在一年一度的大学同学聚会上，一向是聚会主角的晶晶以自己风趣幽默的口才出尽了风头，兴致正高的她一不小心和刚刚升了职的男生小阎开了个玩笑："你小子可真行啊，真是热闹的马路不长草，聪明的脑袋不长毛。"一句话，说得大家哄堂大笑，小阎立刻涨红了脸。结果原本高兴的同学聚会，闹了个不欢而散。

原来，小阎是个软件工程师，性格内向，不苟言笑，每次同学聚会他都只是坐在那里看同学们在一起说笑。可能是因为用脑过度，年纪轻轻的小阎，脑门就光秃秃的了。为此，他的个人问题也受到了影响，多次相亲，都是因为女孩看他谢顶，因而怀疑他的实际年龄，最后都没有继续走下去。他也为此很是烦恼。这次同学聚会，本来就正在为此烦恼的他，被晶晶开了这样一个玩笑，正说中了他的痛处，小阎心里自然恼火。所以，才愤而站起，向晶晶开火。

每个人的脾气性格都是不同的，因而开玩笑首先要因人而异。像晶晶那样开玩笑，如果是开在一个性格粗犷的男同学身上，或许对方会有一些尴尬，但多半也会一笑了之。而对于性格内向的小阎，本身就在为此事烦恼，被晶晶这样一说，就有些承受不了。

不要触到对方的痛处

开玩笑本来是一种调解谈话气氛的良好方式，但如果使对方太难堪，就偏离了开玩笑的本意。比如你的同学个子长得矮、你的同事眼睛高度近视或者你的朋友皮肤黑或皮肤粗糙……这些本属于对方生理上的缺陷，都是不能拿来开玩笑的话题。否则，很容易引起对方的不满，甚至愤怒。前面例子中所说的晶晶，用同学小阎的秃头顶开玩笑，也属于这一类。所以，开玩笑的时候，一定要把握分寸，避人忌讳。

玩笑内容要高雅

无论是与什么样的人开玩笑，或是在什么样的场合下，玩笑的内容可以随意轻松，但不要流于低级趣味。内容健康、格调高雅的玩笑，不仅给对方带来轻松和愉悦，也是对自己美好形象的有力塑造。如果总是流于低俗，会让周围的人看轻你，甚至对你自身的品德有所怀疑。

态度要友善

开玩笑的过程，是感情互相交流传递的过程。玩笑的目的是让大家都身心放松，心情愉悦。如果借着开玩笑对别人冷嘲热讽，发泄不满，那么，不仅对方会对你心存恼怒，周围的人也会对你这样的做法很不屑。从而影响你在朋友同事中的印象，让别人不再愿意与你交往。

开玩笑的目的是让大家轻松愉快，如果自己把握不好分寸，那就不要随便乱开玩笑。无论是在哪种情况下，你不开玩笑，至多会让别人觉得你没有趣味，但是不会让别人受到伤害。反之，如果想开玩笑又开得不好，往往很容易给别人造成不必要伤痛，这样反而得不偿失。

第六章

决胜职场：Office Lady 会说话就是实力

Office Lady是职场中一道靓丽的风景，不仅表现在她们靓丽的外表上，更表现在她们良好的内在气质和绝佳的口才上。一个职场女性如果没有好的口才表现，那么，她的实力和魅力就比别人少了一大截儿。而这一部分的欠缺，即使她在其他方面付出格外多的努力，也未必能弥补得回来。

沉着冷静，用机敏的口才征服考官

一个人从学校到社会，经历的第一关就是面试。从学校毕业到走上工作岗位，每个人都要经过应聘面试这一关。

一些大公司在招聘职员的时候，会同时有笔试和面试。很多人在笔试中成绩优秀，但往往过不了面试关，因为，面试考察的不仅仅是你的学识水平，还有你的口才和应变能力。而一些小公司直接就由面试来决定是否聘用一个人。所以，面试中的表现对于应聘者能否应聘成功是很关键的，而面试时的表现最主要的还是口才的表现。

那么，怎样在短短的面试过程中，用自己的口才来打动面试考官呢？对于这个问题，有很多种答案，但是，最重要的一点是，要大胆冷静。面试是一个短暂而紧张的过程，应聘者在面试之前，心理上总会有一些紧张情绪。而面试考官提出的问题可能五花八门，在这样紧张的情况下，能够条理清楚地回答出面试考官突然提出的甚至可能有些刁钻的问题，必须要有冷静的头脑和敏捷的思维。

口才好的人即使是在紧张的面试现场中也能如鱼得水，把话说到考官的心窝里去。头脑冷静的应聘者，可以随机应变，应付突如其来的尖锐问题，他们往往可以妙语连珠，用自己敏捷的头脑留给考官一个深刻的印象。

商宛君是财经学院营销系的高材生，有着一肚子学问的她，却因为相貌欠佳，在找工作时屡次碰壁，总也过不了面试关。经历了数次失败的打击后，宛君改变了思维方式，决定主动出击，不再去招聘会，而是专挑有知名度的大公司上门推销自己，她相信，自己的才能一定会弥补自己相貌上的不足。

她主动出击的第一家公司，就是一家国际知名的化妆品公司。面试考官面对这位自己找上门来的应聘者也是充满了好奇，因此，也就没有按照常规的方式对待她，没有经过过多关卡，而是由公司人事经理直接接待她。

面对这个有些鲁莽的年轻女孩，人事经理开门见山，提出的第一个问题是："谈谈你对化妆品市场的认识和看法。"

这个问题对于商宛君来说并不难，早在来公司之前，商宛君就有这方面的准备，她不仅做过大量的市场调查，而且，结合自己在学校学过的知识，她自己早已经在心里有了一个像模像样的模式体系。

听到经理的问题，商宛君从容镇静，从一些国际知名化妆品公司的成功之道说到国产品牌的推销妙招，侃侃道来，思维敏捷，逻辑缜密。直说得在一旁倾听的营销部经理都热血沸腾，这位营销经理早已经在心里认定了这个形象不是太好的女孩。

但是，人事经理接下来却问出了一个让商宛君有些难堪的话题："商小姐，恕我直言，化妆品广告很大程度上是美人的广告——外观很重要，你在这方面好像不是太符合我们的条件。"

尽管商宛君对这样的问题也有所准备，但没想到人事经理问得这样直接。一下子，她有一些尴尬，但是，她很快镇静了下来，大胆地迎着经理的目光说道："经理说的没错，化妆品广告在很大程度上是为了让人们看到女人更靓丽的一面，也正因为如此，我这样的形象正

可以作为一个反面的形象代言，让人们在心理上有一个比较，效果比单纯的美女形象可能会更好。”

人事经理也被她的机智和敏捷的口才征服，当场就给了她一个答复：“就这样吧，你先做销售，试用期三个月。”

商宛君十分珍惜来之不易的工作，带着自己的满腔热情投入了工作中，一个月下来，就有了很好的业绩，半年后，她成了该公司营销部门的一名主管，有了自己的一个营销团队。

商宛君在这场面试中，之所以能够成功，就是因为她冷静的头脑和敏捷的思维。面对知名大公司的人事经理，在自己外貌形象不占优势的情况下，本来应该紧张的商宛君，似乎忽略了这些不利的条件，利用自己的口才优势先给了营销经理一个极好的印象。她发挥了自己学识上扎实的基本功，并结合自己辛苦努力所做的大量市场调查，条理清晰地讲出了自己未来工作中可能会遇到的一些问题以及解决方法，让面试考官首先认可了她的能力。但接下来人事经理关于外貌形象的问题，更是对商宛君不利，甚至可以说是对她的一个打击，但她并没有因为人事经理的打击而尴尬气馁，而是迅速调整心态，沉着冷静地以近乎自嘲的口吻，快速机敏地回复了人事经理的打击，最终让人事经理当场拍板录用了她。

面试对于求职者来说，是迈向社会的第一步。这一步的成功与否至关重要，它不仅会影响到能否顺利找到自己喜欢的工作，还会对一个人在未来工作中的心态和积极性造成一定的影响。所以，每一个求职者在面试的时候，都要尽力保持冷静的头脑，让自己思维敏捷，最大限度地把自己的能力和潜力在短短的几句话中得到展现，给考官一个深刻的印象，也为未来的工作打下一个好的基础。

面试时，如何阐述自己的优缺点

面试场上，考官们经常采用的一个基本策略就是尽量让应试者多讲话，目的在于多了解一些应试者在书面材料中没有反映的情况。而这当中，有一个最基本的问题经常会被问到，那就是，你的优点和缺点是什么？这是一个非常容易回答也是很难回答好的问题。这个问题回答得好，会给对方留下深刻的印象，回答得不好，则可能会使面试失败。

抓住机会，有针对性地亮出自己的优点

在求职应聘的过程中，女性需要以富有个性色彩的语言和流畅的表达来推销自己。适当地做一些自我表白，把自己的优点和长处亮出来，让招聘方了解和发现自己的才能与优势。

某市公安机关正在向社会招聘刑事检验分析人员，招聘桌前，围满了前来应聘的男性求职者。

在众多男性求职者中间，挤过来一位年轻的女孩，她向招聘人员表明自己渴望从事刑事检验分析研究工作。

几位招聘人员面露难色，因为刑事研究工作很艰苦也很残酷，所以研究所从来没有过女性工作人员。但是，女孩很执著，面对招聘人员的问题，她给出了自己的答复，亮出了自己的优点，表明自己完全能够胜任这份工作。以下是招聘人员与女孩的对话：

“工作人员需要亲临案件现场，遇到的全是血淋淋的场面，你不怕吗？”

“我不怕，”女孩毫不含糊地说，“我母亲是法医，我也是学医出身的，也可能和遗传有关，上学时第一次上解剖课我就一点儿都不害怕。对于血腥的场面，我也没有恐惧感。”

“干这行没黑没白的，要随叫随到。”

“没关系，我父亲就是干刑警的，我从小看到父母都是这样工作的，没黑没白，我已经习惯了。”

招聘人员没有再说下去，他们破格录取了这位勇敢的女孩。

这位女孩之所以能够在众多男性求职者当中求职成功，就在于她能够三言两语把自己的优点摆出来，告诉招聘方，自己完全可以胜任这份工作。“母亲是法医、父亲是刑警”，表明女孩自己完全明白这份工作的艰苦和残酷，明白自己未来会面对一些血腥的场面。而自己是学医出身，一方面可以表明，自己有可以做这份工作的知识基础；另一方面，学医者在上学时就做过很多尸体解剖，表明女孩是有胆量，也是足够细心的可以胜任这份工作。所以，无论从哪个方面说，女孩都具备做好这份工作的能力。所以，招聘者才没有再说更多的话，而是直接录取了这位女孩。

很多男性具有的优势，女性自身并不具备，因此，当与男性在同等条件下竞争时，女性可能会因为本身没有的优势而不得不甘拜下风。但是，同样，女性往往也有自己独特的优势，为了得到自己想要的工作，在求职的过程中，女性一定要抓住机会，大胆地把自己的优势亮出来，让招聘方实实在在地看到，你的优势会给未来的工作带来的好处，他们自然就会录用你。

坦然承认缺点

在面试的过程中，很多女性求职者，面对考官提到的自身缺点这一问题，往往不愿触及，怕说出了自己的缺点会导致应聘失败。或者会不由自主地摆出防御姿态，甚至反击对方。这样一来，会让对方误认为你过分自信，从而招致“狂妄自大”的评价。

如果遇到这样的问题，最好的办法就是坦然地承认它。有缺点并不可怕，因为每个人都有自己的缺点，坦然承认，会让招聘方感受到你的诚实，而且，大多数情况下对方还会欣赏你敢于承认并说出自己缺点的勇气。如果有必要，可以在承认缺点的同时，做一些必要的解释。比如说：“我办事比较死板，有时容易和人较真。”同时，可以再加上一句：“我在工作中更是这样，有时候会为此而得罪人也不自知。”对于这样的解释，招聘方可能会认为“办事死板”虽然是缺点，但是也说明你比较有原则性，反而因此而欣赏你的这一特点。

明谈缺点实论优点

在谈论自己的缺点时，可以把优点以缺点的方式说出来，让对方不感觉你所说的是缺点。如：“我办事比较急，准确性有时不够。”这虽然是缺点，但也说明你完成工作的速度比较快。对于应聘市场类工作的求职者来说，这并不一定是一个缺点。

再比如：“我好奇心比较强，什么知识都想学，但是没有什么精通的。”学东西泛而不精，一方面是缺点，另一方面，说明你比较爱学习，知识面比较广……如果不是做研究或技术性很强的工作，招聘方也不会认为这是缺点。如果是公关类的职位，与人打交道比较多，这样的“缺点”实际上就是优点。

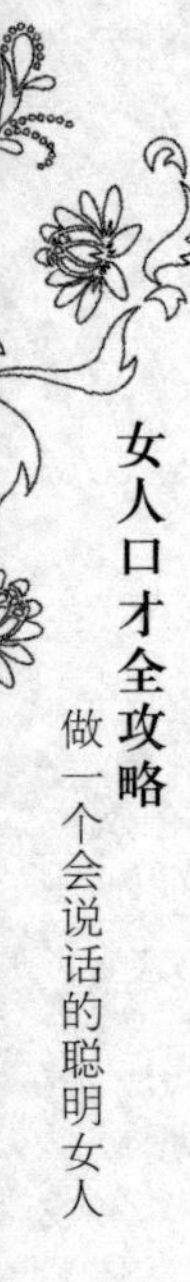

一个人有缺点并不可怕，可怕的是不敢承认它、改正它。“横看成岭侧成峰”，对缺点本身来讲，有些“缺点”对某些工作来说恰恰是优点；对有缺点的人来说，只要坦然承认，合理利用，都会使消极的评价转化为积极的评价。

管好自己的嘴巴

缺点是客观存在的，坦然承认也是应该的。但是，缺点就是缺点，不是越多越好。所以，对于自己的缺点，不需要都陈列在招聘者面前。口无遮拦地随便说话，对于求职者是一大忌。该说的说，不该说的就不要说，要管好自己的嘴巴。

李静大学毕业第一次找工作，就碰到了这样的问题。面试时当考官问到“你有什么缺点”时，她诚实地按事先准备好的答案做了回答。听了她的回答，考官并没有说话。看到考官不说话，她认为自己的回答不够好，于是就又讲了自己的一条缺点，可是考官还是不说话，就这样，她一个又一个地讲自己的缺点，直到她自己也想不起来自己还有什么缺点没有讲时才停住。

这时，考官才说了一句话：“你知道自己有这么多缺点，为什么不改呢？我们这里是工作单位，到这里来是要工作的，我们不负责帮助改正缺点。”

李静本来对考官的问题是有准备的，也就是说，她并不是那种口无遮拦，随便说话的女孩，她也完全可以在回答完第一个缺点以后就不再说话了。但是，面对考官的沉默，没有经验的李静怕冷场会对自己求职不利，所以，迫使自己一直说话，并且一直在说自己的缺点，结果把自己弄到了一个非常不利的位置上。

俗话说“言多必失”，在回答面试考官的问题时，不需要太多地表白自己，那不是表现的时机。说话太多，一旦失言，很有可能会造成不必要的影响和损失，到时候，吃亏的还是自己。对于自己的缺点，那更是宜少不宜多，说了缺点虽然可以表明自己的诚实，但是，缺点不是多多益善的。

在谈到自己的优缺点时，要有针对性，把你的性格特点中与你想应聘的工作关系不大的缺点说出来，而对于工作中必须拥有的性格中的优点，如果你有，可以说出来。如果没有，就不要提这方面的话题，以免让招聘方就此话题展开，把你在这方面的缺点挖出来，反而对你的求职不利。

礼貌得体的面试技巧

面试是用人单位与求职者双方说话技巧的较量，是最能体现求职者“嘴上功夫”的时候，女人想要通过“求职”这座独木桥，就必须用自己的口才让自己在面试这个决定求职者前途命运的竞技场上脱颖而出。对于每一位求职成功的女人，在面试时都有自己的独门秘诀。而对于在面试中没能成功通过或即将参加面试的女人们，我们可以提供以下一些得体的应对方法，以及成功者的经验，为大家做一个参考和借鉴。

不卑不亢，平等对话

对大多数求职者，尤其是刚走上社会第一次参加面试的求职者来说，面试的双方不可能处于平等的地位。因为，面试考官执掌着对应聘者的“生杀大权”，对应聘者有选择的权利。应聘者为此也往往小心翼翼，谨小慎微，只怕自己一句话说得不好，而导致面试失败。其实，个人求职与单位招聘，是一个双向选择，双方是在一个平等的位置上进行着平等的对话。不存在谁尊谁卑的问题，只要保持得体的礼貌，冷静理智地回答招聘方的问题就可以了。

求职者如果过分小心翼翼，这样的面试并不能取得良好的效果。只有当你克服被动的心态，充分开启自己智慧的大脑，把问题回答的圆满完美，才能真正把你的风采展现在面试考官面前，对方想要的也是一个智慧敏捷的职员，而不是谨小慎微的奴隶式工作人员。

口齿清晰，语言简洁

女人说话的声音和语调能够体现出她的气质修养和文化内涵。女人在与面试考官进行交流的过程中，其说话的速度、声音的高低，有时会比说话的实际内容更能反映出一个人的内心活动。在面试的过程中，在回答面试考官提出的问题时，要注意发音准确、吐字清晰，语言要干净利落，而不是拖沓无力，声音清脆而不尖细，以每位面试考官都能够听到你的声音为宜。要给面试考官留下一个充满自信和朝气的印象，另外，要特别注意，说话时切不可有口头禅，更不能在语言中夹带不文明的语言，那样容易给人留下粗俗的印象。

集中精力，认真答对

在与面试考官的交流过程中，无论谈话是否愉快，或者对方需要进行其他的活动，如接电话、处理其他公务等，而让你们的交流被迫中止时，作为应聘者，你都不应该因为对方的行为而分散了注意力。如果你因为临时性的注意力不集中，而轻视面试考官的提问，漫不经心地回答对方提出的问题，对方会认为你太傲慢或是太过自由散漫而不录用你。

耐心倾听，勿中途插话

很多求职者，不等面试考官把话问完，就中途插嘴，按照自己的理解回答面试考官提出的问题，自以为这样可以表现自己的聪明才智。其实，恰恰相反，这种急躁的态度，一是会误解对方问话的意图，另一方面，中途打断对方，也有失礼貌。而且，中途打断对方，轻率地下断语，或是连珠炮似的发问，还会让对方觉得你过分热心，

会对你的动机产生质疑。招聘方可能会因为这样的不礼貌行为而停止对你的继续面试，结果不言而喻。因此，求职者在面试时，一定要耐心听完主考官的问题，弄清楚他要你回答的究竟是什么，再按照他的要求回答问题，切不可轻率答话。

冷静对待，客观回答

在面试提问时，有些考官故意提出一些刁钻古怪的问题，比如提出不礼貌或令人难堪的问题，或是故意让你不明其意，让你很难回答。这是考官在故意“重创”应试者，目的在于观察求职者的“适应性”和“应变性”。若遇此类问题，你反唇相讥、恶语相对，都是错误的，要冷静对待，客观回答，这样才能赢得面试考官的好感。

言之有物，避免抽象

面试时，招聘方是希望在有限的时间里，更多地了解求职者的具体情况，而求职者也希望在有限的时间里想尽办法展示自己的才能，给招聘人员留下一个好的印象。但这并不表明，双方之间的谈话就越多越好，而是越精越好。也就是说，在双方交流的过程中，求职者介绍自己的话语中要言之有物，要有更多的实质性的内容，那才是招聘单位真正想知道的。而不是泛泛的空谈，那样只是白白浪费时间。

在回答考官提问时，不要简单地以“是”、“不是”这样的话来搪塞，而是要把问题回答的具体一些，例如，当被问“你的外语程度如何”，回答“还可以”或“一般”，都是面试中不应出现的答案，过于抽象就会让人感觉过于虚假。你应该具体回答如“书面翻译还行，口语水平差一些”或是“口语不错，能够与外国人自如地交流”，这样就可以使对方对你的外语水平有一个真实的了解。

切忌答非所问

有时候，求职者对面试考官提出的问题的意思不明白，或者对所提出的问题不知从何答起。这是一个很尴尬的场面。直接回问对方，一是怕显示自己无知，二是觉得回问有一些不礼貌。于是，有些求职者就根据自己理解的意思猜测着进行答复，结果往往是答非所问。其实，你这样想当然答复，才真正被面试考官视为无知或无礼，为你接下来的面试埋下隐患。如果你真的没有听懂或是有些茫然一时不好回答，也不要直接说："您的意思我没明白。"你可以这样说："您的意思是否是这样的……"这样，你就可以更明确地知道对方的真正意思，从而给予一个确切的答案。而且在对方给你一个明确回答的时间里，对于有些茫然的问题，你还有一个思考的时间，让自己回答得更从容一些。

耐心等待，不贸然进言

在面试即将结束，或者是面试中途告一段落的时候，往往会出现面试考官突然出现短暂沉默的情境。这对应试的女性是一种极大的考验。例如，当面试考官不时地翻弄你的简历，间歇性地看看手表或是接电话时几乎忘记你的存在。对方在面试过程中的突然沉默，这是最难熬的时候，有些求职者可能为打破冷场再补充一些多余的问题，其实，这些问题往往是画蛇添足。这种情况下，不要心慌也不要着急，只要你自己没有做错什么，冷静地等待好了，也许对方在思考怎么样给你一个合适的答复。这时如果你贸然插话可能会打断对方的思路，影响对方对你的评价。

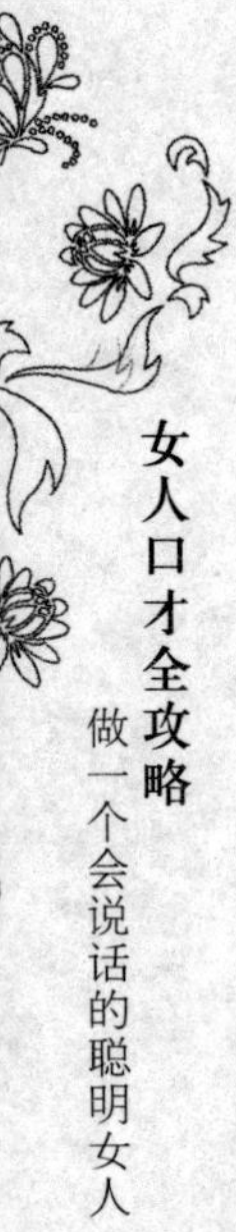

面试中如何谈“薪”

女人在面试时或是面试成功后招聘单位决定录用你时，时常会被问到这样一个问题：“你对薪水有什么要求？你的期望值是多少？你对薪资有什么样的看法和态度？”有关机构对求职者面试问题的调查发现，有73％的职场白领在面试时会碰到“薪水”问题。

大多数情况下，女人在面对这个关系自己切身利益的问题时，往往觉得不好意思开口，或者不知道应该怎么样开口。在面试中以什么样的方式与招聘者谈论薪资要求，的确是一个很难回答的话题。说多了，怕对方觉得自己要求太高而不录用自己或者觉得自己太狂傲而影响自己在对方心中的印象。要求少了，一是不符合自己的心愿，二是怕对方看不起自己，认为自己薪水要求得少，是因为能力不够。你会采取什么样的方式回答，言语中运用什么样的技巧，都将对你能否成功求职有着很大的影响。下面的几点技巧可供大家参考。

提前准备，合理要求

很多女人在被问及待遇的期望值时，因为不知道自己应该提多少合适，所以往往会含蓄地回答：“按照企业的规章制度办。”这样回答，给予招聘人员的印象是非常不好的，他们会觉得你对自身价值没有一个准确的判断，对用人单位也没有一个清醒的认识。

某公司培训部门的负责人，在每次邀请学者来演讲之前，都会征求对方关于演讲酬劳的意见，得到的答案却总是“按照你们的规定就好”，等他们按照自己的分析给出演讲费用时，却常常招来学者们的抱怨。为此，公司领导培训部门的领导也大伤脑筋。

人们在涉及金钱的问题时总是“含羞带怯”，不愿明确表达自己的想法。其实，如果我们能够大胆地提出自己的希望值，这类问题都可以迎刃而解了。

大部分用人单位会在事先对招聘的职位有一个大概的开支预算范围，他们问你只不过是看一看你的要求与他们的预算之间有多少差距。对于用人单位而言，他们预定的薪水方案是有回旋余地的。在与用人单位商谈薪酬之前，一定要先做一个全面的市场调查，对于自己从事的这份工作的市场价值有一个充分的了解。然后，根据自己的实际水平，大胆说出自己工作可能会取得的市场价值，提出自己真实的希望值，在用人单位对你认可的情况下，一般会满足你的要求的。

对于刚参加工作的新人来说，因为用人单位和你自己都对自己的价值没有一个很明确的认识，你可以考虑这样回答：

“钱不是我唯一关心的问题，我想先谈谈我从事这份工作能够作出的贡献——如果您允许的话。”

“我对工资没有硬性要求，我注重的是找对工作机会，所以只要条件公平合理，我不会计较太多。”

这样的话，一般公司可能会先给你定一个他们预定的工资标准，一旦你在工作中做出了成绩后，他们也会根据实际情况，给你一个合理的薪酬待遇。

自我展示，体现价值

在面试谈到薪水的时候，如果对方达不到你提出的薪水要求，要

想办法把自己的价值展现给对方，比如阐明你要担任的这一职位的重要性，你可以站在公司的角度，谈一谈假如你在这一职位上，将会如何为公司创造价值的一些想法，证明你要求更高报酬是以你的工作表现为前提的，证明你将为公司创造更大的价值。一旦对方认为你是最佳人选，你争取一个比较高的薪水也就不再是难题了。

如果招聘方对你提出的薪水一直不愿意妥协，那么，也不要马上拒绝对方，为未来的商量留一个余地。在对方没有明确不雇佣你之前，不要让招聘方排除对你的考虑。也许，在他们考虑过后，还是决定录用你，那么，他们就会重新考虑薪水问题。如果对方决定录用你而执意不愿妥协薪水问题，你可以这样拒绝："谢谢您给我提供工作机会。这个职位我很想得到，但是，工资比我预计的要低，也许您会重新考虑，或者以后有更能体现我对公司价值的职位时再考虑我。"

不要就薪谈薪

在面试谈到薪水问题时，可以不先谈薪水，而是要告诉招聘者，你最看重的不是薪水，而是更在乎公司未来的发展，也希望公司能了解你的价值。这样，可以将薪水问题提到另一个高度上。同时，可以通过这样的问话，了解公司未来的发展，以便于自己最终做出一个正确的选择。

英语水平很不错的梁静到一家外企面试，通过交谈，双方都比较满意，但是用人单位给梁静的薪水却比她预想的要低很多，梁静没有过多考虑就放弃了这家公司。后来去了一家规模不大但薪水要高出很多的小公司。但是，没出半年，梁静就得知她放弃的那家外企公司已经上市，公司所有的员工都持有股份，未来的增值空间不可估量。梁静为此懊恼不已，后悔当初没有了解一下公司未来的发展状况。

如果当初梁静以另外的方式谈薪水问题，也许对这家外企会有更多的了解，也就不会因为做了一个不正确的选择而懊悔了。

无论以什么样的方式提及薪水问题，有一点需要求职的女性弄清楚，那就是在一开始商谈时，开出较低的“薪水期望值”轻而易举，但是，一旦开出低价后想再提上去就难乎其难。另外，在提出薪水要求时，不妨留一个大致的范围，例如3000~5000元，这样可以为双方都留有余地。

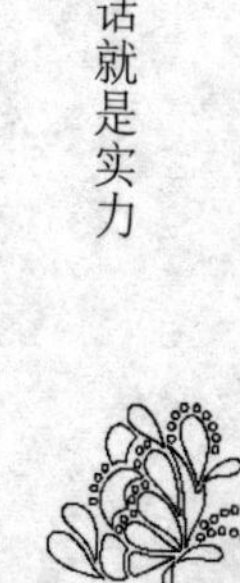

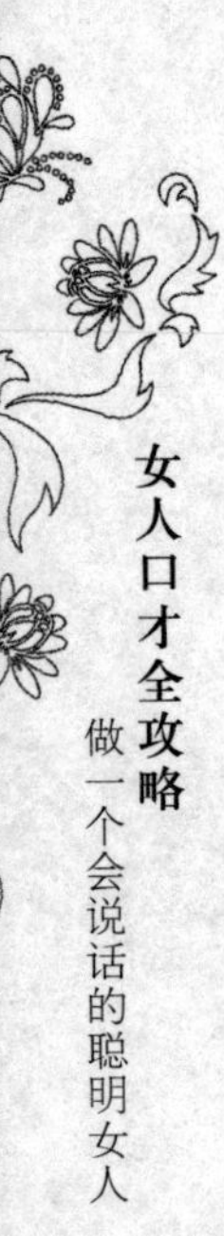

交流沟通，才能离上司很近

很多职场女性，或是因为生性腼腆害羞，或是因为清高，或是为了避嫌……如果没有什么事儿，她们通常情况下不会去领导的办公室里坐一坐，聊聊天，谈谈心。需要开会的时候，也是能离领导远点儿就尽量远点儿，开会的过程中，她们也永远只是听众。这些人似乎总是在尽力与领导拉开距离。但是，她们也永远只是领导印象中“朦朦胧胧说不出好坏”的基层职员。

玲玲从小就被父母教导，要埋头苦干不要夸夸其谈。大学毕业参加工作以后，玲玲依然是干得多，说得少，每次领导交代的任务她都能保质保量地完成。只是平时很少跟人说话，跟领导交流得就更少。她一直相信：事业是干出来的，不是用嘴夸出来的。部门会上讨论项目，她也总是躲在角落，很少去发表自己的意见，有时候即使觉得别人的建议并不好，她也不愿出风头去与他们争辩。但部门经理特别喜欢那些发言活跃分子，对于埋头苦干的玲玲也常常视而不见，所以，玲玲来到这个单位已经三年了，还是只在最基层做一名普通的员工。

其实，玲玲完全可以用另外一种方式，让自己不做三年最基层的员工。她并不是没有能力，对于领导布置的工作，她能保质保量地完成，对于部门会议上讨论的工作，她能有自己的看法。但是，最坏的是这些她都没有说出来，所以，三年里，领导都不了解她，更不会提拔重用她。

其实，领导是需要跟下属沟通的，他们希望自己的下属能提出一些建议，即使这些“建议”不被采用，至少能给他思考问题和作出正确决策提供一个新的思路。如果你没有见解，那是对领导最差的交代，因为领导不喜欢只会苦干的人。

要想和上司拉近距离，就要主动与上司沟通。人与人之间必须进行必要的沟通和交流，不要因为担心身份地位上的差异而羞于向你的上司表达你的意见和看法。利用各种合适的场合主动与上司沟通，或在适当的场合回答对一个问题，你的才能马上就可以显现出来。

作为上司，他每天要忙的工作实在是太多了，而下属要想拉近与上司的距离，就必须先要让他注意到你，这样才有继续交流沟通的可能。否则，即使你再敬业再优秀，上司对你没有印象，你也不会得到升迁的机会。

有一位建筑工人，在工作时总喜欢穿一件跟别人不一样的红衣服，非常抢眼。每次总经理到工地视察，就会看到这个穿红衣服的工人在努力工作，于是，他觉得这个人工作既勤劳又认真，是位好工人。很快，在他的提议下，建筑单位就把这个工人提升为他们建筑队的队长。

这位红衣工人因为他的红衣服被总经理注意到了，他才有了升为队长的机会。所以，要想让上司了解你接近你，最主要的就是要让上司注意你。

要想让上司注意你，你就必须抓住适当的机会，将自己的想法和愿望及时主动地表达出来。不要总是躲在别人身后，那样上司永远看不到你，也永远不能了解你，你也就永远没有出头之日，永远做一个

最基层的小员工。

那么，在与上司交流沟通的时候，需要注意哪些问题呢？怎样才能在沟通中让上司了解你，喜欢你呢？

工作上的事情，一定要及时向上司汇报工作进程，及时与上司沟通交流，你的声音一定要让你的上司听见，这一点很重要。当你独立做一个项目时，每隔一段时间就向上司发一封E-mail，告诉他你最新的进展。E-mail可以有时白天发，有时夜晚发。这样上司可以感觉到你一直在努力工作，并且非常重视与他的沟通。

与上司进行交流时，要力争简洁、有力，不要太过琐碎，作为上司，他有很多事情要做，没有太多的时间和精力听繁琐的报告。

与上司交谈时，不要虎头蛇尾。你如果不能把一件事情从头到尾说清楚，会让上司怀疑你的工作能力。相反，把话从头到尾讲清楚，会使上司感受到你的魄力，认为你很干练，同时也令他感觉到你的开朗性格。

在与你的上司进行沟通的时候，要把握好交谈的度。大多数的上司会欣赏聪明有才气的人，但是如果是过多的炫耀自己的才能，就会有故意卖弄之嫌，这样的话就容易招来上司的厌恶。

在与上司进行工作交流的时候，要充分尊重上司的意见，如果需要你进行补充的时候，再适当发表一下自己的见解，见解不宜过多，过多会让上司感觉难堪，觉得你比他还要强，从而会对你产生不好的印象。甚至会因为怕危及他的地位，而对你产生防备心理。

除了工作中必要的交流以外，在平时与上司交流的过程中，要尽量去发现上司的闪光点，然后给予赞美。人的本性都是喜欢听到赞美的，上司也是人，他们也希望从别人的赞美声中得到一种满足感和成就感。赞美不代表阿谀奉承、溜须拍马，合情合理的赞美是对他工作的肯定，作为上司，他会坦然接受的。而且，如果你的上司知道自己被下属所喜欢，他也自然会喜欢这个下属，因为人与人是相互愉悦的。

走入职场，每个女性都会面对一个重要人物——自己的上司，与上司关系的好坏，会直接影响到自己的工作状态及发展，比如升迁和加薪。与上司搞好关系，于公于私都有很大好处。于公来说，上下级关系处理得好，合作起来就会更加默契。这样既能提高工作效率，还能避免很多不必要的误会。而于私来说，上司对你了解得越多，便越能调配自如，越可以发挥你的特长。所以，行走在职场中的女人们，跟你的上司搞好关系吧，用你的智慧和口才，与他们进行一个更好的沟通和交流。

应对领导的“意料之外”

女人在职场上，在与领导相处时，会有各种各样意想不到的事情发生，或者高兴，或者生气，或者悲伤，或者痛苦，你可能在突然间就接到了领导的奖赏或批评，或者，有时候你的领导会莫名其妙地大发雷霆，让作为下属的你战战兢兢，忐忑不安。那么，面对你意料之外的领导突如其来的情绪，你应该怎样来应对呢?

应对领导的批评：洗耳恭听，迅速改过

工作中的失误在所难免，但是，作为职员，你的每一次错误，都可能会给单位造成或大或小的损失。所以，对于自己犯的错误，一定要虚心接受领导的批评。批评并不总是代表领导对你不满，同时，还代表领导在时刻关注你。领导经常批评你，提醒你的过失，其实也是对你的留意和关心。在人才济济的大单位，能被领导关注并不是一件易事。

同时，要想维护自己的尊严，减少受批评的次数，就应先培养自己的耐心，耐心地把领导的批评听下去，然后，积极地去解决问题，争取好印象。当你把问题改正后，再见到领导时，你也可以主动对领导说：“经过您的批评，我现在做事用心多了，不信您看我最近做的事情。”

面对领导的批评，你应该有心理上的厚度和韧性。如果你不能用突出的成绩得到领导的青睐，那就应尽量减少工作中的失误。

应对领导的漠然：沉着冷静，勿急勿躁

经过半年的辛苦跟踪，死缠烂打，王宏终于把别人拖欠公司的，几乎被认定为死账的那笔50万元的欠款追了回来，那可是公司几个领导都试过而都没有追回来的呀。这让她很有成就感，也使得她在接下来的一个星期里沾沾自喜，以为领导肯定会表扬她，甚至会给她加薪、升职。

但是，领导却一直一点儿动静都没有，甚至都没有为此再提一句。王宏实在不明白，自己那么委屈辛苦，一次次看人家脸色，怎么钱追回来了，领导却是这个态度呢？

很多女人都碰到过这样的事情，自己辛辛苦苦做出的成绩，领导却视而不见，不闻不问，让自己很委屈。跟领导直言吧，好像自己邀功似的，不说吧，自己辛辛苦苦做出的成绩就这样过去了，心里又不平衡。

其实，领导未必没有在意王宏，对于她追回欠款的辛苦也是心知肚明，暂时没有给予她表扬或奖励，肯定有领导自己的想法。对于这件事，可能领导需要时间仔细考虑，要给予她一个怎样的奖励，以什么方式？对其他的同事和领导怎么说？而且，或许她的出色表现已经让周围的同事出现了嫉妒情绪，如果这时候明显地表现出对她的关注，反而不利于同事之间的关系，对她本身也不利，从这个角度来看，领导的冷遇也许是为了保护她。

作为王宏本人，在这个时候，不宜过于急躁，急于邀功。每个人的功劳和业绩领导都心中有数，他不表示只是可能因为他还没考虑好。如果这时表现出急躁情绪，反而会破坏自己在领导心中的印象。这个时候，王宏应该冷静下来，甚至有意识离领导远一点儿，这样倒可以显示出她成熟的心理素质。

应对领导的出言不逊：忍让+理解

林莉高高兴兴跳槽到一个新公司，却发现，原来新公司并没有她想象中的那样好。这里确实比原公司薪水高一些，但是，她的顶头上司却是个脾气暴躁、为人粗鲁的人，下属稍有过失便雷霆大发，出言不逊，弄得周围的同事每天都战战兢兢。林莉在懊悔自己的选择的同时，又舍不得放弃那一份高薪水，真是进退两难。

对于林莉，既然选择了这家公司，就要先在这里干下去。每个人都梦想找到一份十全十美的工作，但是，世界上没有十全十美，现实生活总会有这样或那样的不足。想在某些方面多得到一些，就要舍得在其他方面做一些牺牲。

对于林莉，刚到新公司，最好的做法就是多做事少说话。本来对公司里的事情就不熟悉，说多了可能在不知情的情况下触犯到了某些人的利益。老老实实做事，总不至于惹到谁。即使上司要冲你发火，也得找到你做得不好的时候。

当然，既然要在这里工作，上司也就总能找到冲你发火的机会。这个时候，一是要忍，二是要给予一定的理解。小不忍则乱大谋，对于领导粗鲁的语言，如果自己确实有错，或者只是领导的误会，只要不是太过分，就不要和他计较。一方面，你争不过他，争执对你没有什么好处；另一方面，也表现出自己宽容、大度的风范。同时，也督促自己更努力地把工作做好，不给他鸡蛋里挑骨头的机会。

在忍让的同时，还要给予领导一个理解。作为领导，要面对很多事情，工作和精神的压力肯定要大得多。也许，他出言不逊只是因为其他环节出了问题，但是，他又没有办法摆平，所以，只能把火发到自己下属这里。他也有他的不易，告诉自己“理解万岁”吧。

应对领导的赏识：认真对待，努力表现

阿芳做总经理秘书已经有一段时间了，但是，一直以来也只是做一些简单的办公室工作。为此，她还暗自抱怨过这样白白浪费了自己一口流利的英语。就在前几天，忽然，总经理点名要阿芳陪同他一同去德国进行商务谈判。这让阿芳既紧张又兴奋。兴奋的是跟老总一起出国，这样的机会很难得。跟老总出差，既可以借机展示自己的才华，还可以顺便看看国外的风光。而且，自己一口流利的英语也可以派上用场了。紧张的是自己对公司业务并不熟悉，以前也没有参与过公司业务方面的事情，老总怎么会让自己去呢？阿芳有些疑惑也有些忐忑。

对于领导突然间表现出来的对你的赏识，在确认领导没有恶意的情况下要坦然接受。面对领导的赏识，首先不要自卑，不要认为自己资格不够。每个人都有自己的闪光点，或许你某方面的潜质吸引了领导，他对你的赏识也许正是他看到了你闪光的地方。不论领导出于什么原因对你委以重任，这肯定是一件好事，你就应当给予高度的重视，认真对待。领导的决定肯定有他的道理，你不需要去管什么原因，只要努力把领导让你做的事情做好就是了。

而且，对于领导的信任和赏识，你一定要表现出极为慎重的态度，为即将做的工作精心做好准备，不要辜负了领导的信任和难得的机会。

领导终归是领导，领导考虑问题的出发点和思维方式未必跟你的一样，所以，很多在你看来是“意料之外”的事情，在领导那里是理所当然的。面对更多的“意料之外”，不必去追究这“意料之外”的根源，只要想好应对“意料之外”的办法就好了。

办公室里，不该说时就不要说

办公室既有家庭般的温暖，也有战场般的残酷。一个在职人员，在办公室里的时间，占一天时间的三分之一。除了工作以外，办公室里也会有一些私人空间，尤其是女人，喜欢把自己的办公桌布置得有自己的个性，喜欢在工作之余在办公室里聊一些私人话题。但是，办公室是一个充满利益冲突的是非之所，有很多话题在办公室里是不能触碰的，否则，你会因为你的口无遮拦付出不必要的代价。

不谈论薪水收入

很多公司实行薪资不公开制度，同事之间的薪水往往有着不小的差别，有“同工不同酬”现象。因此，就会引起有些人心理不平衡现象，于是，总是想方设法打听别人的薪水。这些人中，往往女性职员更多。对于喜欢别人薪水“包打听”的人，无论同事还是领导，都比较反感。因此，如果你遇到了喜欢打听别人薪水的同事，跟她交流的时候，要尽量避开这样的话题，如果实在避之不及，对方穷追不舍，非要刨根问底，你可以直接拒绝：“对不起，我对这个话题没兴趣。”如果你就是这样的“包打听”，那么，换换思维方式，不要对别人的薪水这样感兴趣。领导自有领导的考虑，给多少薪水合理他自会心中有数，如果你感觉心理不平衡，就在工作上努努力，给领导留下好印象，领导自会给你加薪。如果实在是没有得到公正的待遇，也可以直接跟领导谈，或者选择离开。

在办公室谈薪水，是一个很敏感的问题。无论你是被问还是问别人，都不会有好的结果。被领导知道了，对任何一方都不会有好的看法，所以，无论你的薪水高低，你受到的待遇怎样，在办公室里都不要谈薪水问题。

不谈论当年勇

俗话说，好汉不提当年勇，无论你过去做过多少多么轰轰烈烈的事情，现在的你，就是公司中普通的一员，要和你现在的同事一起工作。没有谁喜欢听你追忆昔日的荣光，就算你说的都是事实，那也只属于你个人的过去。炫耀以往的辉煌只能说明你现在的不如意，只能说明你现在的能力不及以前了。同事未必会因为你过去的荣耀敬重你，相反，可能会因为你现在的不如意而看不起你。

王筝外语学院毕业后曾在一家知名的外企任职，工作五年后，因为某些原因辞职去了另外一家小一些的外贸公司。到了公司以后，因为有出色的外语水平，王筝处处感觉自己有着强大的优势，领导也对她很重视。她于是有些飘飘然，有事没事就跟同一办公室的同事炫耀自己当年在那家知名外企的时候，如何受老板重视，如何经常跟着老总一起出国，她还时不时地故意用英语和以前的朋友打电话，在与办公室同事交流时也经常夹着不少英语。对于她的这些优势，刚开始的时候，无论是单位领导还是同事，都很崇拜她，也很尊重她，也没有谁因为她初到公司就受到老板的重视而嫉妒。但是，随着她越来越频繁越来越过分的炫耀，同事们开始远离她，对于她每次的炫耀，也往往是嗤之以鼻。公司的领导也觉得她虽然外语水平高，但其他方面的能力也只是一般般，如此炫耀很影响同事之间的关系，尤其是屡次炫

耀在以前公司的业绩，让领导们心里也不舒服。因此，领导专门找王筝谈话，间接地告诉她要放低姿态，注意影响。

同事们的疏远和领导的告诫，应该会让王筝清醒地意识到自己的问题。王筝的过分炫耀伤害到了新公司同事和领导的自尊心，所以，人们开始疏远她，也不再尊重她，对她的业绩和功劳也只是嗤之以鼻。因为她对自己太关注了，完全忽略了周围人们的感受，以至于不能很融洽地与单位同事们相处。所以说，不要过分强调你曾经如何重要，毕竟你现在已经脱离了以前的那个群体，生活在现在这个群体中，需要跟现在群体中的人融为一体才可以。即使你以前曾经很辉煌，那也只能代表你的过去，想要证明自己，只有在现在的群体中，拿出自己的真本事，让这里的领导和同事心服口服才是正确的为人之道。

不谈论自己的隐私

每个人在内心深处，都有一些自己的秘密。家庭背景或是感情生活，都是不宜为外人道的事情，尤其是同事之间。因为，同事之间是需要距离的，过多的私人秘密被同事知道，有可能会在某一天成为对方攻击你的武器。

焦小英是公司的业务骨干，因为工作认真，业绩良好，深得公司高层的信任。公司领导也找焦小英谈过，在接下来的中层干部候选中，准备从焦小英和另一同事安然两个人当中选一个做业务部的经理。这件事无论是周围的同事还是焦小英自己，都认为由她来当业务经理已经是个不争的事实了，因为，无论从哪个方面，安然都比焦小英稍微逊色一些。上次谈话领导的意思也基本上是焦小英来做。但是，就在公司将要宣布结果的前一天，却出了差错。

这天，公司高层找焦小英谈话，说：“你在原来公司到底是怎么辞职的？为了避免造成不必要的影响，上次找你说过的那件事情我们决定重新考虑一下，希望你有个心理准备。”

焦小英一阵眩晕，那件事公司高层领导怎么会知道呢？莫非是安然？

原来，焦小英曾经在一次与要好的同事安然喝酒的时候，无意间透露过自己曾经与前公司的一位领导——一个有妇之夫有过一段时间的感情纠葛，后来，被那位领导的夫人发现，当时公司里闹得沸沸扬扬。那位领导被降职，她也因此被迫从那里辞职。那是一段伤心的往事，出了事情以后，小英从没跟别人提起。那天跟安然一起，喝多了酒，安然说起她伤心的感情往事，才把她的话题引出来，当时两个人还一起放声痛哭了好一阵。后来，焦小英就把这件事情给忘记了。没想到……

后来，焦小英从公司人事部那里了解到，果然是在公司宣布任职结果的前两天，安然找到了总经理，把焦小英的那件事情说了出来，并且说让焦小英做业务经理的话，怕影响不好。总经理很震惊，考虑再三，还是决定暂时不任命焦小英做业务经理，改由安然来做。

焦小英一时酒后失言，把自己的隐私告诉了同事，结果几乎葬送了自己的前程。她的这件事情，不仅领导会知道，很快那里的同事也会知道，到时候大家都会对她另眼相看，她在单位的日子也会越来越难过。

隐私就是隐私，自己的隐私知道的人越少越好，有些隐私甚至是污点的话无论如何也不能对别人讲。如果你真的需要倾诉，找你最信得过的要好的朋友去说，同事永远都不是倾诉的合适对象。同事之

间，在说话的时候，一定要把握好说话的分寸，什么该说什么不该说一定要清楚，否则，很容易为自己惹上不必要的麻烦。

无论是谈薪水还是谈功劳，无论是议论别人还是议论自己，不是所有的话都不能说，只是有非常重要的一点要注意，那就是一定要把握好说话的时间和地点以及正确的对象，在合适的时机，把你合适的要求提出来，在合适的人面前，把你心里想倾诉的话说出来。因为每个人都有表达自己意思的权利，只要你找对时间、地点和对象就可以了，只是不能在上班时间在办公室里你的同事面前说。

如何给上司提建议

作为公司的一员，站在公司的立场上考虑，在有必要给上司提出建议的时候，还是应该要提的。但是，在提建议之前，一定要先弄清楚自己的位置。在给上司提建议时，一定要把握好方式，如果没有把握，千万不要冒险去试，以免得不偿失。

英国小说家、剧作家毛姆在他的《人性的枷锁》一书中说到："身居高位之人，即使请你批评指正，他所真正要的还是赞美。"这是人性使然。没有人是喜欢被批评的，更何况是高高在上的领导。所以，你如果给你的上司提意见或者是建议，最好用赞扬的方式。即使不能用赞扬的方式，也要用温和的语言和尊重的态度，千万不要直愣愣地冒犯了领导的尊严，那样的话，你就有大麻烦了。那么，怎么做才能不触犯到领导的尊严和权威，让领导愿意接受你的建议呢？

选择温和的词语，维护老板尊严

作为下属，当你对你的上司说出一些批评性、建议性的话语时，要把握好说话的用词和语气，以免触犯了上司的尊严，而招致不必要的麻烦。一般在提建议时，要使用温和一些、模糊一些的语言。比如："我想是不是"、"您怎么看"、"请你指导"，而千万不能用"我决定"、"就这样吧"，聪明可爱的女孩夏莹就是因为一句"我决定"让自己的老总活生生把一个人人都会说好的建议拒绝了：

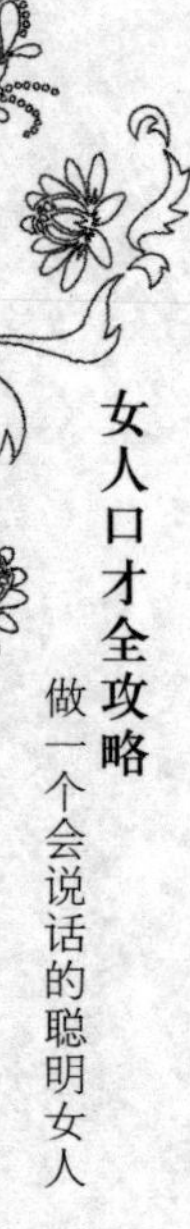

夏莹性格活泼开朗又不失成熟干练，做总经理助理两年了，在单位是总经理的得力助手，很得老总赏识。慢慢地，老总给她的权利越来越大，很多事情就直接交给她处理了。受到老总重用，夏莹自然欢欣鼓舞，但也不敢有丝毫懈怠，遇事总是考虑周全了才向老总汇报。

这天，单位一行六人要去离公司一百多公里的一个小城市去谈判。夏莹一合计，一行六个人，坐长途车不太方便，人也辛苦，怕到时候会影响谈判效果。打车去吧，一辆车坐不下，两辆费用又太高。算来算去，还是包一辆中型面包车比较好，既经济又实惠。

想好了出行的方案，夏莹并没有着急着直接去办理。几年的职场生涯，让她懂得，遇事要先向老总汇报一声，于是，夏莹来到老总办公室。

“章总，我们明天要出去谈判……”夏莹接下来把她想到的几种方案的利弊给老总分析了一遍，最后总结性地说：“所以，我决定包一辆中型面包车去最合适！”

汇报完毕，夏莹还未来得及为自己的想法得意呢，就发现老总的脸色有些不对，他有些生硬地说：“是这样吗？可是我认为这样太浪费了，还是坐长途车去吧！”

夏莹愣住了：“可是，章总……”

“不要说了，就这样定了吧！”

夏莹沮丧的走出老总办公室，却没弄明白，为什么这么合理的建议却被章总拒绝了。

其实，夏莹做事还是满周到的，她自己想设定了几种方案，分析了其中的利弊，然后再向老总去汇报，这些做法都很好很圆满。但是，她错就错在给老总提建议时用词不当，把自己的建议当成了决定，一句“我决定包一辆车”让老总感觉，夏莹已经替他做好的决定，他怎么可以忍受得了呢。作为下属，在老总面前说“我决定”，那是非常忌讳的。老总不会把自己的决定让别人来做。

如果夏莹在分析完各方案的利弊后这样说：“章总，这几个方案各有利弊，我个人认为包车还比较合乎咱们的实际情况，您看呢？您经验丰富，您来做个决定好吗？”老总听到这样的话，相信一定会痛痛快快地接受她的建议。

上司就要有上司的威严和权利。如果作为下属的你替他做了决定，就等于无视他的权威，剥夺了他的权利，这样的事情他怎么能愿意接受呢？即使你的建议再好，他也会予以反驳，以维护他的尊严和权利。

迂回策略，顺势兼并上司的立场

很多职场中的女性，往往会是离领导最近的那个人，也是最需要最适合在关键时刻给领导提一些中肯可行的建议的人。在需要给上司提建议时，或许上司本身的观点与你提的建议并不冲突，你没有必要去说服你的上司，而是要把上司的观点先提出来，再把自己同类的观点加进去，合并提出，让上司在同一个方向上认可你提出的建议。

吴涵是一家知名企业的总经理助理，她的顶头上司王总是搞技术出身的。因为对技术工作的痴迷和依恋，王总总是直接插手技术部门的事，而把其他部门冷在一边不闻不问。各部门管理层都有意见。技术部门觉得王总直接插手，他们工作起来就受到了限制。而其他部门则感觉王总对自己的部门不理不睬，让他们感觉没有受到重视。单位几位中层管理者是敢怒而不敢言，私下里就会在助理吴涵这里有所表示。为此，吴涵也是屡次尝试着跟王总沟通，间接地点一点王总。

只是王总好像对此并没有什么感觉，依然我行我素。

经过思考，吴涵决定采用兼并策略，再次向王总建言。她找了一个合适的机会对王总说："王总，真正意义上的领导权威包含着技术权威和管理权威两个层面。在咱们公司，王总的技术是别人有目共睹的，您的技术权威已经牢固地树立起来了，但是，您的管理权威却还是有些薄弱，亟待加强。您说是吗？"王总听后，似乎有所惊醒，他若有所思地点点头说："吴涵，你的话说得有道理，我也感觉我有点太偏向技术了，我考虑考虑。"

很快，王总就采纳了吴涵的建议，把几个部门的领导一起招集起来开了个会，把自己的想法也说了出来，希望各部门领导一起齐心协力，共同扶持他把公司的业务做好，各部门领导也是皆大欢喜。

吴涵使用的兼并的策略，是站在公司的立场上，提出两种权威的观点。让王总意识到吴涵是以公司的利益为出发点，是为公司着想才提此建议的。同时，吴涵的建议并没有排斥王总的观点，而是在他的观点的基础之上，加了一些扩展和补充，因此，王总也没有感觉自己的权威受到威胁。另外，吴涵在提建议时，用了很温和的语气，充分照顾了王总的自尊，因而易于被王总接受。

在给上司提建议时，如果你不同意上司的观点，或者想把自己的观点、建议向上司提出的时候，不要不顾及上司对你的看法，把自己的意志强加给对方，如果一味地坚持自己的看法，即使你的建议很正确、很合理，上司也往往难以接受。而且，你越是固执于自己的想法，你的上司也会越反驳你的建议。只知道发表自己的意见而不懂得倾听，不懂得站在对方角度考虑的人，很难得到上司的认可和赏识。

如何向老板提加薪的要求

假如你想升职加薪，一般的情况下，仅靠消极等待是不可能实现的，而是应该积极主动地向老板提出你的要求。一般来说，除非你的工作特别出色，或者是在工作中有特别突出的成绩，不然老板是不会主动为你加薪的，更多的时候自己的利益还是要靠自己来争取的。

曾经有人做过相关的调查，发现女人一生赚得的薪水要比男性少13%。这当中除了一些社会因素以外，有一个重要的原因，就是大多数女人都没有主动提出过加薪的要求。

对于很多女人来说，向老板要求加薪是一件很难开口的事，她们会有紧张和难为情的心理，会担心要求被拒绝，会担心老板对自己刻意挑剔，会担心因为提加薪会影响老板对自己的印象。其实，向老板提出加薪的要求并没有你想象中的那么难，只要你认为加薪是合理的，你就有权提出。

袁丽是一家集团公司的部门经理，从进公司那天开始，袁丽工作起来就是勤勤恳恳、踏踏实实，她把自己的全部精力和热情都放在了工作上，她利用一切时间和条件学习行业知识，为自己充电。因此，她的业务水平提升很快，从试用到转正，然后再到成为部门经理，手下还管着四百多名职员，每年自己经手的业务也逐年上升，去年已经达到了3000万美元。为此，她很辛苦也很满足，感觉自己的价值在这

里得到了充分的体现。

虽然，也有过同行或是朋友对她说过是否考虑需要长薪水的问题，但是，在待遇方面，她一切听从老板安排，从来没有因为薪水问题说过什么。毕竟自己是在公司培养下成长起来的，而且她的薪水已经随着职位的提升，长了不少，如今年薪已经达到了30万人民币。对于这样的年薪，袁丽一直感到很满意。

一个偶然的机会，袁丽得知和自己同在一个管理层的其他几位部门经理，每年的薪水和奖金，都比自己多，他们不只是每年的薪水比自己多了15万元。而且，他们每年能额外得到相当于一年薪水的奖金，而她的奖金只相当于半年的薪水。

一向稳重的袁丽坐不住了，她很震惊，更有些愤怒，她决定要找老板说一说，甚至想一走了之。斟酌再三，袁丽走向了老板的办公室，直截了当地向老板说出了自己受到了不公正的待遇，如今要提出加薪的要求。

没有想到，老板竟然二话没说就答应了袁丽的要求，事情进行得如此顺利是袁丽始料未及的。

如果袁丽在一年前甚至更长的时间以前，就跟老板提出加薪的要求，老板未必不同意。袁丽每年把业务做得那么好，她为公司创造的价值早已经超过了她得到的报酬。但是，她自己不提，老板也就乐得装糊涂，往外拿工资给职员，总是越少越好的。

根据自己的能力和价值，提出加薪是一件很正常的事情，你有理由主动提出来。如果你感觉自己的能力、经验等已经达到需要加薪的时候了，就勇敢地去申请。该申请加薪的时候就要申请，请求加薪未必会成功，但如果不去申请，成功的可能也就不存在了。

但是，在向老板提出加薪的要求时，要注意说话的方式，语言必须慎重委婉，最好是巧妙地、有技巧地把自己的意图传达给老板。比如可以请部门经理代传，一是部门经理对你了解得更多一些，二是部门经理是老板经常要召集开会的人之一，说起话来比较方便。或者以间接的方式，向老板身边比较亲近的人表达你想要加薪的愿望，通过他们转达你的加薪要求。这些方式往往比你直接提出要好一些。当然，这些人要了解你，并能理解你的要求，这样才能把话传得委婉而明白。这样，即使你的要求不被老板接受，也不至于让双方陷入尴尬的局面，以致影响日后的相处。

选择语气态度

向上司提出加薪要求时，要语气平和，面带微笑地陈述你的主要理由，然后委婉地提出你想要加薪的要求，尽量用征询商量的口吻跟上司说这件事。同时，如果你提出加薪要求而上司不同意，上司肯定会解释暂时没有给你加薪的理由。这时，一定心平气和地倾听，然后再针对上司的理由找到突破口，重新为自己争取权益。

钟铭是一家文化公司的行政助理，她在这个公司已经工作四年了，工资却并没有长多少。每次下边的技术人员和业务人员长工资的时候，老板总是以钟铭不在他们之列把她排列在外。对此解释，钟铭也不好说什么。终于，钟铭忍不住了。这天，她瞅准老板一人在办公室看报纸的机会，直接敲门走了进去。

一进门，钟铭就笑着对老板说："高总，我有件事儿想跟您说说，不知您是否有时间？"

"哦，小钟啊，有时间有时间，有什么事儿说吧。"老板很热情。

"高总您看，现在物价飞涨，我现在经济压力很大，您看能不能

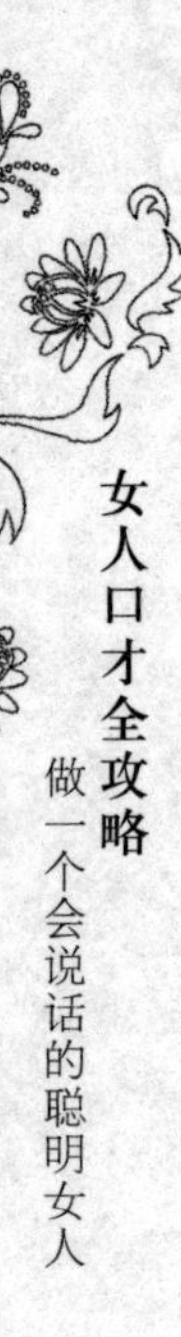

给长一些工资？”

“哦，”老板面有难色，“可是，你要求长工资的理由呢，现在每个人的生活压力都很大……”

“高总，我明白您要的理由是说我不在任何一个部门，好像拿不出什么业绩来。但是，高总，我来公司已经四年了，我所做的工作有多少，我相信您心里是最清楚的了。而且，以后我会更加努力地工作，一定不会让您失望。您说呢？”

听钟铭这么一说，老板面色缓和了许多，问道：“你希望工资上调多少呢？”

“我现在的工资是2600元，您看长500元合不合适？在以后的工作中，我会更加努力，我相信我会对得起这份工资的。”钟铭很自信地回答道。

老板想了想说：“好吧，我想你也不会辜负我的希望的，工作去吧！”

“谢谢高总给我这次机会，我一定不会辜负您的期望！”钟铭响亮地回答。

两个星期以后，钟铭如愿以偿地拿到了自己所期望的工资。

钟铭微笑着以商量的口吻，向老板提出了她的请求，以“我相信您心里是最清楚的了”把老板架在了一个很高的位置上，以“我会更加努力”来表示自己对公司对老板的忠心。在这样的情况下，老板似乎找不出不给钟铭加薪的理由了。

选对时机

向上司提加薪要求时，最好是在上司心情愉快，较为空闲的时候，这时你的要求被接受的可能性就比较大。或者在你取得意料之外的业绩，趁老板高兴的时候，趁热打铁，顺势提出你的要求，这样的情况下，老板一般会答应，成功率非常高。

学机械设计毕业的肖秀清在一家外资机械制造企业做中方技术工程师，就在进单位只有短短半年的时间里，她连续两次提出合理化建议，让生产成本直接下降了25%。对此，她的德国老板很是兴奋，高兴地对她说："肖，你很有能力，好好努力，我们一定不会亏待你的！"

肖秀清很聪明，她趁机接过德国老板的话说："谢谢，我想您会把这句话放到我的薪水袋里的。"德国老板听后一愣，继而哈哈大笑，爽快地说道："会的，一定会的。"不久，肖秀清就得到了一个大红包，工资也长了20%。

另外，你还要了解公司的加薪时间，一般公司会在春秋两季进行薪资水平的浮动，大多数公司不会在年终加薪，所以在年终向老板提出加薪不是一个明智的决定。但是，他们会在每年的第四季度开始做下一年的预算，而在第二年的年初确定每个人的薪水待遇，所以，春季提出加薪应该是个不错的时机。如果春季不能得到加薪，那么，努力工作，争取在接下来的秋季里，用自己的业绩再去争取。

向上司提出加薪以前，有一点最基本的要求，那就是，你自己必须明白，自己的工作能力，自己的价值，值得上司为你加薪。一般上司都是通过下属的实际工作能力，也就是其在工作中为单位创造的价值来评定一个人的待遇的。所以，在提出加薪之前，你必须在本职工作上有过人的表现。在向上司提出加薪要求时，可以在上司面前把自己创造的价值摆出来，以业绩说话，让上司感觉给你加薪也是合理的。然后，再用以非常诚恳和迫切的态度，提出你想要加薪的要求。

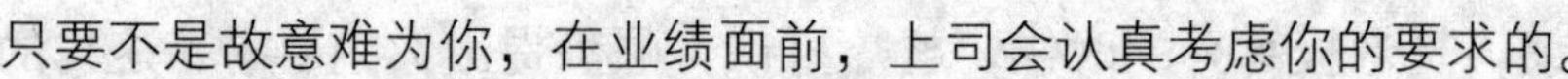

只要不是故意难为你，在业绩面前，上司会认真考虑你的要求的。

许多女性在提出加薪要求时底气不足，通常是老板几句好话安慰，再拖上一段时间，事情就没有下文了。大多女性员工脸皮薄，胆子小，不好意思再三追问，一些老板也就趁此能拖就拖，能驳回就驳回。如果遇到这样的老板，女人们就要厚下脸皮来，追问老板加薪的情况，必要的时候可以从侧面传达比如“不加薪考虑离职”之类的信息，让老板有紧迫感，不再故意拖延。当然，“威胁”老板要掌握好一个度，否则，薪水长不了，你可能真的要离职了。

跟上司说话要这样说

职场女性工作的空间是办公室，大多数的时间是跟同事一起共事。但是，在一些时候，你还需要直接跟你的上司对话，面对面地跟领导打交道。直接跟领导对话，表现得好，就是一个机会，让领导了解你，器重你。如果表现得不好，就会让你在领导那里的印象分急速下降，再想翻身，就需要你付出更多的努力，寻找机会重新开始。所以，与领导直接面谈时的谈话方式、说话态度及遣词造句就显得至关重要。那么，怎样与上司对话才是合理恰当的呢？这要具体情况具体分析，这里，我们简单地分析几种常见的情况，供大家参考：

与上司一起出差时

与上司一起出差时，无论是在出差途中，还是在外一起共处时，你不得不说点话来打破冷场。如果是女职员跟男上司一起出差，因为男人跟女人关注的话题不一样，所以没有太多共同的话题可以说。有关人事、情感、薪水等这类敏感的话题是绝对不能提的。总是谈天气之类的话题又显得太泛泛没有意思。那么，谈论什么话题比较好呢？

这个时候，也是一个你赢得上司青睐的最好时机。这种情况下，女人适合提出的最好的话题就是与公司前景或业务发展有关系的话题。你可以以请教的方式，如“关于明年这项业务的展开方式，我想

知道您的看法”，或者“我想听听您对这次的企划方案怎么看”……这样的话题，既体现出你对公司的忠诚和关注，让上司感受到你对公司的态度；同时还让上司有一个在下属面前表现的机会，而你则可以从上司的谈话中，得到不少经验和收益，上司也会对你的求知欲和上进心刮目相看。

与上司观点意见相左时

下属与上司之间，可能会经常因为对某些问题的看法不同而发生意见冲突，也许你在业务或技术水平方面比你的上司还要强，为此，你是不是会凭借自己的长处据理力争，甚至直接指出领导是错误的，让领导下不来台呢？其实，你要知道，作为上司，他们不可能永远正确，但他们希望自己永远是正确的。尤其是在下属面前，往往即使错了，也会为了面子和权威，不肯在你面前低头。

尤其要注意的是，上司有错误时，不要当众纠正。如果上司的错误无关大局，你不妨装聋作哑，装作不知。如果上司的错误很明显，有必要纠正，那也最好找一种能使上司意识到自己的错误而又不让其难堪的方式告诉他。比如一个眼神、一个手势，给上司一个暗示，让上司发现问题所在。而在别人眼里，上司的错误是自己发现的。这样，不仅能解决问题，还能维护上司的尊严。

上司也是普通人，他们也不是样样都行，他们也有犯错误的时候。因此，在与上司意见相左时，最好不要正面与上司发生冲突。上司就是上司，无论他是对是错，他都要维护自己的权威和面子。如果你非要在某些问题上与他争个高低上下，那么，在这个问题上你不给他面子。离开这个问题以后，他也许会在很多情况下都不给你面子。

上司分配任务时

当上司交代要你去处理某件事情时，要迅速地做出肯定的回答，如“我现在就去……”听到这样的回答，上司会认为你是一名听话的好下属，同时，上司还会觉得你办事很有效率，以后有什么事情也会愿意让你去做。如果答复上司的安排时犹犹豫豫，就会给上司一个办事拖拉的印象，以后有什么重要的事情，他也不敢安排你去做。你自然也就没有机会做出更好的业绩，来为你的升职或加薪做准备。

想要减轻工作量时

女人在职场上，由于其能力或者性格的原因，往往可能会得到比别人多的工作量。这一方面说明上司认可你的能力，对你比较器重。另一方面，也是因为你的工作态度比别人更好。服从，在军队被认为是军人的天职，在某些公司，也被认为是员工的天职。你的服从或许就被认为是天职。所以，你可能在每天的工作中，都要承担比别人大得多的工作量。但是，你也是普通人，你也需要休息，因此，就需要向你的上司提出，减轻你的工作量。这个问题没有什么好说的，要说的是你以什么样的方式和口气向上司提出你的要求。

首先，你需要让上司明白，你的工作量确实太大了，已经超过了你的能力或精力所能达到的范围。你可以说：“让我先查一查手头的工作，把这些工作排一排顺序，然后再依次来做。”这样，上司就会明白，你手头的工作确实很多，知道你的工作很辛苦。上司或许就会把事情安排给另外的人做。如果上司并不理睬你，仍然坚持要你做，你也可以更具体地把你当时的工作情况告诉他，或者更直接地对他说：“这件事情很重要，可是我这里的事情实在太多了，我怕做不

完耽误了，您看能不能把这件事情让别人来做。”这样的情况下，上司在了解到你的实际情况以后，一般就会不再给你增加工作量了，甚至，会根据实际情况，把以前的工作也给你做一些调整。

被上司问到你不知道的事情时

工作中与上司交谈时，经常会被问到与业务有关的问题。虽然这是你正常工作范围内的事情，但是，并不是上司问到的每个问题你都能应付自如，对答如流。如果你恰巧这一块的知识有些欠缺，或者是准备不足，你可能就会一下子不知如何回答。

但是，你千万不要上来就直接说“不知道”，虽然这样可以反映出你的诚实，但是，也会让上司怀疑你的业务能力，这样会对你很不利。如果实在回答不了，你可以这样说：“这个问题我再想想，以后再给您答复好吗？”这样，即使你没有回答出上司的问询，但是，至少给对方留了一个希望，上司可能会觉得你准备不足，或者想把问题解答得更完美才这样说。同时，这样的回答，也给自己留下了一定的余地，在你给自己预留的时间里，想办法把问题的答案找到。当你再次找到上司把问题的答案告诉他时，他不仅会为你回答出问题高兴，还会为你的敬业精神而高兴。

传递坏消息时

如果有不好的事情向领导汇报时，不要使用“问题”或“麻烦”之类的字眼。这样的字眼，听起来很严重，容易让领导产生问题无法解决的感觉，这样的感觉是领导最不想有的。同时，也不要火烧眉毛一般，急匆匆到领导那里去说这个坏消息，领导在听到这个坏消息的同时，所有的怒火也就一并发到你的身上来了。而且，你急急慌慌报告坏消息，领导会觉得你遇事沉不住气，不稳重，会质疑你处理危机的能力，因此，他永远也不会对你委以重任。如果遇到这样的情况，你先要平复自己的情绪，待自己心情平静以后，以不带任何情绪的声调，从容不迫地说出“我们似乎碰到一些状况……”，让领导在心里有所准备以后，再详述事情的原委。而且，“我们”二字会让上司听起来像是你将与他站在同一战线，从而也愿意与你一起商量解决问题的方法。

一个善于与上司打交道的人，是懂得在关键时刻说恰当的话的人。这样的人，能在恰当的时候，抓住机会表现自己。既让上司开心，也会让自己得到实惠。

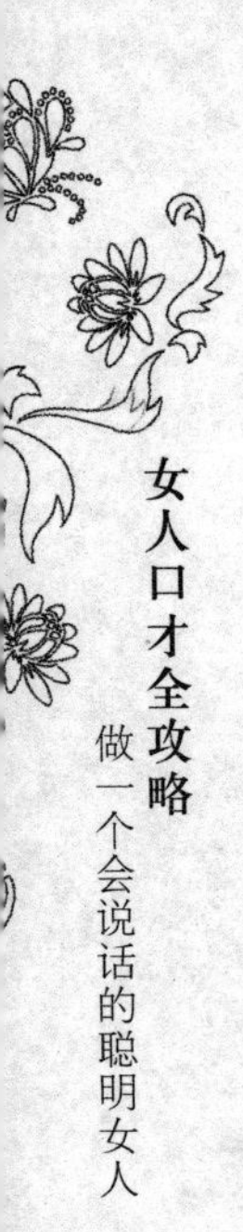

寓肯定于批评之中

美国著名企业家玛丽·凯·阿什曾经说过："绝不可只批评不表扬，这是我严格遵循的一个原则。你无论批评什么或者批评哪个下属，也得找点值得表扬的事情留在批评之后。这叫做'先表扬，后批评，再表扬'。"也就是她所说的"女性化的批评之道"。

这种"女性化的批评之道"，既批评了对方的缺点错误，又鼓励了对方的长处或成绩，安慰了对方的心灵，很能体现女性的温柔和体贴，更适用于女性。

作为一个管理者，当下属犯了错误的时候，难免要对他们进行批评。如果下属所犯的错误比较严重，进行严厉的批评是必要的。因为，有时下属犯错后，自己并不自知，或不能自省，就需要做上司的当头棒喝，让其受到震动，从而深刻反思。

只是，需要特别注意的一点就是：对待这样的下属，在当头棒喝对方有所触动之后，一定要给予一定的安慰和鼓励，如"我是看你有前途，才狠狠地骂你"之类的话，并就自己言语的率直和态度的粗暴向对方道歉。让下属感觉到你是对事不对人，是真心关心他，而不是借机打击报复。这时，对方只要认识到是自己有错误，自然也就会体会到你"爱之深，责之切"的良苦用心，从而下定决心悔改。

姜莉莉在一家公司做会计工作已经两年了，因为其认真细心，工作一直做得不错。无论是品德还是业务方面，都很得自己的上司罗娟的赏识，两个人的私人关系也不错，私下里，姜莉莉对罗娟都是以“罗姐”相称的。

但是，不知道为什么，鬼使神差地，姜莉莉竟然爱上了单位里已婚的阿杜，并且，一下子就陷进去不能自拔。尽管知道阿杜已经结婚而且还有一个可爱的女儿，自己这样做是不应该的，但是，她就是无法控制自己。她一边频频与阿杜约会，一边又特别懊恼和谴责自己的行为，为此，整天心神不宁，终于导致了一次事故：她竟然把一大笔钱打到了另外一家客户的账上，幸亏对方是老客户了，发现后主动退了回来，才没造成不必要的损失。

罗娟知道事情的原委以后，也很是震惊。她把姜莉莉叫到她的办公室，开门见山地说：“说吧，为什么会犯这样的错误？”

出现这样的错误，姜莉莉自己早已经吓坏了，看到罗姐从没有过的严厉神情，只是一个劲地说：“是我错了，险些给公司造成损失。对不起！”

“知道错了？不过错的恐怕不只是账吧？是什么原因导致了这样的错误？”

一句话捅到了姜莉莉的痛处，这是她最怕提到的了。姜莉莉低着头一声不吭，她有些心虚，也有些难受，脸色红一阵白一阵，就要哭出来了。

“你的心思都用到哪去了？我一直把你看作一个有出息的人，你真让我伤心。谈恋爱我不反对，但是，你得找对对象啊，他有家室你又不是不知道。你这样做有什么好处，你想没想过后果？除了丢人现眼，你什么都得不到。”

听到这话，姜莉莉的心像被重重地戳了一下，她有些怨恨地抬起了头，一言不发地瞪着罗娟，她痛恨这个女人，自己已经知道错了，为什么她还这么不依不饶地非要揭开她的伤疤。

一阵长时间的沉默后，罗娟缓和了语气："莉莉，你是不是感到心里面很痛？请你原谅，我刚才的话可能有些过分。莉莉，罗姐也是女人，这么说你也是为你好。"罗娟说着眼圈也红了。

"错账的事儿就算过去了，以后要小心不要再犯这样的错了。这件事，你回去好好想一想，我想你知道应该怎么做。"

罗娟一句"罗姐也是女人"触动了姜莉莉的心，她没再说什么，在心里接受了罗娟的批评，并随后痛下决心，与阿杜断绝了关系。

在这个例子中，因为两人私下关系比较好，一见面，罗娟就开门见山，直指姜莉莉的痛处，说的话非常严厉而尖刻，但是，说完以后，罗娟一句"罗姐也是女人，这么说你也是为你好"，一下子就把姜莉莉的心拉了回来，让她感觉到罗娟是真心为她好，加之罗娟说的道理姜莉莉也是明白的，只是自己一时犯糊涂，才做出这样的事情。罗娟的话对于姜莉莉来说，是一剂冷静剂，让姜莉莉头脑清醒，恢复了理性的思维。

女人作为管理者，在批评下属时，要充分发挥女人的性别优势，在客观冷静的基础上，加入一些温暖柔软的情感，让对方在感受批评的痛楚之后，再享受一下来自批评者温暖的慰藉。对于被批评者来说，虽然接受了对方的批评，反而会与批评者拉近了心理距离，内心更容易接受一些。

女性管理者在批评下属时，特别需要注意的一条就是对事不对人。这也是很多女性管理者很容易犯的错误。一个人做错了事，并不代表这个人就是“坏”的，所以，批评时不要针对对方进行人身攻击，如“你这个人很难让人接受”或“你总是这样”，这样的话直接针对对方的人品，会引发对方的反感与抗拒心理。这样，即使对方知道自己有错误，也会激烈反抗，不接受你的批评。这样的说法不但于事无补，很可能还会起到一个相反的作用。

再如上面例子中，罗娟说“我一直把你看作一个有出息的人”，就是在批评中加上了中肯的肯定，让姜莉莉在有些恼怒的同时，也知道罗姐一直是肯定自己的，并没有把自己当成一个坏女孩。所以，她也自然把罗娟当成自己最亲近的人，觉得罗娟批评自己也是为自己好，从而在心里愿意接受她的批评。

一个人在犯了比较严重的错误而遭到上司的严厉批评时，往往会产生消极情绪，或者对上司的过火批评产生反感心理。这并不利于其改正错误，如果有性格极端者还有可能会由此自甘堕落，破罐子破摔。所以，在批评完下属后，别忘了适时地给予其安慰，让因受到批评而沮丧万分的下属，有重新面对的勇气。但是，安慰一定要讲究艺术，不要让对方以为你批评错了，从而把你看轻，而是要在温柔的安慰话语里藏着不可改变的力量。

当女上司遇上了男下属

现代社会，一个单位的管理权，早已不再是男人的专利，已经有越来越多的女人当上了一个单位的中层甚至是高层的领导。当女人坐到管理层的位置上时，有些时候，女人在这里就不能把自己当女人看待，而是需要扮演一个中性的角色。

提升自己的职业形象

女上司给人的普遍印象是胆量不够，眼光短浅，依赖性强。所以，你坐到上司的位置上以后的第一件事，就是要在办公室提升自己的职业形象。你要明白，在这里，你是上司，而不是女人。下属要看到的是一个成熟干练的女上司，而不是娇娇柔柔的小女人。办公室就是工作的地方，关于个人的纯私密性的事情最好不要带到办公室里来，尤其是感情或者是家庭的事情。即使你跟对方确实私交不错，这样的话题也要放到下班以后到私人的空间里去谈。

如果希望跟下属之间联络一下感情，便于工作更好地展开，可以在下班后或午饭后休息的空当，向他们咨询一些诸如买汽车、投资股票或购买房子方面的问题。一般男人对这些事情关注得比较多，有些可能在这方面很有研究，你虚心向他讨教，对方也会觉得你有眼光而对你友善，从而在心理上与你的关系就拉近了。

保持独立，去掉依赖性

女人天生就有依赖性，女人天生就是让男人疼惜让男人怜爱的，这一点没有错。但是，你要明白，这是指对你的家人和朋友，也包括在社会交际中，但不包括在工作中。作为女上司来说，在单位里，在你的办公室，你不可能得到男同事如此高的礼遇。在办公室你是一个独立的个体，需要独立完成你要做的工作，需要独立管理好你的下属。你不要指望有谁来让你依靠。

软硬兼施，恩威并举

当女人成为上司，在面对男下属时，女人的性别在这里既是优势同时也成了弱势。因为，中国传统的男权优势依然在影响着一部分男人的心理，所以，女上司在与男下属相处时，就会有下属感觉自己的地位或者尊严受到了威胁，因而会在心理上下意识地产生一种抗拒心理。女上司如果处理不好这种抗拒心理，就会给自己接下来的工作带来很大的麻烦。

很多男下属不愿意服从女上司的工作安排，认为对女上司太顺从，会折了自己的面子。作为女上司，如果对他过于放纵，会让他们感觉你软弱可欺，所以，对待这类男下属，没有必要优礼有加，处处谦让，而应拿出上级的权威，让他感到你不是吃素的。

同时，作为女上司，你也不要过于强势，对男下属颐指气使，那样会伤了男下属的自尊心。男人的自尊心其实非常脆弱，一旦感到女人威胁到他的存在，便会产生抗拒心理。你如果过于强势，他们就会以暴抗暴。

最好的办法就是软硬兼施，恩威并举，只是恩要建立在威的基础

上。在工作中，你可以在保持独立和威严的前提下，有选择性地征求男下属的意见。征求男人的意见对他们来说也是一种赞赏，表示你重视他的见解和经验，让他们感觉自己存在的重要性。他们往往会在提出一些合理化建议的同时，对你更加尊重。但是，要切忌把所有的事情都同男下属商量，这样会令他们觉得你根本没有判断力，不懂得抉择，从而在心里看不起你这个上司。

不要在下属面前流眼泪

生活当中，女人在面对男人时，很容易用哭来表达自己的某些意愿，而且，这种方法也往往很有效。但在一个工作的环境里，这种女性化的情绪表现却是不能容忍的。在单位里，尤其是在你的下属面前，你的眼泪也许能够立刻得到同情，但那只能是瞬间的事情。在下属面前，你就是上司，你需要承担起你需要做的工作，而不是一个无助求援的小女人。在下属面前的眼泪，只能让他们小看你，并以此断定你不能做大事。很有可能在接下来的工作中，更加不听从你的调遣，这会给你未来的工作带来更大的麻烦。

适当放权给下属

女人天生细心，一旦做到一个管理层的位置上，便觉得自己应该更加努力，很容易事无巨细都亲手来做，最终让自己心力交瘁，精神不振，从而忽略了宏观调控。同时，上司事无巨细统统包办，下属也可能因此而不能放开手脚做事，时时有被束缚的感觉。此外，做下属的也会因此事事依赖上司，让上司更加感觉不堪重负，而且也难以发挥团队整体的才能和配合作用，令上司陷入被动状态。

要改变这种被动状况，作为上司的你必须学会向你的下属放权，该下属做的就要放心大胆让他们去做，要相信下属并给下属以锻炼的机会。要从一个新的角度学习做领导，指导别人，上司要做的工作是管理，而不是做具体的事情，具体的事情是要职员去做的。

作为一个坐到管理位置上的职业女性，你要时刻承受着多方面的压力。不只是来自男下属，还有同性同级别的同事之间的压力和暗中拆台。一种最常用的手段就是同事有意向你泄露假消息或提供假情报，令你在紧要关头措手不及。女人在面对这样的压力和拆台时，最重要的就是要稳住自己的情绪，冷静处理。同时，要注意在平时把同事之间的关系搞好，尽量减少这类事情的发生。

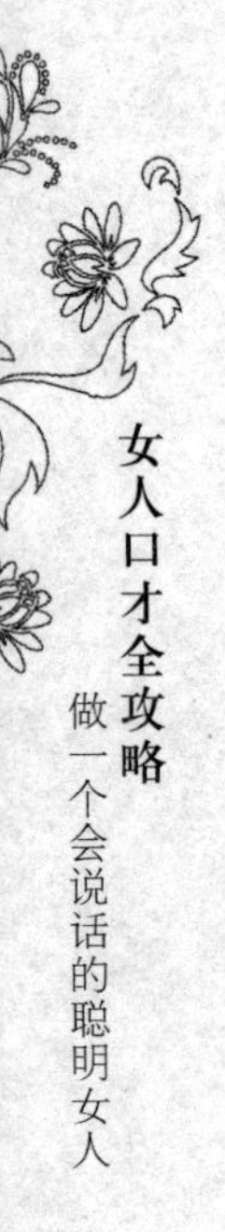

有礼有节，巧妙拒绝男上司的暧昧

生活中，女性经常会遇到来自男性的骚扰或暧昧的表示，对此，一般女性严词拒绝就可以了。但是，在职场中，如果女性职员遇到这样的情况，比如必须单独跟男上司在一起出差或办公，在这个过程中，往往就会遇到男上司有些暧昧的表示。

这个时候，女性应该怎么办?

一些性格比较刚烈的女性选择严词拒绝，结果有可能会因此影响工作，甚至会丢了饭碗；而相当一部分女性考虑到工作及其他因素，更多的时候会选择无奈地忍气吞声，这只能助长对方的气焰，最后把自己弄得痛苦不堪，这两种方法都是不可取的。

遇到这样的情形，有一点是无可置疑的，那就是一定要把持好与上司之间的距离，该拒绝的时候要坚决拒绝。只是要注意，拒绝有拒绝的艺术，选择好合适的方法，才能把事情做好。

男女之间的关系是微妙的，上司也是凡人，单独同聪明美丽的女下属在一起的时候，动了凡心也不一定就代表你的上司就是不道德，就是个大色狼，就应该骂他个狗血喷头。正确的方法应该是他向你发出暧昧信息的时候，礼貌而坚决地拒绝就是了，如果可以，最好能做到不动声色，不宜给他太多面子上的难堪。

营销专业毕业的刘晓菲聪明美丽，优雅大方，负责公司产品的销售策划，为此，经常跟销售经理一起出差，时间久了，已过不惑之年的销售经理刘浩就有些喜欢上了这个美丽大方的女孩。这天，在与客户成功地签成一个大单之后，刘浩找到她说："今天这个大单子签下来不容易啊，晚上我们两个人喝点酒庆祝一下，如何？"

刘晓菲何等聪明，其实她早就觉察到销售经理对自己的喜爱，但是，她一直装做什么都不懂，对于经理屡次发出的暗示总能巧妙地避开。这次，经理提出这样的要求，看起来合情合理，无法拒绝。于是，刘晓菲答应了经理的邀请。

酒过三巡，经理有些按捺不住，借着酒劲，他拉住了刘晓菲的手，带些暧昧的意味跟刘晓菲说："晓菲，你是个好女孩，又聪明又漂亮，我就喜欢这样的女孩……"

刘晓菲并不接答经理的话，她抽出手来给经理敬酒，一边敬酒一边说："经理，我是您一手带起来的，我所做出的成绩，有一半是您的，我一直很感激也很敬重您，今天我就借这个机会，敬您几杯，表达我对您的感谢。"

听到这话，经理有些得意，他故作谦虚地说："哪里哪里，我只不过顺便指导一下，成绩主要还是你自己干出来的。"

刘晓菲并不答言，接着说："经理您可能都不知道，咱们部门的年轻人都对您非常敬重，无论是您的为人还是做事，都被我们这帮年轻人当成表率了，平时有谁做得不好的时候，人们总会说'看看经理，向经理看齐啊！'"

听刘晓菲这么一说，经理好像一下子清醒了，有些懊恼自己刚才差点儿失了态，他没想到原来自己的下属们竟然这样敬重自己呢，自己怎么能这样呢，如果部门的其他下属知道……

接下来，两个人就公司的业务以及公司未来的发展又谈了一会儿，最后两人共舞一曲便各自回去休息了。临别时经理握住刘晓菲的手，很郑重很真诚地说："晓菲，你真的是个好女孩，你是我见过的最完美的女孩。"

刘晓菲真是个绝顶聪明的女孩，在那样的情况下，她不仅称赞经理的优秀，而且，把部门的同事都拉出来，和大家一起把经理抬到了一个很高的位置上，让经理在得意之余不得不清醒地反省自己，认识到自己的言行举止将会带来什么样的后果。同时，他又不得不佩服刘晓菲的聪明和机敏，也不得不从心里感激刘晓菲对自己不动声色的提醒。

刘晓菲不动声色的拒绝，既让自己没有受到伤害，也没有得罪经理，让经理不得不在心里真心地佩服和感激她。

年轻女孩聪慧、出色、敬业，得到男上司的赏识，这本是好事。只要你能在对方真诚的赞赏与暧昧关系之间把握好一个度，就能让上司既喜欢你，又尊重你。

"英雄难过美人关"，何况对于既长得漂亮又聪明能干的可爱女孩。女人长得漂亮不是错，只是作为漂亮的女人，要学会在职场上巧妙应对异性尤其是异性上司的不合理要求，在与男上司接触的过程中，女人一定要注意以下几点。

举止端庄，穿着大方

首先，女人要从自身做起。在与男上司接触的过程中，要注意举止端庄，穿着不要过于暴露，避免给上司造成不必要的误会。如果女人穿着过于暴露，很容易让男上司误认为你是刻意打扮去诱惑他，从而对你产生非分之想。

进入上司的办公室后，不要随手关门

如果有事情需要单独进入男上司的办公室，要注意不要随手关门。一个封闭私密的空间，在无形中会把人与人之间的距离拉近了。把上司办公室的门半敞开着，不造成这样一个相对私密的空间，自然也不会引起私密的联想。而且，敞开着的办公室，也不会让在外面的同事产生不好的联想，避免了别人无端的议论。

与男上司共餐时，不要贪杯

酒精最容易错乱人的神经，女人在与男上司共餐的时候，一定不要贪杯。只要自己保持清醒，即使上司喝得再多，你也能理性对待。如果自己喝多了，你的言行就可能会有不当之处，导致发生一些本不该发生的事情。

不要随便接受上司的礼物

上司出差，回来时给带点礼物是正常的，作为下属，对于上司带来的礼物不可来者不拒。如果同办公室的同事都有，你也自然可以大方地接受。如果是单独给你自己的，那就要看情况而定了，最好以委婉的态度谢绝这种特殊的待遇。

单独与男上司约会，要在适当的时候告辞

如果上司以你的出色工作为借口，要单独请你吃饭，那么在赴约的时候，一定要掌握好一个原则，那就是与上司谈话时主要的话题是工作，与工作无关的话题尽量少谈，尤其是感情的事情更要避免。谈完工作之后，不要做太多停留，在适当的时候尽快告辞离开。

第七章

爱情口才：轻点朱唇，轻松俘获男人心

人们通常会把两个人之间的恋情说成是“谈情说爱”，所以，如果两个人在恋爱，必须要说要谈。而说和谈，就需要口才。这不只是需要男人的口才，女人更需要有好口才。这样，情才能谈得更浓，爱才能谈得更热。

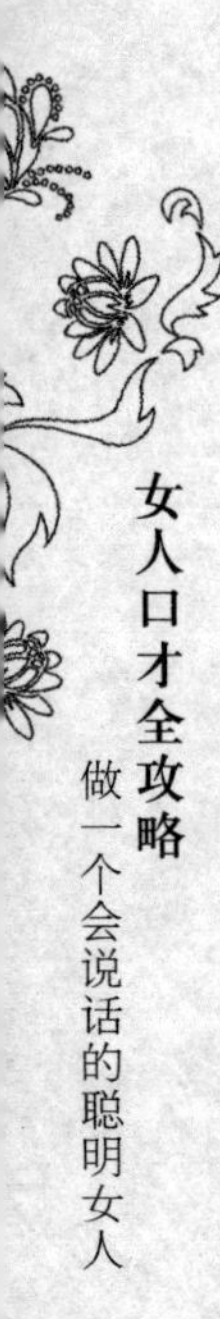

爱你在心口先开

向自己喜欢的异性开口表白，对于含蓄内敛的女人来说是一件很为难的事情。大胆表白吧，怕对方认为自己轻浮开放；深藏内心不说吧，有可能就此错过一生所爱。所以，为了不错过自己的真命天子，表白还是必须的，只是，表白的时候要加一些技巧而已。

表白含蓄而明确

俗话说：男追女隔重山，女追男隔层纱。女人追男人其实很容易，只要用点儿表白技巧，很容易就能俘获你心爱男子的心。

对于女孩来说，表白时不要太过大胆热情，要含蓄而大方。如果不能确定对方是不是也喜欢自己，可以先以探询的口气，探探对方的口风，避免因为自己太过大胆直白的表白把对方吓跑。

蕾蕾和她心仪的男孩梁斌认识已经有一段时间了，大家的关系一直维持在普通朋友的层面上。在交往中，蕾蕾看不出梁斌有什么想法，但是自己又没有办法把对方定位在普通朋友的位置上。想主动表白，又怕万一梁斌没有那个意思，自己说出来反而尴尬，到时候连做朋友都会感觉别扭。或者也许梁斌认为时机还不到，自己太主动了，会让他看不起自己。终于，在好朋友的怂恿下，蕾蕾还是决定主动探探梁斌的口气。二人的对话是这样的：

蕾蕾：“今天看你脸色不太好，是不是太累了？”

梁斌揉揉头发："还好吧，习惯了，睡一觉就好了。"

蕾蕾："单身汉都这样吗？"

梁斌："……呵呵，是吧。"

蕾蕾轻声说："你……不觉得需要有一个人来关心你吗？"

梁斌一怔："我是个不太会讨女孩欢心的人，不太确信自己会不会给对方带来幸福。所以……"

蕾蕾心跳得更厉害了，她低下头，声音很轻但是语气很肯定地说："要是……要是有人愿意呢？"

梁斌抬头看了蕾蕾几秒钟，口气凝重地说："那要看什么样的女孩了，如果像你这样的，我当然是求之不得了！"

蕾蕾在不能确定梁斌是否喜欢自己的前提下，先以关心的口吻开头，以"你……不觉得需要有一个人来关心你吗？"这样的话来探询梁斌内心的意思。听到这样的话，一般的男孩都会猜到对方大概的意思，梁斌自然也不例外。但是，梁斌也不敢完全确定蕾蕾的真实意思，因此，他也用"我是个不太会讨女孩欢心的人，不太确信自己会不会给对方带来幸福"来回应蕾蕾的话，逼迫蕾蕾把"要是……有人愿意呢？"这样的话说出来。这时，从蕾蕾的表情和语气，梁斌基本上已经确定蕾蕾要表达的意思了，于是，用"……如果像你这样的，我当然是求之不得了！"来回答了蕾蕾的探询。两个人心有灵犀，剩下的事情自然就勿须多言了。

蕾蕾的表白巧就巧在含蓄而大胆上，从头到尾，蕾蕾都没有直白地说出她喜欢梁斌的话，但是，话里话外透着的关心，羞涩而肯定的语气，早已经把她的心思表露无遗。这样的话在梁斌听来，比直接的表白更有韵味也更让人喜欢。

聪明的女孩在表白的时候一定要发挥一下矜持、温柔、善解人意的优点。一般来讲，男孩还是喜欢比较矜持含蓄的女孩的，所以女孩在表白的时候一定要给自己留有矜持的余地，不能把话讲得满满的，为自己留一点退路。同时，还要让对方准确无误地知道你要表达的意思，否则，对方会不知道怎么回复你，让你白白浪费了好不容易积攒起来的勇气，或者事情会就此止步也未为可知，那就是一件非常遗憾的事情了。

主动搭讪，以求发展

如果你喜欢的对象不是你特别熟悉的人，那就要先和对方搭讪一番，看看对方的反应，如果能继续交往，那么，在交往过程中根据具体的情况再做进一步的表白。

在搭讪的方式上，也是有技巧而言的。因为，面对一个陌生异性的主动搭讪，不止是女性，男性一样也有防备心理，这是人的本能。

和一个自己对他有好感的陌生人搭讪时，最好不要以提问的方式开始。因为根据人的心理习惯，提问往往会让对方紧张和抗拒，继而产生心理防备。如果有必要提问，那么提问时一定要“少而精”。这样，既达到搭讪的目的，也不会让对方因为抗拒心理而对你有所防备。

搭讪时提到的问题最好是对下一步发展“有用”的问题，比如“你觉得这家餐厅怎么样”，从这个话题可以大致了解对方的品味。再比如“你平时怎么上下班？”、“你下班通常在哪里等车？”……这类问题能够判断你是否有可能和他同路，从而为以后继续交往提供基础。只要能找到双方继续交往下去的话题，提问就要适可而止。

除了提问，还可以用另外的方式，寻找一个大家共同感兴趣的话题，继续交流下去。这样的搭讪往往看起来更自然、更随意，也不会让人有抗拒心理。

如果你喜欢一位男性，而你又不想求助于别人介绍，那你可以先在暗中观察，发现他的兴趣爱好，然后，找个碰巧的“机会”，就对方的“兴趣”话题与对方聊一聊。这样，两个人就有了继续交往下去的可能了。

周末闲暇的时间里，林楠会经常到她家附近的一个小公园里转一转。在那里，她经常能看到一个男孩在这里看书，而且，一看就会看很长时间。林楠对他的观察已经有一段时间了，男孩很有礼貌也很有涵养，这点从他对待公园里过往的行人上就能看出来。而且他还是个爱看书的人。为此，林楠在心里除了对他充满了好奇，还产生了好感。林楠也是个爱看书的女孩，所以，对喜欢看书的人有着天然的好感。林楠很想和他认识，但又不知该如何向他打招呼。

这天，林楠又看见了那个男孩，林楠很有一种想走近和他讲话的冲动，只是不知道怎么开口才好。突然林楠灵机一动想到了书，这是两个人都喜欢的，和他谈书，一定会有很多话可以谈。

下定决心后，林楠主动走了过去：“你好，你手中的这本书我找了好久，你是在哪里买的？”她说得有一点怯怯的。

他抬起头很阳光地笑了：“噢，你是说这本书吗？这本书真的不太好买，是一个朋友送我的，你想读的话借你读吧。”

她没想他这么大方，便说“可是，你也在读呀！”

“没关系，这本书我已经看过一遍了，只是觉得很好，才又看一遍。”他说起话来很爽快。

“那，谢谢你了！”

“哦，没关系，好书大家一起分享嘛！你有什么书，我们可以相互交流。”

“好啊！我那里也有很多书呢！”这正是林楠想要的话题。

“我叫林楠”

“我叫肖宇”

……

两个人就这样慢慢熟识了起来。

林楠之所以能够成功地结识那位肖宇，就是抓住了两人之间共同的兴趣——书。其实两个人之间的对话很简单，只是一个由问书到借书再到有好书共分享的过程。因为书是他们的共同爱好，有了这个共同兴趣，再沟通起来就没有什么困难了。对于两个爱书的人，书就是他们共同的媒介，是他们沟通的桥梁。

无论是对已经熟识的他表白爱意，还是对还陌生的他表示好感，最重要就是第一句话。只要第一句话说开了，你们的谈话就有了内容。

在寻找话题时，有些女性会认为自己知道的事太过平常，不值得一说，或认为话题必须高雅而有学问。其实，大多数人对日常生活中的一些平凡小事更感兴趣，如电影、书籍、体育、时事新闻、故事逸闻等，这些都可以成为很吸引人的谈话内容。

男性的生活环境一般比女性开阔，女性向男性提出的话题可以比较随意广泛，除了女性之间的话题，大多数话题男性都可以应付自如。所以，在与异性的交往中，女性若向男性主动抛砖引玉，男性一般来说都会很热情地与她交流。

恋爱了，要会撒点儿娇

撒娇是女人的权利，也是女人征服男人的“杀手锏”，女人用自己的娇柔征服男人，男人再把他征服的世界为女人双手奉上。女人的“娇”能激发一个男人全部的爱。女人撒娇，会激起男人怜香惜玉之情，在女人的娇柔面前，男人会不由自主地去呵护她，觉得自己是她的保护神，觉得她少了自己不行。

田妮从小就因为会在父母膝下撒娇，而比同胞的妹妹更得父母的喜爱，田妮小时候遇到喜欢的玩具，都是用撒娇的办法向父母讨要，这种办法在父母那里屡试不爽，这让田妮在逐渐长大的过程中越来越知道撒娇的重要性。长大后，她和男朋友相处的时候，也是以用这种方法为主来让她的男友为她买单。

一次田妮和男朋友逛街时，看到一款新上市的平底靴，自己格外喜欢，可是，看男朋友并没有给她买的意思，于是田妮又使出了她惯用的“杀手锏”——撒娇。

田妮牵着男朋友的手，一边走一边摇晃着他的胳膊，柔柔地说：“亲爱的，你累不累啊？我的脚好累啊！高跟鞋就是不好，这才走了多远呀，我就累成这样了。”男朋友并不理会，而是说：“那边有个休息区，咱们到那里休息休息吧！”田妮乖巧地点头答应。

坐在那里休息，田妮一边揉着自己的脚一边说：“要是有双平底鞋

就好了，咱俩约会多久我都不会累了！”说完向男朋友甜甜地一笑。

“哦？”男朋友终于会意，马上说：“那要不咱们休息一会儿，去买一双？”田妮顿时欢天喜地，温柔地在男朋友耳边说：“亲爱的，你真好，真会心疼人！”

女人的撒娇，是很有杀伤力的武器，田妮就是很好地运用了这个武器，从小时候向父母要玩具，到长大后向男朋友要自己喜欢的东西，她都用得很好。田妮是一个很会撒娇的女孩，男朋友在她面前，就像个孩子似的被她牵引着去实现她的目的，但是男朋友甘心被俘虏，最后还觉得是自己会心疼人，是自己主动要给她买东西，满足了自己的虚荣心和成就感。

女人撒娇的时候，是最有女人味的时候，这个时候女人的一举手一投足，都会让男人为之心动。撒娇是女人的天性，女人不一定很漂亮，但一定要会撒娇！但是，女人撒娇也是要讲究技巧的。

撒娇要有度

撒娇的女人虽然可人，可是撒娇也不能过分。每一个男人都喜欢女人撒娇，但是，也没有哪个男人能承受得了自己身边的女人毫无节制、不管不顾地撒娇。撒娇在爱情当中，就像咖啡里的糖。糖太少，感情生活就有些苦；如果糖太多，喝起来就会太甜太腻。

“发嗲”只可偶尔为之

“发嗲”是提出要求和拒绝对方的极好方式，如果你自觉提出的要求有些过分，或者你没有把握让对方接受，可以试试这招：在男人的耳边，用软软的语气告诉他你的真实想法，能把男人的心都融化了，你的要求自然也就容易被满足了。

但是，发嗲也要有个“度”，太嗲就会让人感觉太轻佻。而且，女人发嗲要在特定场合之下，在热恋时，发嗲会让可爱的女人显得更可爱，但不分场合的发嗲只会让人哭笑不得。发嗲时尤其要注意最好旁边不要有其他人，否则，你的“嗲声嗲气”会让别人听着发冷，也会让自己身边的男人觉得不舒服。

撒娇要讲求场合

女人撒娇最好不要在公共场合。在公共场合，女人撒娇让别人看起来就如两人当众亲热一样，有碍观瞻。同时，在公众场合，男人要维护自己的面子，如果一个女人在身边娇里娇气地莺声燕语，男人是哄也不好，不哄也不是，两难之中，他就会变得很烦躁。因此，女人撒娇尽量在私密场合，最好只有你和他独处的时候。这样，男人没有面子的顾虑，也有宠你的心情，对于你的要求，他会欣然同意。

撒娇不是恣意任性

孩子气的撒娇并不是恣意任性、无理取闹。撒娇要在理解关心对方的基础之上才能进行。对方体会到了你的关心和理解，才会有心情去满足你。如果你丝毫不顾及对方的感受，恣意任性，无理取闹，偶尔为之还可以，如果长期这样，只能让身边的他离开你。

小小在与男朋友交往的过程中，总是习惯性地迟到，每次都要让对方等上一个小时，借以考验对方对自己的耐心和忠心。对此，男朋友表现得非常绅士，也从没有流露出不满的情绪。

小小因而很得意也很满足，觉得男朋友对她实在是好。一次两个人在一个很冷的天气里约会时，小小不忍心让男朋友再受冻了，于是没有迟到。但是，男朋友却迟到了，害得她在冷风里冻了半个小时。

于是小小大发脾气，认为男朋友欺骗了她，其实他每次都迟到，却装作等她等得很辛苦的样子。面对小小的激动和愤怒，男友显得很平静，他什么也没说，在小小惊愕的表情中转身离开了。

小小的撒娇就属于任性而无理取闹，男朋友对她屡次迟到的包容，并没有让她感受到男朋友对她的那份爱意。她把故意迟到看做是对男朋友的考验，而对于男朋友的迟到，却不能有丝毫的宽容，这让男朋友很是接受不了，最后，只能一走了之，留给小小一份惊愕和惋惜。

要想在男人面前千娇百媚，并让他“宠”你，你在撒娇时，一定要顾及男人的感受和心情。如果男人正在郁闷或者悲伤中，你对他撒娇，反而会让他烦躁。

女人撒娇的技巧，其实就是“以柔克刚”的艺术。会撒娇的女人是水，女人在男人面前撒娇，就是以水击石，看似无力，却能水滴石穿。老子说：“天下莫柔弱于水，而攻坚强者莫之能胜，以其无以易之。”这句话的意思是说，天下没有比水更柔弱的东西了，但是任何坚强的东西也抵挡不住它。女人的娇柔就是最柔弱的水，但是，它却是攻克男人坚强的最有力的武器。

争吵有“度”，吵架也要讲艺术

女孩恋爱了，心里随时都是甜蜜蜜的。但是，即使是最恩爱的恋人，两人共处的时间长了，难免也会遇到不快乐的事，恋人间总有不开心吵架的时候。因而，很多女孩在恋爱过程中，不希望和男朋友吵架，认为产生冲突会影响两个人的感情，因此，即使有一些不愉快，也是能避免就避免，能不吵尽量不吵。其实，事实并不完全是那样的，恋人之间的吵架只要把握得好，未必不是好事。

恋人之间吵架，一定要把握好一个度。恋人之间吵架，只要不过分，可以对对方的脾气性格有一个了解，可以增进彼此之间的相互理解，消除双方在意见上的分歧的。只要把握好了吵架的“温度”，不但不会影响双方的感情，反而会让两人越吵越亲，爱情的纽带也越来越紧。那么，恋人之间吵架有哪些需要注意的呢？

不揭短

恋爱中的双方因为十分清楚对方的毛病和短处，也清楚对方的软肋在什么地方。于是，当争吵发生的时候，为了发泄出心中的怒气，往往刻意去揭对方的短处，认为那样才更容易把对方制服。其实，这样的方法不但不好，而且，往往会造成严重的后果，对双方的感情影响很大。

俗话说：“打人莫打脸，骂人不揭短。”每个人都有自己的短

处，也都知道自己的短处，但是，没有一个人愿意被别人拿自己的短处说事。刻意去揭对方的短处，只会激怒对方，让双方之间的矛盾进一步激化，有时甚至会导致不好收拾的结局。

不翻旧账

女人最大的特点就是吵起架来，容易“翻旧账”。一旦情绪激动起来，以前陈芝麻烂谷子的事都拿出来作证，证明对方的脾气不好，证明对方总是这样或那样，用来说明对方在这件事上也是一样的错误或一样的不讲理。而这样的话，对于男人来说，是很容易引起他们反感的。为什么事儿吵架，就说什么事儿，谈清楚事情就行了，不必非要拿出陈年老账来翻。“翻旧账”的结果往往是吵架吵得最后脱离了事情本身，都忘了为什么事儿而吵的了，仅是相互抱怨，甚至相互进行人身攻击，这对双方的感情有很大的伤害。恋人之间发生争吵，一定要就事论事，不前挂后连。即使有相关的问题，也要事后再去处理，这样才容易化解两人的冲突。

不带脏字

恋人之间争吵时，你可能会言词激烈，说一些过激过重的话，或者是声音提到高八度，恨不能天下人都能听见。这是情绪使然，也不是不可原谅。但是，有一点要切记，情绪再激动，也不能带脏字。本来两个人争吵，更确切地说应该是争辩，争辩谁对谁错，但目的是为了解决问题，让事情往更好的方向发展。一旦争吵的时候带了脏字，争吵的目标就不再是事，而转而成了对人。加了脏字，两人之间的争吵就成了相互谩骂相互攻击了，这样吵架的后果是极其不好的。

作为女人，如果你没有想过跟男朋友分手，不想因为一次吵架就伤害了两个人的感情，那么，就一定要记住，争吵的时候一定不要带脏字。

不可进行人身攻击

争吵针对的是事而不是人，是你对对方的做法有意见，对对方的行动有意见，但不是对他这个人本身有意见。所以，吵架的时候要对事不对人。一旦把对事变成对人，就容易造成人身攻击，这对双方来说都是莫大的伤害。如“你太自私了！”、“你真是无可救药！”、“和你说话简直是对牛弹琴！”、“你这个人简直不可理喻！”、“你就是个无赖！”、“你简直没有人性！”等等，这样的话听起来很恶毒，攻击性很强。为了维护自己的尊严，对方往往就可能因为一句话，在那一瞬间做出和你分手的决定，而任你再如何道歉，都未必能挽回。

男朋友是你的恋人不是你的仇人，同他吵架应该是对事而不对人。如果你对他进行了人身攻击，一方面伤了他的自尊，另一方面，也会让他感觉你很没有修养。即使不马上提出分手，在事后也会有这方面的考虑。

吵架要注意场合

恋人之间争吵，还要注意场合。最好不要在公共场合或是在亲戚朋友面前吵架。

男人非常看重“面子”问题，你在公共场合和他吵架，即使他确实有错，为了面子，也会和你对抗到底。不管你是用撒娇还是用撒泼的方法，想让男朋友在大庭广众之下向你低头认错几乎是不可能的，即使他想哄你，为了面子，他也不会那样做。

女人也是在乎面子的，在公共场合或是亲朋面前，你也不想失面子。所以，两个都不想失面子的人就可能会因为一点点小事，都拿出最恶毒、最有杀伤力的语言想要打败对方，结果双方也都会因为那些“气话”而伤痕累累，甚至是感情破裂，最后，弄得大家都失了面子。

其实，大多数的争吵都是女人挑起来的。所以，女人如果真的觉得有火要发有事要吵，在公共场合也要先压一压自己的怒气，给他一个面子，让他的虚荣心得到满足。等回到你们两个人的世界里，再好好收拾他。也许，到那时，你和他的怒气都消了，那不是皆大欢喜吗?

男人的虚荣心极强，也极看重面子，他们希望女人崇拜自己，对自己的话言听计从。即使你不是真的对他马首是瞻，只要表面功夫做得好，在大庭广众之下，在亲朋面前给他个面子，就能让他很开心很满足。回家以后的事情，他自然会对你言听计从了。

吵架之于爱情，是一把双刃剑，吵架吵得好，可以成为两人感情的催化剂，使感情在经历冲突之后，比以前更加稳固和坚实；吵架吵不好，它可能斩断两个人的感情，从此劳燕分飞。

爱人面前，把“刀子嘴”抹上蜜

人们喜欢用“刀子嘴豆腐心”来形容心地不坏而说话难听的人。但是，“刀子嘴豆腐心”的性格并不好，这样的性格往往会让你好心不能办成好事儿。因为，你“豆腐心”关心人的功能不一定显示得那么明显，但是，你“刀子嘴”伤人的功能却往往会让很多人招架不住，尤其是你身边的男人。

很多女人往往不会正面表达自己合理的内心需求，而是以攻击对方的形式表现出来，也就是人们常说的“刀子嘴”。这样做不仅不会让对方感受到你的“豆腐心”，还可能会因此引起双方情感的对立，不利于情感的沟通。

莉莉和男朋友阿辉谈恋爱已经两年了，两个人相爱的日子还是很甜蜜的，眼下已经到了要谈婚论嫁的时候了。

莉莉很爱阿辉，她觉得阿辉是那种实惠型的男人，虽然对自己没有太多的甜言蜜语，不会制造令人陶醉的浪漫，但是，阿辉坚强可靠，和他在一起她感觉很放心。阿辉也很爱莉莉，只是他觉得莉莉哪儿都好，就是她的“刀子嘴”有时候让他有些吃不消。为此，阿辉也犹豫过，但是，每次犹豫过后还是被她的“豆腐心”收买，并决定和她一起走完自己的一生。

然而，再一次领教了莉莉的“刀子嘴”之后，阿辉又一次犯了犹

豫，事情是这样的：

那天，两个人约好一起去参加同学的派对，说好了在歌厅门口见面，可是，时间过去一个小时了，阿辉还没有出现。莉莉打他的手机是关机，打他办公室的座机，也是没人接听。莉莉急得团团转，种种不好的猜测涌上心头……

正在莉莉不知怎么办的时候，阿辉终于上气不接下气地出现在莉莉面前。看到阿辉安全地站在自己面前，莉莉一颗悬着的心总算是落了下来。而接下来另一种气愤的情绪立刻涌上了莉莉的心头，不等阿辉做解释，莉莉劈头盖脸就是一句：“你到底怎么回事啊？手机关机，座机也不接，还以为你被车撞死了呢！”

气喘吁吁的阿辉正要解释，听到莉莉这句话，歉疚的笑容一下子僵在了脸上……

原来那天正好是周五，本来就是大堵车，又正巧赶上路上出了一起交通事故。更巧的是，阿辉想着打电话通知莉莉的时候，才发现手机竟然没电关机了。对于自己迟到一个小时，阿辉本来是满怀歉意的，可是，莉莉的一句话让他的心一下子像是被什么东西重重地砸了一下，很疼很难受。

阿辉迟到，在不停地打他的电话没人接听的时候，莉莉心里对他更多的是牵挂，这说明莉莉是很爱阿辉的。阿辉站在面前，莉莉的情绪由担心变成愤怒而发火也是情有可原的。只是，莉莉的“火”发得太过分了，她的“刀子嘴”让本来是好心为男朋友担心的她，说出的话听起来倒更像是对男朋友的“诅咒”，也让本来一肚子歉疚的阿辉，不但不能感受到莉莉的关心，反而会感觉自己的心很疼很难受。

“良言一句三冬暖，恶语伤人六月寒。”很多人对外人彬彬有礼，可对本应最亲的爱人，却往往恶语相加。虽然对自己至亲至爱的人可以不必太拘于礼节和客套，但是，无论如何还是要注意说话时的用词和语气。

其实大多数女人对自己至亲的爱人用“刀子嘴”，也并非是恶意，就如上面故事中的莉莉一样。只是因为她们没有通过正确的途径去表达内心的感受，心情一激动，就把心里本来想要表达的话以攻击对方的形式表现出来，以攻击代替表达，而自己真正要表达的意思却被掩盖了，呈现给对方的是充满敌意的语言。即使对方理解你的好心，但是，对于充满攻击性的“好心”又有几个人能够长期承受呢?

相爱的两个人走到一起，当然都希望对方幸福、快乐，也希望自己能被对方深深地爱着。但是，女人的“刀子嘴”往往会让这种美好的愿望在一刹那间就灰飞烟灭永不再回来。恋爱中的女人啊，不要低估了“刀子嘴”的杀伤力，为了两个人美满幸福的感情，请闭上“刀子嘴”吧。

恋爱中，女孩哪些话不该说

恋爱中的双方，从相识到相知，从普通朋友到热恋情人。随着关系一步步走向亲密，相互之间也就越来越放松，说起话来也会越来越无所顾忌，总觉得都要成一家人了，还有什么话不能说。其实，有些话还真的是不能说的。

不要把“分手”当口头禅

恋爱过程中，两个人难免磕磕碰碰，吵个架，拌个嘴都是正常的。只要不涉及原则问题，争吵过去之后把事儿说清楚了，就什么事儿都没有了。但是，有些女孩常常在吵架的过程中拿“分手”做武器，要挟对方。以为一提分手，对方就会害怕而不再和自己争吵，自己就能赢得胜利。其实，这是非常错误的。

在谈恋爱的过程中，“分手”两个字是很有杀伤力的，也是最应该忌讳的两个字。两个人能走到一起，说明彼此对对方都是欣赏的。“分手”两个字在对方听起来，没有了一点点的感情，因此，也就不会再顾忌什么，从而会更加肆无忌惮，让矛盾进一步激化。

另外，有这样一句话“假话说多了也会变成真的”，其实“分手”也是如此，“分手”说得多了，对方就会当真，即使当时不会分手，心里也会有一个阴影，使对方在心里一直存在着分手的想法，因而也会对你不再付出真情，最终让两个人的关系越走越远。

所以，千万不要在产生矛盾或有意见分歧时，动不动就把“分手”两个字拿出来说事，除非你真的想和他分手。否则，这两个字，除了能让对方更快一些与你分手，其他任何作用都没有。

不要逼迫对方山盟海誓

女人总是喜欢浪漫的，也喜欢听一些海誓山盟的话，即使知道这样的话不一定真实，还是愿意让对方说出来，以满足自己的虚荣心。但是有一些男性，不善于用这种方式表达。如果你遇到了这样的男性，一定不要逼迫他对你海誓山盟。其实，爱情本是无法用语言来表达的，真正爱你的人，是在心里爱你的，他会用自己的一言一行来表示他的爱，而不一定会对你说海誓山盟的话。

如果你一定要逼迫对方当面发誓，向对方索取口头上的承诺，往往会引起对方的反感甚至厌恶。即使对方说了，他的心也可能已经不在你这里了，那样的海誓山盟又有什么意思呢?

动什么也别动父母

恋爱本是两个人的事儿，当然，如果进一步发展到要结婚，了解对方的父母及家庭都是必要的，但是，这并不代表恋人之间就可以有事没事拿父母说事儿。

首先，不能随便对恋人的父母品头论足，说三道四。对方的父母也是你的长辈，长辈有错误或者有缺点可以正面委婉地提醒，但是随便对长辈说三道四，就是有失礼貌了。即使你的恋人继承了父母一些不好的习惯和性格，那也是他本人自身存在的问题，你可以指正或批评，但不要动不动就波及对方的父母，这是男人最反感的事情。父母是一个人最尊敬最亲近的人，一般人是不允许一个外人随便评论甚至

侮辱自己的父母的。如果你的男朋友真的允许你那样做，这样的人你最好也不要去欣赏。

其次，不能把两个人之间的恩怨是非加到父母身上。没有父母是不希望儿女好的，即便对方的父母做法上有考虑不周或有什么欠缺的地方，也是出于一种关心和责任，并无恶意。这时，你可以让对方去调节，你不必直接把矛头指向他的父母，那会让他很反感很恼火。

避免带着欣赏和留恋的语气谈到过去的恋人和曾经的浪漫

有些女孩喜欢在现任男朋友面前，回忆起曾经的恋人和曾经美好的浪漫，想通过那些往事来刺激现在的他，让他能够对自己更好一些。这一点对于恋爱中的女孩也是需要禁忌的。

女孩对曾经逝去的恋情有着美好的回忆是很正常的事情，把那份美好的回忆放在心底珍藏着也没有什么。过去的恋情毕竟已经过去了，你可以在一个人的时候独自去回忆，但是，你不能让你现在的男朋友和你一起重温那份感情，这对于一个男人来说，是不公平的。爱情是自私的，没有一个男人愿意自己的女朋友在他面前谈论以前的男朋友。你要照顾一下他的感受，因为你回忆起来的甜蜜在他那里是一份酸涩，即便为了照顾你的情绪，他什么也不说，但是，他的心里一定是不舒服的。

而且，对于一个女孩来说，无论是你现在的男朋友还是过去的男朋友，都有各自的特点，或者说都有各自的优点，你之所以放弃了以前的男朋友而选择了现在的他，就说明他的身上有更让你欣赏的地方。你带着欣赏和留恋的语气，在现在的男朋友面前谈论以前的美好，会让对方在酸涩的情绪中，想到你是不是还想回到从前，你是不是不想和他交往。这对他的自尊和对你们的感情都是一个不小的伤害。

如果现在的恋人非常想了解你的过去，你可以简单地把以前的事对他讲清楚，这样就足够了，其中的细枝末节不必说太多，那样对谁都不好。

有人说恋爱中的女人都是白痴，这话有一点绝对，但是，女人一进入恋爱状态，确实容易失去理性的思维。尤其是热恋中的女人，大脑处于一种狂热状态，说话的时候往往会不加考虑什么话都敢说，结果在给对方造成伤害的同时，也伤害到了你们的感情。

巧妙拒绝追求者的艺术

每个女孩身边都不乏追求者，对于自己不喜欢不来电的异性，女孩就要学会拒绝。不过，拒绝别人的追求，对对方而言是残酷的。那么，如何拒绝就需要花些心思了。如果拒绝得巧妙，就能得到对方的理解，双方相互不伤和气，那是最好的了。

拒绝盲目约会

小美是个迷人的女孩，朋友们都说她是上天的宠儿，不仅人长得漂亮秀气，工作也很好，是每天出入高档写字楼的高级白领，收入也很可观。因此，小美身边的追求者很多，而她每天也乐此不疲地在他们中间周旋，但是，却始终没有找到一个她真正心仪的人。

为此，小美每次约会回来，独自走在灯光昏黄的公寓走廊时，心里总会有一丝失落，甚至有时候会感觉有些凄凉。

不停地周旋于不同的男人之间，让小美也有些身心疲惫。但是，她又不能忍受每天下班后一个人独自打发时间的冷清，以至不能拒绝身边向她示好的异性。

虽然小美并没有明确地同意和谁交往，但是她那种“来者不拒”的行为，还是不免被划入“脚踏两只船”的行列。慢慢地，有的男性发现小美这样的行为后，就不再同她来往。

像小美这样，不停地周旋在众多男人身边的盲目约会，很容易让自己“竹篮打水一场空”，到时候伤了别人更伤自己。

“窈窕淑女，君子好逑”，女孩聪明可爱，漂亮迷人，而且又待字闺中，那么，身边追求者众多也没有什么奇怪的。但是，有一点女孩要注意，对于明知没有结果的异性，就不要去盲目约会，即使原本是朋友的，也要尽量减少单独相处的机会。否则，到时候伤人又伤己。

拒绝对方要明确及时

在拒绝追求者的时候，一定要语意明确，用最清晰简明的语言告诉他，你不想接受他的爱意。一般来说，对方在明白了你的真实意思后，就会适时停止自己无谓的付出，不会再继续追求。这样，对对方来说不会造成伤害，对自己也是一种保护。

如果拒绝时含糊其辞，让对方不能明白你的真实意思。这时对于对方而言，接着追求怕被认为是纠缠，不追求又怕失去好的机会，从而陷入两难的境地。你自己也会一直被纠结在这样一种情绪中，不能解脱。

另外，拒绝别人的追求时，一定要及时，不能拖拖拉拉。真实而明确地说出自己想要说的真实意思，对方可能会伤心，但是不会恨你。

如果反反复复、欲拒还迎，这样的态度总是会给对方希望，要知道女人一个犹豫的眼神都会给男人一个“还有希望”的暗示，你的犹豫在男人看来可能会认为那是你的矜持……但是，这种若即若离的态度，往往更会激发男人追求的勇气。等到你不说不行的时候再说，对对方已经造成了很深的伤害，而对自己，也会因为一直纠缠在一种不明不白的关系中而身心俱疲。

拒绝时温婉而坚决

清楚而明确地拒绝对方，不等于严词勒令和重话伤人。千万别为了让对方死心，尽捡些最具杀伤力的话来回绝对方，弄得以后连朋友都不能做。男人在追求女人的时候，也是很敏感的，只要你告诉他，你们不合适，大多数人都不会依然死死纠缠。语调的温柔委婉可以在拒绝时减少对男人的伤害，对对方造成的伤害越小，你越不会因为自己的拒绝而感觉内疚。明确的拒绝，可以很委婉但一定要坚决，不给对方留下商量的余地。

态度一定要真诚

女孩对于男性的示好，如果无法答应，可以明确地拒绝，但是，在拒绝时态度要真诚，不要感觉不喜欢对方而对对方施以不屑的态度。对方喜欢你，向你表露心迹，这种情感是美好和值得尊重的，这种表达也没有错。

拒绝对方的追求时，最好先肯定对方再拒绝。因为被自己喜欢的女孩拒绝，本身是一件比较残酷的事情，如果你能在拒绝的时候，先肯定对方，会让对方感觉你只是觉得你们不合适做恋人，但并不代表你就不认可对方的人品或能力。这样，即使两个人不能继续交往下去，但也许还可以做朋友，至少不会成为仇人。

先肯定，后拒绝的方式有:

“我相信做你的女朋友一定会很幸福，可是，我已经找到真爱了，我相信你也一定能找到更好的……”

“你真的很优秀，可是我自认为配不上你，希望你能找到更好的……”

“我很欣赏你的为人，可是我感觉我们两个人的性格不是很合得来，不如我们做朋友吧”

……

细微之处见真情，对方在得到你这样的答复之后，会在失望之时重新拥有希望，而不会因为你的拒绝大受打击，他也会从另一个方面更欣赏你。

无论对方是谁，喜欢你都不是他的错。无论你以什么方式拒绝，不伤害他是最基本的原则。拒绝绝对不是单纯地告诉他一个“不”，拒绝的时候，尽量把伤害降到最低，这对谁都好。

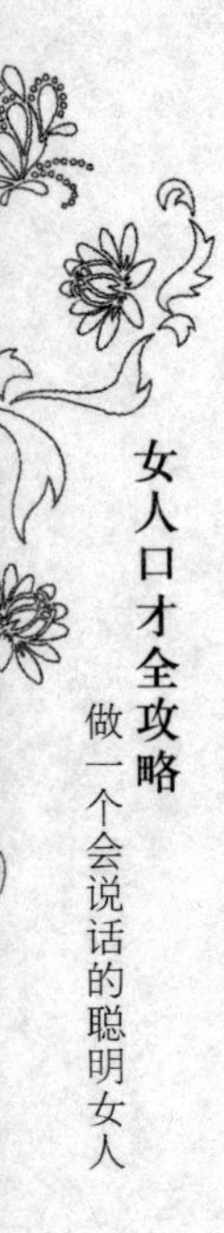

分手时不该问的话

并不是所有的相遇，都能同行；并不是所有的爱恋，都能厮守。当爱情成为过往，就让它随风走远吧。

每一段初始如烟花般美丽的感情，到分手时都免不了变成一堆灰烬。面对分手的时刻，即使你心如刀割，也要保持自己的美丽和风度。有些话你可能在心里说过一千遍一万遍，但是，面对提出分手的他，你一定不要说。因为，即使说了，也已经没有任何意义。那么，没有任何意义的话，你又何必要说呢？面对逝去的爱情，真诚地道一声“一路保重”就足够了。

如果你也曾问过下面这些傻问题，请一笑了之；如果你还没经历过这样的分手时刻，请记住，这些问题永远都不要让它们从你的口中说出来。

为什么要分手

问这个问题没有任何意义，不爱了就是不爱了，不需要理由。当一段爱情出现了不和谐，就会产生矛盾。当你们必须分手的时候，也许是你们之间真的出现了无法逾越的鸿沟。那么，又何必问为什么呢？

很多人都听过这样一个佛学小故事：

从前有个书生，和未婚妻约好在某年某月某日结婚。到那一天，未婚妻却嫁给了别人。书生受此打击，一病不起。这时，一位僧人路过，他从怀里摸出一面镜子叫书生看……

书生看到茫茫大海，一名遇害的女子一丝不挂地躺在海滩上。路过一人，看一眼，摇摇头，走了。又路过一人，将衣服脱下，给女子盖上，走了。再路过一人，过去，挖个坑，小心翼翼把女子掩埋了。僧人解释道，那位海滩上死去的女子，就是你未婚妻的前世。你是第二个路过的人，曾给过她一件衣服。她今生和你相恋，只为还你一个情。但是她最终要报答一生一世的人，是最后那个把她掩埋的人，那人就是他现在的丈夫。

到了分手时候了，只能说明现在的他本就是不属于你的，没有为什么。即使有，也没有办法解决，如果能够解释得了，解决得了，又怎么能到分手的地步呢？如果那样，你又何必让自己更难受呢？

我做错了什么

问到这个问题，还是自己不愿意认输。其实，爱情不是讲对错，而是讲感觉。感觉没有了，对与错又有什么意义呢？

在中国最大的淡水湖——鄱阳湖中，有一种野生植物，名叫藜蒿。它漂满了水面，农民用钉耙和镰刀在水面上收割，一垛一垛地装，然后拉回家剁成猪食。它被视若草芥，胡乱被装在货车里，掉了一路也没人管。

在南昌，有一道不能不提的特色菜，名叫藜蒿炒腊肉。那叫一个香！所有蔬菜与腊肉的组合中，藜蒿达到了最高境界。一直以来，这道菜是当地小至排档、大至星级宾馆必备的一道压轴菜。而这些藜蒿则产自鄱阳湖。所以民间流传着一句话，叫做——“鄱阳湖的草，南昌人的宝”。

爱情又何尝不是如此呢？它本是没有对错的，一个人眼里的草，在另一个人眼里，可能就是宝。也许有一天，他会后悔错过了这个宝贝，而你，或许已经成为了别人掌心里的宝。

你有没有爱过我

这样问的女人，无非是不甘心，希望由此证明对方曾经是爱自己的。其实，爱过如何，未爱过又怎么样，爱不爱在那一刻都已经不重要，重要的是从那个时候起，不要再让自己陷入已不存在的爱情中。

有人说，觉得失恋痛苦的女人，是因为在感情中付出太多，回不了头。也有人说，失恋给人的感觉就像嘴里长了溃疡，越痛越要去舔，越舔就越痛。无论怎样，失恋只是每个女人成熟过程中可能经历的一个过程罢了。过去了就过去了，没有必要太在意。

我们能不能重新开始

这样的哀求只会让对方觉得你可怜，甚至更加看不起你。既然感情已经走到了尽头，再纠缠下去，也是没有任何意义的。感情是脆弱的，有时不是你觉得难以维持，而是正当你像玩跷跷板一样享受刺激眩晕的爱情时，另一方却突然撤离，让你在刹那间失重，一下子跌到谷底。这个时候，不管你多么在乎，多么放不下这段感情，也必须揩去眼泪，把自己打扮得漂漂亮亮的高傲地走开。果断地放弃是给自己一条生路，千万不要既丢了感情，又丢了尊严。

我们以后还可不可以做朋友

这样拖泥带水的问题，只会让对方感到更加厌烦。对于已然不存在的爱情，沉默是最好的态度。要走，就要走得决绝而潇洒。时间是治愈一切的良药，它能帮你愈合你的伤口，让你敏感脆弱的心变得坚强，让曾经的伤痛随风飘去。也许，若干年以后，你们相逢在熙熙攘攘的街头，看着迎面向自己走来的那个人，你只是似曾相识，却无法叫出他的名字，也许你们就这样又一次擦肩而过，而彼此对对方已经没有了什么记忆。

恋爱是一次已经完成的选择，失恋面对的是即将而来的再次选择。既然爱情无法挽回，那么，你要留住你的美丽，甚至要让自己变得更加美丽。如果一个女人在她失恋的时候也可以微笑着、美丽着，这种美丽才是永恒的美丽。

婚姻家庭口才：用语言铸造令人艳羡的家

无论是二人世界、三口之家还是四世同堂，一个女人在一个家庭中所占的地位和比重都是主要的，女人在家庭中的语言表达和沟通能力的高低，在家庭关系中是起主导作用的。如何让自己的家庭更幸福，如何让自己爱的人更爱自己，这是一个女人必须要修炼一生的功夫。

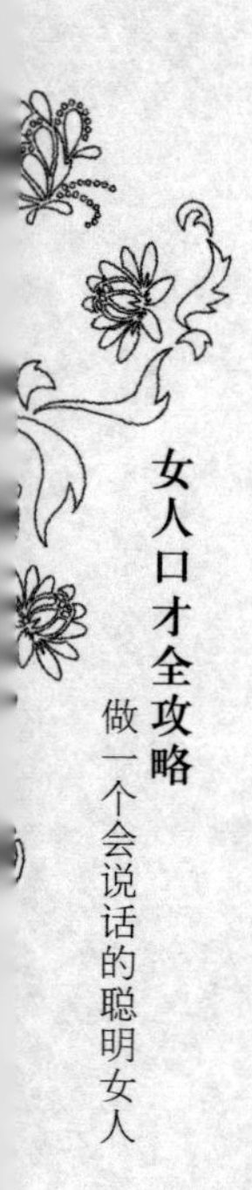

你的柔情要让男人懂

造物主为了和谐美的原则创造了男女，它赋予男人阳刚之美，也赋予了女人阴柔之美。阴柔之美是女人最基本的特征，其核心就是温柔。女人，最能打动人的就是温柔。有位作家说，女人存在的理由就是因为她具备男人所缺乏的温柔。温柔是作为母亲和妻子的女人不可缺少的一种基本的资质和品性。柔情，是女人在婚姻中最有力的武器，它不仅为男人创造了生活中的香甜，更为女人自己创造了幸福。

男人喜欢温柔的女人，女人的似水柔情对于男人来说是致命的诱惑。这是因为男人的内心其实很脆弱，远不似他们的外表看起来那般坚强。男人需要女人的柔情，来融化那些生活重压之下积累起来的沉重。

没有柔情的女人，犹如一杯白开水，男人只有在饥渴难耐时，才用得着它；而充满柔情的女人就像一杯散发着幽香的葡萄酒，男人端起来便不忍放手，因为他会感到她越品越有味道。

当女人想要找个好男人时，首先要让自己成为一个温柔女人。温柔女人是男人生命中的导师，她能把原本普通的男人培养成一个优秀的好男人。

那么，什么样的女人才是温柔的女人呢？

柔声细语显魅力

据调查发现，男女相爱，有很大一部分是源于声音的吸引与和谐。女人柔美的声音，对于男人来说是一种享受。

一般来说，女人的声音代表了她本身的态度和情绪，而且，女人说话时的声音和语气也和她的脾气性格有关系。女人轻轻的柔柔的声音，对于男人具有极强的杀伤力。男人在这样的女人面前，往往很容易失去自己钢性的一面，他会愿意以更包容、更温情的态度去对待你，即使你有一些小的瑕疵，有一些小小的不讲理，他也会愿意接受。

带着感情和爱人讲话

在很多离婚案件中，丈夫的诉求中都有不能忍受对方说话的声音和语气这一项。粗俗、尖刻、强词夺理、无事生非……女人硬邦邦的抱怨或斥责的话语，在男人听起来就是冷冰冰的没有感情色彩的。男人无法感受到来自对方的爱和感情，和这样的女人在一起，男人往往无法感受到家的温暖。

一位名人说过这样一句话：“女人一生所犯的最大错误，就是忘记了自己是女人。”许多女人并不知道温柔的力量，不知道温柔是一种可以克刚的武器。她们往往因为害怕失去自己在男人心目中的地位，而对对方颐指气使，冷酷无情把女人最粗糙的一面暴露了出来。结果，她们的目的并没有达到，反而得到了相反的结果。

言语间充满爱意

每个女人说话的声音和语调是不同的，你的声音和语气也许并不是你的爱人喜欢的那一种，但是，如果你一时不能改变自己的这些条件，那么，最起码你要用充满爱意的语言同自己的爱人说话，只要你心里充满了对对方的爱意，你会不经意地把这份爱意在你的言谈之中流露出来。对方在你的言谈之间，感受到你对他的爱意，就会忽略或

者原谅你性格或语气态度上不完美的地方。

“温柔”这两个字是与关心、同情、体贴、宽容、细语柔声联系在一起的，温柔是一种无形的力量，能把一切愤怒、误解、仇恨、冤屈、报复融化掉。在温柔面前，所有的喧嚣吵闹、斤斤计较、强词夺理、得理不饶人，都会烟消云散。

照顾男人的面子

男人对自己的面子看得比较重，这也是男人的本性。因此，无论你的爱人在家里时怎样的宠你爱你，怎么顺从你。在别人面前，尤其是在他的朋友或同事面前，你一定要给足他面子，在众人面前懂得顺从他，在他面前做一只温顺的“羔羊”。不要感觉这样是委屈了你，对于你的温顺，爱人会在回家之后加倍地补偿给你，而且会越来越疼惜你。

女人的温柔不是没主见的“乖”，而是一种美好的性情，一种智能，一种女人味。女人的温柔不是扭曲的做作，而是让男人舒服、更让女人羡慕的品性。

不必揭穿他吹牛的小把戏

男人有时候喜欢用吹牛来给自己制造一点儿虚拟的自信，温柔如你的女人要记着，不必去戳穿他的这个小把戏。其实，他自己内心比谁都清楚，只不过是为了在别人或者是在你面前，显示一下自己的力量，在给你安全感的同时，他也会按照自己吹嘘的事实去努力，这样能够让他更有力量地前行。

你如果非要去戳穿他，他在你面前一下子没了面子、没了自信，会感觉在你眼里他一无是处，那样对他的自信心是一个极大的打击，而你可能会看到一个越来越没出息的男人。

温柔是一种为人处世的态度，也是一种品德修养。温柔的女人并不是不能具有其他的特点。相反，做女人最大的好处是，可以一“柔”遮百丑。再美的女人，也有芳龄遁去、花容渐衰的时候，而只有温柔之美才可以在岁月的风霜中永远花香袭人。如果希望自己更妩媚、更动人、更有魅力，就要保持和发掘作为女人所独具的温柔，做个温柔如水的女人。

别把“礼”丢在婚姻之外

有调查表明，在大多数家庭中，夫妻双方在语言交流时不注意礼貌用语，即使是好心好意的时候，也往往会对对方说一些粗鲁甚至粗俗的话，认为那样显得更亲近一些。这个想法是错误的，夫妻双方在家庭生活中可以不拘礼节，但是，不能没有礼貌。我们并不提倡夫妻之间一定要相敬如宾，那样会让双方有距离感，但是，如果连起码的礼貌都没有了，时间长了，往往就会酿出事端来。

婚姻中依然需要礼貌客气

谈恋爱的时候，男女双方彼此都约束着自己的脾气，相互之间礼貌客气，因此，谈恋爱时的生活是幸福而甜蜜的。但是，结了婚以后，一些女人就会认为都是“自己人”了，不需要再隐藏自己的缺点，不需要再克制自己的坏脾气，不需要再继续客气礼貌，甚至会觉得客气反而让两人的关系疏远。但是，事情并不是按照你的想象那样发展下去的，下面就是一个典型的例子：

张群与丈夫李健是青梅竹马一起长大的一对，张群从小就是个善良懂事的女孩，上大学后，特别是和李健谈恋爱的时候，张群对李健真是疼爱有加，在李健面前很温柔、很有女人味。因此，李健最终选择了和张群结婚。

但是，婚后的张群却慢慢变了，说话粗声大气不说，有时还会说一些粗鲁的甚至很粗俗的话，比如：“你这只笨猪，这点儿事儿都做不好，没有我你怎么生活呀！”、“你要找死呀，这么大的雨还骑自行车，不知道打个车回来呀！”……诸如此类的话天天都有。

虽然，每次张群都是好心心疼丈夫，但是，每次说出来的话，都让李健在感动之余，心里好似堵了块东西似的难受。但是，每次也都是念在张群也是关心自己的份上，就不多说什么了。

最近，李健因为工作出差老喝酒，得了胃溃疡，对此，张群也是心疼不已。每天就是再忙也要专门给丈夫煲汤喝，让他养胃。这天，张群煲好了汤端过来，但是李健因为有一份计划还差一点儿没有做好，因此坐在书桌旁想把最后一点儿弄完再喝。见丈夫没动，张群张口就说：“还磨蹭什么？自己有胃病不知道啊？非得拖成胃癌你才甘心啊？”李健一下子变得脸色铁青，一句话没说转身进了卧室。

为此，夫妻两人好几天不说话，李健觉得妻子竟然诅咒自己得胃癌。张群也是越想越委屈，自己好心好意给他煲汤，他竟然因为一句话就对自己不理不睬。

其实，张群是很体贴丈夫的，但是，却不够温柔。她一直没有意识到，在家里说话也是要讲究礼貌的。她更没有想到，自己的丈夫得了胃病，是很担心会发展成胃癌的，张群的话，正好刺中丈夫心里最敏感的痛处。因此，虽然丈夫也知道妻子的好心，但是，他怎么能高兴得起来呢。如果张群能够稍微温柔一点，礼貌一点儿，对丈夫说：“休息一会儿，快来喝汤吧，一会凉了就没有那么好的效果了。”相信李健一定会感动于妻子的细心和关心，即使再忙，也会乖乖地过来喝汤。

婚后也需要甜言蜜语

其实，无论是男人还是女人，说到底还是愿意听对方的“甜言蜜语”，愿意让对方哄着宠着，即使知道那并不一定真实。恋爱的时候是这样，结婚以后人们的想法也并没有改变。只不过，恋爱的时候，双方都有这个耐心去哄对方，结婚以后，却没有了这个耐心，不愿意为了对方去改变自己。觉得都是一家人了，可以把自己的一切都暴露出来了，为什么要委屈自己去哄对方呢?

其实，这种想法是极其错误的。结婚了，和自己相爱的人成了一家人，那么，你和他的关系就更亲、更近了。你是要与这个人相伴一生一世的，他是你生命中至亲至近不可或缺的一个人。他的健康和幸福就是你的健康和幸福，他的开心和快乐，也是你的开心和快乐，你们是一个整体，是真正的自己人。说得更绝对一点儿，在某种意义上来说，他的一切也代表了你的一切，他就是你。那么，聪明的女人，你想一想，对于自己人，或者说对于另一个意义的“自己”，你为什么不能依然表现得更文雅一些，更温柔一些呢？而且，你去哄一哄对方，对他说一些甜言蜜语，你未必就受了委屈。因为，你会看到你哄过之后的对方会更有耐心来哄你，你让他开心了，他会让你更开心。

家不是吵架的地方

我们常常把家比作是温暖的港湾，是让男人休息，让女人感到安全的地方，是让走进这个家里的每个人都感到温暖、感到放松的地方。家，是我们最愿意停留也是永远都不会忘记的地方，家里应该有温馨、有安全、有关爱、有呵护……但是，家里不应该有争吵和咒骂，家，不应该是吵架发火的地方。

把坏情绪留在家门外

现代女性生活得很累，工作家庭样样都得照顾到，这样的压力之下，有时候难免会产生情绪，产生情绪自然就需要发泄。但是，单位是不能发火的，在单位闹情绪会闹得自己饭碗不保。因此，大多数女人，选择了把自己的情绪发泄到家里，发泄给自己最亲、最爱的人。

但是，聪明的女人恰恰在这里犯了糊涂，如果把自己所有的坏情绪都倒在家里，那家很快就会变成垃圾场。如果把所有的火气都发给自己最亲、最爱的人，那么，你最亲、最爱的人也会成为点火就着的炸药，随时有可能把你、把这个家炸个灰飞烟灭。

因此，聪明的女人一定要记住，无论有多少委屈、多少不满，都不要把坏情绪带回家，更不要把所有的怒火转化为伤人的话语，伤害你至亲的家人。

李玉玲今年38岁，是一家会计师事务所的会计师，让同学和朋友

们羡慕的是，她不仅有一份好工作，而且，还有一个幸福的家庭。丈夫疼她、爱她一如当初，结婚10年了，两人的感情还和热恋的时候一样，儿子也聪明可爱而且十分懂事。

一天，一个婚姻出现问题的女同学心情不好去到她家里做客，言谈之间向她取经道："为什么你都结婚10年了，丈夫还会对你那么好？有什么幸福秘诀也给我传授传授。"

听到这话，李玉玲笑了，她说："我哪里有什么秘诀呀，过日子不都是这样吗？要说不一样，可能是我一直遵守着一点，那就是无论如何，不把自己在外面的坏情绪带回家。这是我们俩婚前就约定好了的。"

女同学听了若有所思，思考着自己是不是在这方面有欠缺。临走的时候，同学在她家的门口发现一块小木牌，上面赫然写着："情绪到家门口为止！"

李玉玲只是一个普通的女人，她的秘诀也是每个女人都能做到的。但是，并不是每个女人都知道这样去做，或者并不是每个女人都能坚持做下去。

在大多数女人看来，结婚了，成家了，自己也可以放松下来了。家是自己的，是自己精神放松的地方，自己在这个家里可以想怎么样就怎么样，想发火就发火，想说粗话就可以说粗话，这样，自己才能得到完全的放松和释放。这样的想法也不是完全没有道理，因为一个人的情绪总要得到一个合理的释放才能保持精神和心态的愉悦和平和。但是，有一点女人们却忘了，家，不是你一个人的，你想怎样就怎样的同时，家里的其他人呢？特别是你的丈夫，他又该怎么办呢？你发火发脾气，他就要承受你的怒火你的坏脾气吗？如果他也想发呢？你怎么办？

如果确实有排解不开的情绪，那么，你们可以共同找一些其他的方法去发泄。比如运动，比如唱歌，如果有时间可以出去旅游，既增长了见识，又愉悦了身心，何必非要把情绪发泄在家里呢？

所以，聪明的女人们，如果你想有一个幸福的婚姻，如果你想让自己的家庭永远和睦幸福，那么，记得收敛自己的坏情绪，把它关到家门外。

女人要懂得示弱

不把坏情绪带回家，不一定两个人就没有意见分歧。有可能高高兴兴的两个人，会因为某件事产生分歧而相互争吵起来。这个时候，作为女人，在有了意见分歧的时候，要学会示弱。只要不是原则性的问题，让他一让又如何。只要你作出让步，到头来，吃亏的肯定不是你。

人，无论是强者还是弱者，都有被人需要、被人尊重的需求，也都有超越别人获得心理优越感的需求。而这种被需要、被尊重的需求，在男人那里表现得更明显一些，尤其是在自己心爱的女人面前。因此，在聪明的女人那里，示弱是与男人和谐相处的一个妙招，这叫以守为攻。

聪明的女人即便不柔弱，也要懂得“示弱”，这是一种生活的艺术，是人生的大智慧。太聪明、太独立的女人容易在事业上取得成功，可是一个女人的能力过强，会给对方以很大的压力，这样的女人在家里反而让男人感觉不到温暖。因此女人不要把职场上的咄咄逼人带回家，在爱人面前，要懂得迅速转换角色，要学会收敛过强的上进心和自尊心。而且，越是事业成功的女人，越要懂得示弱，你在他面

前示弱，让他找到一份自信和被你需要的感觉。“白璧微瑕”比“白璧无瑕”更能赢得男人的怜惜与喜欢。

示弱不是软弱、懦弱、退缩，而是一种尊重、礼让和宽容。当你们的意见发生分歧的时候，不要非得与他争个高低上下，那样，即使你胜了，也容易给男人留下个不讲理的印象，伤害两人的感情。本来家庭生活中就没有道理可言，你一定要为一件很小的事情与他争个高下，只会让家庭生活变得更乱。

不肯向男人低头、不懂得示弱的女人，除了把爱人和自己都弄得伤痕累累之外，再就是家里永远不断的争吵声。

家不是吵架的地方，夫妻吵架，无论是对夫妻双方还是对家里其他的成员来说，都是一种不小的伤害。一方面吵架会严重影响夫妻感情；另一方面，会牵连你的家人，让他们担心和不安。如果有了孩子，孩子在父母的吵架声中，心理的发育也会受到非常不好的影响。如果家里有父母，作为老人，看到儿女吵架，更会寝食不安、牵肠挂肚。

停止唠叨，别让爱情走进坟墓

有科学家对50位男性和50位女性的大脑进行了扫描，结果表明：女性的大脑中拥有比男性更善于说话、更善于唠叨的神经细胞。这就决定了，女人天性中就有爱唠叨这一项，而男人却对女人的唠叨深恶痛绝。

著名的心理学家特曼博士在对1500对夫妇作过详细调查后的结果表明，在丈夫眼中，唠叨、挑剔是妻子最大的缺点。有研究表明，任何一种个性都不会像唠叨、挑剔那样，能给家庭生活带来巨大的伤害。许多男人能够容忍楼下装修房屋的高分贝的噪音，却不能容忍妻子的唠叨。让我们来看看这些大人物们的惨痛经历：

大哲学家苏格拉底的妻子兰西波是出了名的悍妇，为了躲避她，苏格拉底大部分的时间都躲在雅典的树下沉思哲理；

恺撒之所以和他的第二任妻子离婚，也是因为他实在不能忍受她终日喋喋不休的唠叨。

大文豪托尔斯泰更是为了不再忍受妻子唠叨的折磨，在82岁高龄时愤然远走他乡。就是在临终前，他还嘱咐友人别让她前来，好让自己清静地离开人世。

……

所有这些例子，矛头都指向了一个字眼，那就是女人最大的特

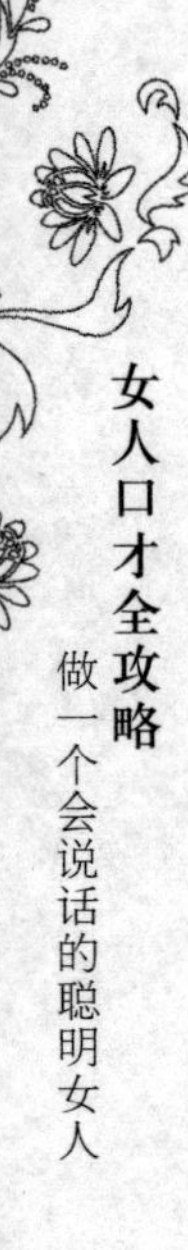

点——唠叨。因此，女人们，为了你的家庭幸福，学会适时地让你的嘴巴休息一会儿吧。

给对方一点时间

你是不是也遇到过这样的情况：

气急败坏的妻子对丈夫说："我想跟你谈谈，我们什么时候可以开始谈？"

疲惫的丈夫无奈地回应："我今天真的很累，你能不能给我半小时让我休息一会儿？"

"你不要再找借口了，要谈现在就谈。"妻子更加气愤。

"你就不能消停一会儿，给我一点儿时间怎么了？"丈夫的语气和声音也变了。

妻子很委屈："……"

沟通就这样不欢而散。

有研究证明，男人经过一天的辛苦工作以后必须休息30分钟才有精力说话，在男人需要休息的时候，无论女人说什么都被男人看做是喋喋不休的唠叨。而女人随时都可以说话，而且是一有话马上就想说。因此，大多数女人并不能体会到男人对女人逼自己说话会有多么厌烦。因此，在男人需要休息不想说话的时候，女人最需要做的就是给对方留一些时间，千万不要硬逼着他和你说话。

重复讲话不要超过三遍

再好听的歌曲都有让人厌烦的时候，何况你所说的不一定都是他愿意听的。无论什么事情，如果你提醒丈夫三次以上，他仍然没有反应，那么，说明他根本不想答应你的要求，这时你最好能闭上嘴巴。

因为再说也没有什么用处了，只能更进一步增加他的对立情绪。

用温和的方式达到目的

其实，女人也不喜欢唠叨，女人唠叨，是因为她的丈夫不听从她的指令，她的目的达不到，于是，不甘心的她就接着唠叨。而且，女人唠叨还希望男人意识到没有听从她的“指令”是错误的，应该改正。为了让丈夫意识到这一点，女人只能继续唠叨。

于是，恶性循环就开始了，女人越是达不到目的，越是要唠叨；而男人越是听到女人的唠叨越是不肯去听从女人的指令。最终，弄得两败俱伤。

对于这一点，做女人的可以改变一下自己的思路，不要用重复性的语言向对方提要求发指令，可以用一种更温柔更委婉的方式，让对方在第一次就坚决执行命令。如果对方实在不执行，那你也不必再说，反正说了也没用，何必又招他反感呢？

琐碎小事尽量说得简单明了

女人通常乐于花费精力在一些琐碎小事上，并且每每乐此不疲。比如说说自己逛街时看到哪里又打折了，你的笔记本需要个散热架，买铁的好呢还是塑料的好呢？自己在超市又看上了一套很好的餐具，是不是应该买回来呢？如果你想把你一天所有的事所有的心得体会全都倒给工作了一天的丈夫，那你可真是大错特错了。对于生活中的这些琐碎小事，男人大多并不关心。如果你一定要对他说，他也只会这只耳朵听，那只耳朵就出去了。对于劳累了一天的他，听到你的这些话，能够耐着性子给你一只耳朵听已经不错了，不要指望他给你一个什么回应。在他那里，他关心的是能看到你穿着裙子的婀娜身姿，至

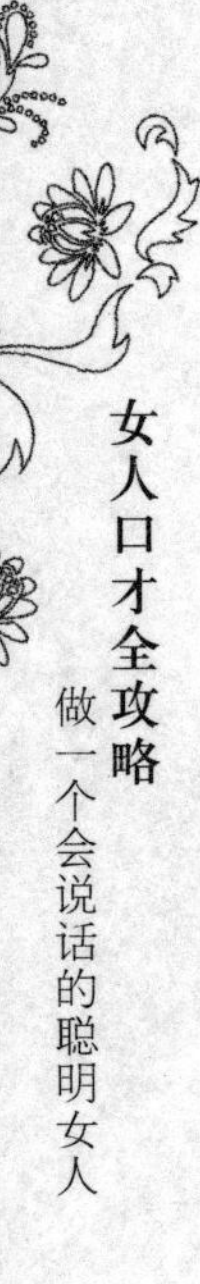

于你买这条裙子时的砍价过程似乎跟他没有什么关系。

明确说出你的需要

有时候，女人喜欢玩“我说你猜”的游戏。女人唠叨的真正目的，只是想通过她唠唠叨叨的话，让男人听出她的真正需要。但是，男人的头脑相对比较简单，他们很少能够猜到女人唠叨背后所隐藏的含义。

因此，唠叨过后，女人会觉得男人不关心她，而男人其实并不知道你要说什么，只觉得你唠叨个没完。所以，女人如果有什么诉求，可以直接告诉男人，这样男人反而可以更理性地去考虑是否来满足你的要求。

冷静对待不愉快的事

女人遇到不愉快的事情就容易唠叨，她们往往会不厌其烦地诉说着自己的不快和郁闷。可是，女人们要记住，如果你的丈夫心情也不好，你频繁地表露你的不满，很容易激起对方的反抗，他会对你的唠叨很厌烦，甚至会粗暴地打断你，这会让你本来郁闷的心情更加不快，甚至会导致两个人发生争吵。因此，女人们如果想表达自己的不满，或者是想把不愉快的事情说一说，那一定要先冷静一下，在丈夫心情好的时候再说，否则，不但你的目的达不到，还会闹得双方更加不愉快。

卡耐基说过：“唠叨是爱情的坟墓。”如果你也是个唠叨的女人，如果你的丈夫也曾经因为你的唠叨对你表示过强烈的不满，那么，为了让你们的爱情永驻，为了不把身边那个爱你的男人吓跑，停止你的唠叨吧。

鼓励他，好男人是夸出来的

人们总爱说，好孩子不是管出来的，是夸出来的。其实，男人也是一样，在某些方面，男人跟孩子一样，喜欢别人夸奖自己，对于来自别人，尤其是自己身边女人的夸奖，男人在满足自己虚荣心的同时，还得到一份肯定，更得到一份自信。

愿意被别人肯定和认可，这是所有人的本性，男人更是这样的。在自己的爱人面前，男人最需要的就是自己的价值能够得到认可，这样，他才能有自信有勇气有斗志继续前行。

当听到妻子由衷地对他说："你真的很了不起！"、"你太厉害了！"、"你确实很棒，我没有看错！"等话时，相信没有几个男人会不愿意听。即使他表示谦虚不让你说，但从心里也会是很高兴很兴奋的。

英国著名剧作家莎士比亚说，男人在离开自己家时总是最有阳刚之气的。这就缘于家里一个好妻子的赞赏和鼓励。

田蕊和老公海涛是大学同学，上大学的时候，田蕊就看好海涛能吃苦和有上进心不服输的个性，所以，虽然海涛是个农村长大的孩子，与田蕊的家境比起来是属于门不当户不对的那种，但是，田蕊还是下定决心嫁给了海涛，而且，什么条件都没提。

对于妻子的选择，海涛在感动之余，也下定决心：为了这个爱自

己的女人，他一定要加倍努力，一定要给妻子一个幸福的家。而田蕊却并没有给丈夫太多压力，只是每每看到疲惫的丈夫，总是温暖的来一句：“老公，你已经很棒了，不要太过辛苦，把自己累坏了！”

田蕊的话就像是加油站，在给丈夫温暖的同时，也每每让他更坚定了信念：一定要努力打拼，让心爱的妻子过上好日子。

婚后两年，海涛自己开了一家小公司，利用以前做销售业务员时积累的大量客户资源，开始了他的创业之路。

刚开始的时候，资金和客户都不稳定，海涛虽然拼尽全力，但公司的运转还是日渐艰难。

每次当海涛有些坚持不下去想要放弃的时候，田蕊就会给他鼓励，那句“老公，你真的很棒！”不知道说过多少遍。

每天下班回到家，除了做好家务以外，田蕊就是耐心地听丈夫倾诉遇到的困难，尽力帮他做一些自己力所能及的事情。而且，在资金周转不过来的当口，主动向自己的父母借了些钱，帮海涛渡过了最难过的资金关。

终于，在田蕊的赞美和鼓励下，海涛的公司开始一步步地赢利了，很快他的公司就在行业里占了一席之地，而且，影响力越来越大，有些客户甚至主动和他联系合作，公司业务蒸蒸日上。

田蕊是个成功的妻子，无论是在他们两人生活不算富裕的时候，还是在丈夫公司举步维艰的时候，田蕊为丈夫送上的不是抱怨和责备，而是鼓励和赞赏。正是这份鼓励和赞赏，成就了丈夫的事业，也成就了两个人的幸福。

男人是一种强势动物，但是往往越强势的男人，就越需要女人的鼓励和支持。女人鼓励的话就像男人的加油站，输送的是超乎想象的生命能量。

对于你身边的那个男人，如果他确实没有那么卓越那么突出，甚至，他自己都没有多少自信，需要你帮助他建立自信，那么，作为妻子的你，不妨找一找他性格中的优点，找出他做出的最有勇气的事情，以这些去激励他，让他认识到自己的能力和潜力，从而建立起自信。对于你的夸赞和鼓励，如果丈夫觉得还没有做得很好，那么，他会自觉地更加努力地向着你鼓励的那个方向前进。

那么，如何去鼓励和夸赞你的另一半呢？用什么样的方式说出来，可以既让他心里舒服愿意听，又不显得太做作呢？下面几条可以参考一下：

欣赏他

男人喜欢被崇拜的感觉，即使是生活中的小事儿，如果你能在他擅长的某些方面，由衷地表现出对他的崇拜和欣赏，那么，在满足他虚荣心的同时，他会主动去做这些事，而且会做得更加努力。

男人天生就是维修工，一般来说，如果你的丈夫在其他方面没有什么特长，在这些方面欣赏他一下也是不错的方法，如：“亲爱的，这么复杂的吊灯你都能修好，你太厉害了！”再比如：“这水龙头漏水这么厉害，你一下子就给修好了，不简单呀！赞一个！”虽然这些都是生活中的小事情，但是，你带着崇拜和欣赏的夸赞，还是会让他心花怒放的。

帮他重拾骄傲的记忆

人在失意的时候，容易失去自信。尤其是性格有些极端的男人，他们在遭遇到一些大的挫折或打击的时候，往往会一蹶不振。他们会

把自己一个人关在屋子里，或者唉声叹气，或者闷声吸烟。这种时候，如果是短时间的，女人不要去打扰他，让他自己去思考一些事情。如果时间长了，或是他愿意同你交流了，你可以试着帮他找一些他曾经值得骄傲的事情，让他回忆一些“当年勇”，这样有助于他重新找回自信。

比如：“你知道吗？上大学的时候，你是我们班女生心中的白马王子呢？有多少人在私底下暗恋你呀！那年咱们学校篮球队和师范大学比赛，你不知道你当时在场上有多帅呢！”

再比如：“你还记得刚开始办公司的时候吗？本来就资金不足的咱们，竟然被人骗了，快到年底的时候，资金周转不过来，我都快崩溃了，担心你会走极端，没想到你竟然在腊月二十三小年那天想出了办法找来了钱，让公司起死回生了，你知道，我当时是多么佩服你吗？当时我的感觉就是，只要有你在，我什么都不用怕。”

又或者：“上次你那个朋友家里因为房子的事闹的不可开交，谁都解决不了，可怎么你到了那里就给解决了呢？我发现你的人际关系调和能力真是太棒了！”

……

类似的一些情景你可以帮他回忆一些，回忆起当年的荣誉，可以适当夸大一些你欣赏他的感受，让他也感觉到自己确实是有能力的，以前的事情都能过去，这次一定也能。

不要去挑剔他

不要挑剔他，尤其是在他事业不是很成功的时候。不要拿他去和他的同学、你的朋友或者隔壁的张三李四去比较，那样会大大地打击他的自信心，不仅让他在你面前越来越抬不起头，而且，慢慢地会让他在其他人面前也全无自信。一个越来越没有自信的人，你又怎么能指望他成就什么事业呢？挑剔他的另一个后果，就是让他在自信心全部消失殆尽之后，再也无法忍受你的挑剔，从而产生一些极端行为，最终伤害到你或是他自己，这是每个女人都不想看到的结果。

一个成功男人的背后，总有一个默默付出的女人，也就是说，一个男人的进步和成功，总需要有个女人来支持他给他力量。要想让你身边的男人成功，不仅需要男人自己的努力向上，作为他身边的女人，更需要不断地努力，做好他的后盾，不断给他支持和鼓励。使丈夫进步的方法，并不是要求他，而是鼓励他。

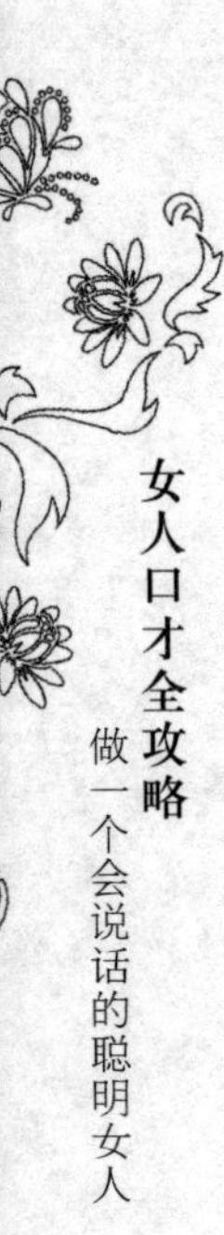

善意的谎言比实情更美丽

我们从很小就被家长教导，要做个诚实的孩子，等到上学了，老师接着教育我们不要撒谎。几乎每个孩子都听过《狼来了》的故事。长大了，懂得了是非的我们才知道，有时候说一些善意的谎言是有必要的，有时候，善意的谎言比真话更有价值，有时候善意的谎言能让我们以及爱我们和我们爱的人生活得更美好。

现实社会中，在一些特殊的情况下，我们必须学会说一些善意的谎言。这个时候善意的谎言会赋予人力量，促使人们变得坚强，从而最终战胜脆弱，绝处逢生。有时候，善意的谎言是生活的希望，是沙漠中的绿洲，它可以改变我们生命的轨迹。

在灾难或困境出现的时候，人们常常会用善意的谎言给人带来生的希望，让人绝处逢生。

体味亲情，善意的谎言成就一份爱心

善意的谎言也不只是在灾难的时候运用，很多时候，即使是在日常的生活中，我们也一样会说，为的是一些善行善举能够得到发扬，为的是成全人们的一份爱心。

郭琳常年在外工作，每次回老家，母亲都会做很多好菜给她吃。而她因为常年在外，几乎吃遍了全国各地的大餐。于是，她每次回家都会炫耀地告诉母亲，这个菜应该怎么做才好吃，那个菜应该配什么作料才有味。

后来，当她又一次和母亲说到这些话时，母亲无奈地说："你走南闯北吃得多了，我也没办法满足你了。"

就在那一瞬间，她发现母亲眼神里有一种失落感。她的心里猛地一惊，她意识到自己伤害到了母亲。

从那以后，再回家的时候，她都会要母亲做些家常的特色菜，吃菜时她总是说："这个菜唯有您才做得出来，外面再好的饭店都不如您做得好吃。"

母亲听他这样说，总是很高兴地说："那就多吃点，多吃点！"

郭琳说的"这个菜唯有您才做得出来，外面再好的饭店都不如您做得好吃"，其实就是善意的谎言。因为，她在炫耀的时候发现了母亲眼神里的失落，她明白了母亲的菜里包含着自己对女儿深深的爱。她明白了做母亲的都希望对子女表达她的母爱，也希望这份爱能被子女接受，否则，她内心深处会产生失望，会有一丝悲哀。

为了让母亲得到心理的满足，郭琳没有说出自己的真实感受，而是用善意的谎言让母亲感觉到自己在孩子心里的价值，这对母亲来说也是一种安慰和孝心。

编织梦想，善意的谎言是激励的号角

善意的谎言之所以美丽，是因为它具有神奇的力量，它能激励人心，让懵懂变得智慧，让幼稚变得成熟，让弱者变得强大。当我们为了他人的幸福和希望适度说一些善意的谎言时，谎言即变为理解、尊重和宽容。

有这样一个真实的故事：

一位妈妈第一次参加儿子的家长会，幼儿园的老师说："你的

儿子有多动症，在板凳上连三分钟都坐不了，你最好带他到医院看一看。”

回家的路上，她告诉儿子：“老师表扬了你，说宝宝原来在板凳上坐不了一分钟，现在能坐三分钟了，全班只有宝宝进步了，其他的妈妈都非常羡慕妈妈呢。”那天晚上，儿子破天荒地吃饭没让她喂。

儿子上小学时。妈妈给儿子开家长会，老师说：“你儿子的数学成绩非常差，我们怀疑他智力上有些障碍，你最好能带他去医院查一查。”

回到家里，看着诚惶诚恐的儿子，她说：“老师说，你并不是一个笨孩子，只要能细心一些，一定会超过你的同桌。”她发现，儿子听到她这句话，黯淡的眼神一下子亮了，沮丧的脸也舒展开来。第二天上学时，儿子去得比平时都要早。

孩子上初中了，她给儿子开家长会，习惯性地坐在儿子的位子上等着老师点名，从幼儿园到小学一直是这样，每次家长会，她儿子的名字都在差生的行列中被点到。然而，一直到家长会结束，她也没有听到儿子的名字，她有些不习惯，急着去问老师，老师告诉她：“按你儿子现在的成绩，考重点高中有点危险。”

她怀着惊喜的心情走出校门，告诉在门口等她的儿子：“班主任对你非常满意，他说只要你努力，很有希望考上重点高中。”

高中毕业了。第一批大学录取通知书下达的那天，学校打电话让她儿子到学校去拿录取通知书，说她儿子被清华录取了。她很高兴，但也很平静，因为她知道会有这一天的。

这位妈妈真可谓是用心良苦，她一次又一次为儿子编造善意的谎言，有如为儿子编织一个梦想。儿子在妈妈美丽的“谎言”中得到鼓励，慢慢长大，并最终学有所成。是妈妈美丽的谎言成就了儿子的辉煌。

在我们的生活中，经常能碰到类似的一些善意而美丽的谎言，这些善意的谎言使人们之间的关系更和谐，生活更愉快和美满，这些谎言构成了人生路上一道另类的美丽风景。

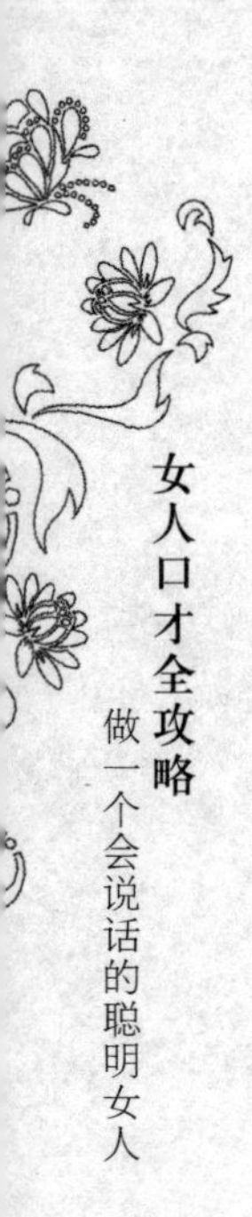

有些话可以成就孩子的一生

父母是孩子的第一任老师，孩子早期所受的教育，大都是从与父母的谈话中不知不觉得到的。而在较早的教育中，母亲的作用要比父亲的作用大得多。所以，作为妈妈，如何与孩子说话，在孩子的一生中，具有非常重要的意义。

鼓励的话语

被肯定被鼓励是每个孩子都需要的，尤其是在幼儿时期，来自母亲的鼓励是孩子建立自信的开始。正确的鼓励要在孩子初次尝试一件新的事物、需要建立自信的时候就开始，适时给孩子一个鼓励，孩子就能有效地建立自信，并从鼓励中获取继续前进的动力和勇气。“我相信你，我知道你能行！”这是孩子最愿意从父母那里听到的话。

父母对孩子的评价对孩子后天人格的塑造有非常重大的影响，在母亲的肯定和鼓励声中长大的孩子，长大后自信勇敢，做事不会畏首畏尾。

陶兰的儿子天天是个性格内向的男孩子，还在幼儿园的时候，陶兰就发现了儿子有画画的天赋。尽管天性内向的天天并不主动把自己的画给妈妈看，但是，陶兰还是给儿子专门买了画笔和纸，鼓励儿子画画。

天天第一次拿着自己的画给妈妈看的时候，心里很紧张，他甚至不敢看妈妈的眼睛，只是低着头，偷偷地看着陶兰的表情。陶兰认真端详了半天，然后笑着对儿子说："天天，你真棒，第一次就画得这么好，比妈妈小时候厉害多了。"

得到妈妈的夸奖，天天开心极了，之后，他的小画笔就再也没有闲着的时候。而对于儿子的画作，陶兰每次都会换着样的给儿子一个大大的鼓励和夸奖。

在妈妈的肯定和鼓励下，天天画画的功夫真是一天天见长，到上小学的时候，天天的画已经在全国幼儿书画比赛中拿到过两次大奖了。

如果陶兰在儿子第一次给她看画的时候不给予肯定，或者在以后的画画过程中，不时时给予鼓励，即使天天再有绘画天赋，也不一定能取得多高的成就。

不管孩子长到多大，父母对孩子的看法，都可能成为孩子一生中最重要的记忆。孩子能在一个领域中取得的成绩的大小，与小时候父母对他的赞赏和鼓励有很大关系。

信任的话语

孩子也需要信任，做妈妈的不要单纯地把他们当成孩子，而是要把他们当做一个跟自己平等的人来对待。在教育史上，有一个著名的"暗含期待效应"理论，这个理论的基本原理就是信任。具体地说，是指孩子通过家长传递出的爱和期望，而变得更加自尊、自爱、自信、自强。家长给孩子充分的信任和积极的心理暗示，孩子就会在鼓励和信任中不断地进步，比如：

"宝宝，我相信你能行！"

"妈妈知道乐乐是个勇敢的孩子，乐乐一定能成功的！"

"妈妈相信小凡是个好孩子，这次犯错误不是你故意的，小凡以

后不会再犯这样的错误了，是吧？”

……

不要小看孩子小小的心灵，他们的心里一样需要信任，尤其是在他们犯了错误的时候，他们更怕被家长误会，有时候妈妈一个不信任的眼神，一句不信任的话，都有可能会对孩子造成心灵上的伤害。

表扬的话语

好孩子是夸出来的，表扬的话与鼓励的话一样，无论你的孩子多大了，都不要停止对他的表扬。对于孩子来说，妈妈表扬的话永远是最好听的语言：

“宝贝今天的表现真是好极了，妈妈应该给你鼓掌！”

“瑶瑶今天在画展中展出的画真是棒极了，在妈妈的眼里，瑶瑶永远是最棒的！”

妈妈在孩子取得的成绩面前，一定要及时地给予表扬，你的表扬是对孩子的鼓励，可能孩子做得并不完美，但是，只要是有进步，就要及时表扬，你的表扬是让孩子继续进步的动力。

批评的话语

孩子淘气和犯错误都是天性使然，对于孩子的错误做妈妈的给予批评也是必要的。但是，妈妈要注意的是，对孩子进行批评要注意方式方法。

批评孩子尽量不要带有指责的语气，不要对孩子全盘否定。更不要用：“你笨死了”、“你真是个坏孩子”之类的话说孩子。要帮助孩子分析他错在哪里，为什么要批评他，如：“小朋友在一起是要搞团结的，你不让小朋友玩滑梯是不是不对呀，妈妈是不是应该批评你？”最后，还不要忘记告诉他，妈妈知道他是个好孩子，妈妈相信他会改正错误的。

另外，在批评孩子的错误之前，如果孩子要申辩，不要严词拒绝，先听听孩子的说法再做批评，也许你接下来的批评是真的冤枉了他呢。

道歉的话语

在现实生活中，许多父母都会在孩子做错了事的时候批评孩子，而在自己做错了事的时候，却不肯向孩子低头认个错道个歉，这对孩子的成长是非常不利的。有这样一个故事：

一位母亲，发现自己放在口袋里的200元不见了，而家里当时只有她和儿子小辉两个人，她断定是孩子偷偷地从自己口袋里拿了钱。

这位妈妈并没有发火，而是平和地问儿子："孩子，如果你需要花钱可以跟妈妈要，为什么不告诉妈妈就自己拿呢？这样是不对的，告诉妈妈你拿钱干什么去了？"

但是孩子却不承认自己偷偷拿了妈妈的钱，不管妈妈怎么说，孩子都不承认。无奈的母亲决定暂时放弃，但是，在心里却始终认为是儿子偷偷拿了自己口袋里的钱，她很伤心。

直到晚上丈夫下班回家告诉她，他早晨走的时候有急事，从她口袋里拿了200元钱，没来得及对她说。

母亲听完后意识到自己冤枉小辉了，她马上走过去真诚地跟儿子说："儿子，妈妈错怪你了，对不起！是妈妈的错。"儿子也是个懂事的孩子，看到母亲态度这么诚恳，也并没有因此跟母亲产生什么隔阂。

这位母亲算是比较开明比较理性的了，在开始认为孩子拿了钱的时候，她也并不有责骂孩子，而是态度平和地对孩子讲道理，但是，

在孩子不承认的情况下，她并没有意识到可能是自己错了，直到晚上丈夫下班回家。不过，这位母亲勇于承认自己的错误，并愿意放低姿态跟儿子道歉这一点儿，让孩子看到了母亲的态度，这其实也是对孩子很好的教育。母亲就是孩子的榜样，孩子会在未来的人生路上，依照母亲的样子去学习和生活。

孩子也是和大人一样的人，不要只把他们当成不懂事的娃娃。孩子一样需要父母的尊重，并且会在父母的尊重中学会去尊重别人。如果你在平时的交流中对孩子粗暴无礼，孩子在将来也会以同样的态度对待其他人。要把孩子当成与自己平等的朋友，在和他们交流的时候，要以平等的姿态与孩子进行对话，让孩子有权利发表自己的意见和看法。

跟婆婆讲话的艺术

爱情是两个人的事，而婚姻是两家人的事。女人结婚以后，生活的幸福与否，和她与对方的家庭成员之间的关系处理的好坏有很大关系。而在丈夫的家庭成员中，相处时间最多也是最难处理的关系，就是和婆婆的关系。

婆婆，是女人家庭生活中的重要角色，又是一个关系微妙的角色。是妈妈，又与妈妈不同。女人结婚后，直接管一个与自己没有任何血缘关系的女人叫妈妈，心里就会有一些不自然。但是，这个称呼又是必须叫而不可改变的。相信每个刚刚结婚的女人都会在内心有一些不自然，但是，如何从不自然到自然，更是每个女人要做好的功课。这个功课做好了，婆媳关系好了，整个家庭的关系也就和睦了。

多说婆婆好话

从媳妇熬成婆婆的女人们聚在一起，话题总是离不开儿媳妇的长短；而嫁作人妇的女人们，有时也会把聚会变成了声讨婆婆的诉苦大会。而这样的聚会越多，婆媳的关系就会越来越恶化。因为，无论是说儿媳的长短，还是论婆婆的好坏，大多数情况下，女人们更会向着自己这一方面说道理，于是，媳妇的长也变成了短、婆婆的好也往往成了坏。而这样议论长短的话，会很快地传到当事者的耳朵里去的，于是，婆媳之间的关系会越来越糟糕。

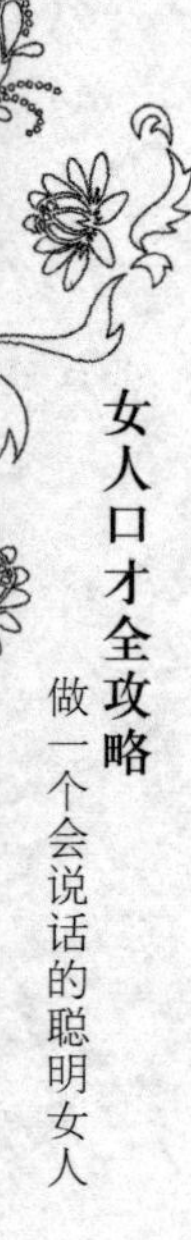

其实，要想把婆媳关系搞好，把这样的聚会的内容换一换，多说说对方的好，尤其是做晚辈的媳妇，多说一些婆婆的好话。婆媳关系自然会得到一个很大的改观。

燕子的婆婆是个很挑剔还很小气的女人，结婚以前，燕子就对她印象不是太好，但是，不管怎么样，她也是老公的妈妈。燕子是个识大体的女人，就算看老公的面子，她也不会对婆婆怎么样，而且，经常隔三差五地陪老公一起回去看望公婆。

在与婆婆相处的过程中，燕子也慢慢地了解了婆婆的性格，虽然婆婆脾气有些古怪，但是，人还是很善良的，对公公和儿子照顾的都很好。所以，燕子一直在寻找婆婆的优点，希望能把和婆婆的关系搞得更好一些，这样一家人才显得更和睦。

后来，燕子发现公公是个很好交流的人，于是，她决定从公公的身上着手。在公婆身边，燕子没事的时候，就会和公公聊会儿天，然后有意无意地讲几句婆婆的好话。

“妈妈真能干，儿女们能够有今天的好日子，妈妈功不可没呢，妈妈真是您的贤内助！”

“妈妈这辈子也够亏待自己的了，现在儿女们都成家了，您二老也不要太苦了自己了，该给自己花点儿钱了。”

“我发现妈妈特别会理财，家里日子能过得这么好，全靠妈妈理财理得好呢，以后我过日子还要跟妈妈多请教呢！”

慢慢地，燕子发现婆婆看自己的眼光变了，挑剔的时候越来越少，有时候还会对自己笑一笑。老公也说妈妈很少再跟自己唠叨燕子的毛病了。

这是很自然的事情，燕子在公公面前说婆婆的好话，自然都会传到婆婆的耳朵里去。婆婆听了媳妇对自己的夸赞，自然也会从心眼里高兴。她会觉得做媳妇的知道自己的辛苦，理解自己为这个家做的贡献，自然会感觉媳妇是站在自己一边的，是自己人，不是与自己对立的。这样的好媳妇，做婆婆的又怎么会去为难她呢?

燕子的好话是说给公公听的，其实，如果不是说给公公，而是说给婆婆周围的邻居或朋友听，也是一样的，这样的好话都会无一例外地传到婆婆的耳朵里面。而且，如果是说给外面的人，效果可能会更好，别人也会对你们一家的幸福羡慕不已呢。

婆媳相处往往都有“见外”心理，婆婆和媳妇都想着要改变对方，让对方更理解自己，但是效果却往往不尽如人意。如果遇事多从对方的角度考虑，多说对方的好话，对方也会很快改变对你的看法。

跟婆婆要多讲“礼”

称呼有礼：媳妇在喊婆婆“妈妈”的时候，如果能像叫自己的妈妈一样亲切自然，婆婆就会感觉媳妇跟儿子一样是自己的孩子，慢慢地她就会把你当成自己的女儿。一个小小的称呼，可以改变婆媳之间的关系，拉近双方的距离。

语气尊敬：尊老爱幼是我们国家的传统美德，做媳妇的，在和婆婆相处的过程中，要先把尊敬放在前面。同婆婆说话时，一定要客气礼貌，不要态度生硬，甚至蛮横粗鲁。如果需要向婆婆请教一些事情，那更是要用请教和尊敬的语气说话的，这样，婆婆才会觉得媳妇懂事儿懂礼貌。如果在有些事情上，观点不一致，应尽量用和缓的语气征求并尽量尊重婆婆的意见，然后大家再一起商量解决。如果婆婆不能明白的事情，要语气和缓地耐心解释。

别忘感谢：

雨婷和婆婆生活在一起，刚开始也很不自在，突然在一夜之间多出了一个妈妈不说，还要处处小心，生怕自己哪里做得不好，惹婆婆生气了。因此，雨婷说话做事总是小心翼翼的。雨婷的婆婆是个大度的人，雨婷的紧张她也看出来了。于是，在一次吃饭的时候，婆婆把雨婷爱吃的菜往她跟前推了推说：“雨婷，咱们现在都是一家人，可别拘束啊，以后啊，你就是妈的女儿，想吃什么就告诉妈，妈给你做！”雨婷心里一阵温暖，也有些感动，她赶紧笑着说了声：“谢谢妈妈！”

那以后，婆婆也会尽自己所能，为媳妇做一些小事情，如上街顺便带个小饰品呀，顺手把她扔在洗衣机里的衣服洗掉呀……而每次婆婆帮雨婷做了什么事儿，雨婷都会感激地说一声“谢谢妈妈”。婆媳二人的关系越来越亲，慢慢都处得跟母女一样了。

雨婷的一声“谢谢妈妈”，把婆婆所有的辛苦都冲掉了，婆婆听到这一声感谢，知道自己的辛苦雨婷在心里是记着的，婆婆心里自然也会格外高兴，在她眼里，雨婷是个懂事儿的好孩子，她又怎么能不心疼呢。

雨婷做得最好的地方就是她抓住了每一次机会，向婆婆表示她的谢意。一句“谢谢”并不难，但是，对于你的婆婆，这样一个特殊的角色。你的一句“谢谢”在她那里含义就不仅仅是字面意思那么简单了。知恩图谢，这让老人会觉得雨婷是个懂事的孩子，为她做什么，雨婷都在心里有数，自己的辛苦在媳妇那里没有白费。

会向婆婆道歉

婆媳之间，产生矛盾那是不可避免的，如果真的是你做错了，你要学会向婆婆道歉，真诚地说一句“对不起”。做婆婆的一般不会和晚辈太过计较。就算有时火气大一点儿，一时不好消气，但是鉴于自己长辈的身份，大多也不会继续为难媳妇。如果一时在嘴上转不过弯，也要在行动上表示歉意。其实，做媳妇放下身架，跟婆婆好好赔个礼，晚辈给长辈道个歉，也没什么丢脸的，何况是你做错了事呢。

老公的父母就是自己的父母，如果确实是婆婆做得不对，也不必太过和她较真。“老吾老以及人之老”，人老了有时候更像孩子，你哄一哄她也没有什么。如果你真的能这样做了，无论是你的婆婆还是老公，都会为你的识大体而对你尊敬有加。

曾经在人们心中引起很大震动的电视剧《双面胶》，就因为做丈夫和儿子的男人没有当好“双面胶”，婆媳之间的关系没有处理好，最后导致了家破人亡的悲惨结局。

当然，电视剧是编的，但是，任何故事都来源于生活，生活当中这样的事情又何其少呢？导致这样的结局，除了那个做男人的没有当好儿子和丈夫，没有做好“双面胶”，做女人的，或者说作为儿媳的，在这个问题上，如果能处理得更好一些，这样的问题也就不会出现了。

推销口才：成就女人销售女皇的梦想

销售是一门口才的艺术，一个好的销售人员，必定是一个口才出众的人。顾客所得到的你的商品与其他商品不同的信息，绝大部分来自于推销员的语言。在把商品推给顾客的时候，推销人员语言表达的得体与否，直接关系到销售的成功与否。

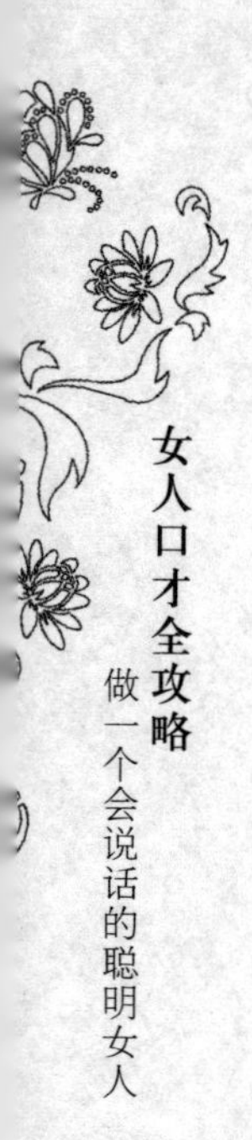

微笑能赢得顾客的心

在一些不熟悉的场合，当别人友好地看着你时，你微微一笑，那么你与他人之间的关系就近了一些，对方在面对你的时候，就不会显得紧张，双方相处起来就会变得自然。

微笑是最受欢迎的语言，一张灿烂的笑脸，就是无可比拟的美丽语言。当你决意要让自己受欢迎的时候，不妨在对人讲话时先报以微笑吧！快乐的心境和好人缘很快就会光临。

微笑有挡不住的魅力，还在于它具有经济功能，能产生巨大的价值。女营业员面带微笑，会吸引更多的顾客，面带微笑的公关小姐，能更好地与周围的人沟通。

纽约一家大商店的负责人说，一个没有毕业的，然而带有甜蜜微笑的姑娘能很快被雇用，而一个愁眉苦脸的哲学博士却困难得多。

一家名誉很好的连锁花店，因为店面的扩张，要高薪聘请一位售花小姐，老板从若干应聘者中留下了三个清纯如花的女孩：一个是花艺学校的应届毕业生，一个有着丰富的售花经验，最后一位只是一个既没有文凭也没有经验的普通待业女孩。老板让她们每人用一周的时间作为试用期来经营花店，而后根据她们的表现录用其中的一个。

花艺学校毕业的女孩充分发挥了自己的特长，用所学的专业知识和过人的智慧为她一周的鲜花经营带来了良好的业绩。

第二周，有着丰富售花经验的女孩，发挥了她销售上的特长，用她丰富的销售经验技巧，让几乎每一位进店的顾客，都没有空手而归。

轮到那位没有经验的普通待业女孩了，专业知识和销售经验她都没有，但是，有一点儿，她特别爱笑，没有顾客的时候，她的脸上总挂着那种腼腆的、甜甜的微笑。同顾客说话的时候，更是“未曾开口笑先闻”，无论买与不买，她都会笑着迎来，笑着送往。她在的时候，虽然花店并没有前两位销售业绩那么好，但是，小店里聚集的人气，以及随时出现的笑声，让越来越多的人光顾这家小小的花店。

老板最后录取了这个没有什么特长的女孩，其实，微笑就是她的特长，而且是一项不会随着时间消失的特长。

最后的事实也证明，花店老板是聪明的，这个有微笑特长的女孩，给他的花店带来的不只是销售额的增加，还有源源不断的人气和良好的口碑。

一张精致的脸，如果没有笑容，就像画龙没有点睛，总让人们觉得有点什么缺憾。一段华丽的赞美之词，如果没有由衷的微笑配合，总让听者觉得少了些真诚。有微笑特长的女孩，用她的微笑为老板创造了不可估量的价值，她的笑脸，就是花店最好的招牌。

“朱唇未启笑先闻”，一个的女人说话时的微笑，会让与她交流的人在她开口说话之前，就从心里喜欢和认可了她，从她眼睛里流露出的光彩会让对方陶醉。女人讲话时面带微笑，她的亲和力指数和魅力指数会马上飙升。 即使她讲话时言词表达不那么确切，不那么优美，人们似乎也能给予她更多的宽容。

微笑，能够使陌生人感到亲切，使朋友感到安慰，使亲人感到愉

悦。微笑是无声的语言，也是最能打动人心的语言。斯提德说得极为精彩："微笑无需成本，却创造出许多价值。"因此，不要吝啬你的笑容，它能带给别人希望，也能给自己带来自信。

微笑能拉近人与人之间的距离。有了微笑，事情就有了一个良好的开端。富兰克林·贝特格是全美国最著名的保险推销员之一，他说他许多年前就发现了面带微笑的人永远受欢迎。因此，他在进入客户家里之前，总是要停留片刻，酝酿一下自己的情绪，让自己脸上堆起开朗的、由衷而热情的微笑，然后，他再进去和客户交谈。

这一微笑法则在他那里屡试不爽，无论到哪里，对他的到来，没有人表示出特别的反感。即使对方暂时没有意向买他的保险，也会和他继续交往，很多人最后都成了他的朋友。微笑永远不会使人失望，它只会使人受欢迎。

商务谈判，心理和口才的共同较量

商务谈判是心理和智慧的较量，谈判桌是一个没有硝烟的战场。这个战场，不再是只有男人才可以冲锋陷阵的地方，在这里，男人并不总是占有优势。相反，在这个战场上，女人往往会有着比男人更大的优势。女人可以利用自己的细心，从对方的反映中，抓住对方的心理。然后，利用自己强大的语言优势，攻破对方的堡垒。

以沉默代替更多的语言

在与合作方进行业务商谈时，是一场口才的较量，但是，口才不代表一定是多说话。只要说得好，一言能值万金，甚至，你一句话都不用说，也可能达到出人意料的效果。

俗话说“沉默是金”，沉默是一种无声的语言，沉默是对峙双方心理的较量，是对人的心理素质的考验。在这样的较量中，谁先沉不住气，谁就会主动说话，最终让对方赢得这场较量。

当年爱迪生发明了电报机后，对市场行情并不熟悉，他不知道自己发明的电报机能卖多少钱，于是同妻子商量。

他的妻子说：“卖3万吧。”

“3万！太多了吧？”爱迪生半信半疑。

“我看肯定值3万，要不，你让对方先说。”妻子提醒他说。

于是，爱迪生去和一位经纪商进行关于发报机技术转让的谈判，

当那位经纪商问到电报机的价格时，因为爱迪生认为3万太高而不好意思说出口，因此总是沉默不答。

最后，经纪商忍耐不住说："那么，我开个价吧，10万元，你看怎么样？"

10万元！这大大出乎爱迪生意料，于是两人当场拍板成交。

爱迪生就是在不自觉中运用了"沉默是金"的策略，结果取得了意料之外的良好结果。在谈判中，如果你不了解对方的底细，可以运用沉默作为武器，向对方展开心理攻势。有时候，你越是沉默，对方越是心慌。因为，你越是沉默，对方越摸不清你的底细，不知道用什么样的对策来应对。这时，往往你不用说话，对方就会自动退让，从而把主动权交到你的手里。

用激将法赢得对方

在谈判桌上，要想在双方的商谈较量中获胜，就要先摸清对方的心理，找到对方的软肋，争取赢得主动权。激将法就是通过具有刺激性的语言，激发对方的某种情绪，引起对方的情绪波动和心理变化，并使这种情绪波动和心理变化朝着自己所预期的方向发展。

某市有一家服装厂，三年前花二十万元进口了一整套现代化高科技刺绣设备，由于技术力量跟不上，放在厂里三年都无法使用。后来，新任厂长吴静决定把设备转让出去。她了解到本市另外一家服装厂，经济实力比较雄厚，正想着购买设备扩大规模，把设备卖给他们是一个很好的机会。同时，吴厂长也了解到，该厂成立时间并不是很长，并且，一直在扩展规模，所以，手头资金应该不是很充足。这样一来，对方可能就会压价或是不能及时结款，这是一个很让人头疼的问题。

吴厂长决定再继续考察，看看能不能从哪里打开突破口，经多方了解，吴厂长发现了对方厂长李胜的一根软肋——年轻好胜。据说李胜在任何情况下都从不认输，他最怕的也是别人认为他没能力，看不起他。他拼命地扩展工厂规模，也是缘于他的这一性格。

找到了对方的软肋，吴厂长决定亲自出马，会一会李胜。她要让李胜不仅花原价把设备买进去，同时，还要现款结算。

在双方会面时，彼此恭维一番后，吴厂长言归正传，说："听说李厂长要购买新设备，我们这里正好有一套设备想要转让，不知道李厂长是否有意接收。不过我要先告诉您，这是一套全新的现代化高科技刺绣设备，如果您这里技术力量不够的话，那就免谈了，设备到了您那里也是浪费。"

本来正在犹豫的李胜一听这话，马上来了精神："我们这里的技术力量是最好的了，在全国同行业中也是数得着的，要是我们这里的技术力量不行，您这设备就卖不出去了。"

"我当然相信李厂长的实力，要不然我也不会来找您呀！不过，丑话也要说在前面，我要现款结账。我是着急用钱才把设备转让的，否则，这刚刚进口的这么好的设备我自己还留着用呢。不知道李厂长能否答应我这个条件，现款结账。如果李厂长感觉为难，我也不强求，我再去找别人。"

李胜一听就急了："吴厂长，您看不起我！我李胜如果连20万元现款都结不了，我这服装厂就不用干了。没问题，你的设备我要了，我们马上就签合同。"

吴静客气而温柔的激将法，彻底把李胜征服了，她成功地将"休养"了三年的设备以原价转卖给了李胜。不过，激将法要用得恰到好

处，时间和火候要掌握好。逼得紧了，可能彻底将对方激怒，而让谈判无法进行下去。话说得浅了，又有可能使对方不买你的账，达不到想要的效果。至于火候的掌握，就要求女性运用自己的细心，通过语言侧面探询或是从外围了解的方法，摸透对方的心理。然后，迅速出击，直击对方的软肋，到时便必胜无疑。

女性用激将法要比男性效果更好。男性之间如果激将，一是对方容易保持清醒，明白你是在用激将法，从而不去理会；二是，男性用激将法如果激得过度，很容易引起冲突，而这种情况在女性与男性之间则不会有。

无论是沉默还是激将，总的来说都是运用的心理战术。而琢磨心理正是女性的长项，所以，女性在与合作方谈判时，要更多地运用心理战术，而不只限于我们列举的两种，然后结合合适的语言，就能使谈判很容易成功。

女人，在电话那头更美丽

很多时候，在我们的销售工作中，经常是以电话打头阵，在电话里有一个基本沟通以后，才进入更加实质的面谈。那么，电话沟通的好与坏，就直接关系到后期工作进展得是否顺利。因此，在电话里虽然不一定能谈一些实质性的问题，但是，电话沟通的作用却是不可小视的。

对于女人来说，使用电话联络感情，有时候会比男人更有优势。因为，电话另一端的对方，由于不能看到你的外貌，对你的评判来源于你的声音，这对于大多数不是天生丽质的女人是有一点好处。因为，不是天生丽质的女人，可能通过把声音训练得更美丽动听而为自己赢得一个好人缘，甚至会在不经意的电话里，为自己找到一份美好的感情。

生活中，女人的声音往往比思想更重要。一个声音好听的女人，很容易被周围的人接受，即使她思想简单，别人也只会说她单纯。相反，如果女人声音难听，即使很有头脑，别人也未必会对她有好感。尤其是在电话中，因为没有外貌可以比拟，声音的魅力比平时更要强大得多，尤其是对于男人来说。

有一对通过电话认识最终恋爱结婚的夫妻。当时妻子曾经是电话业务员，而丈夫是她的客户，丈夫就因为迷恋当时妻子的声音，而

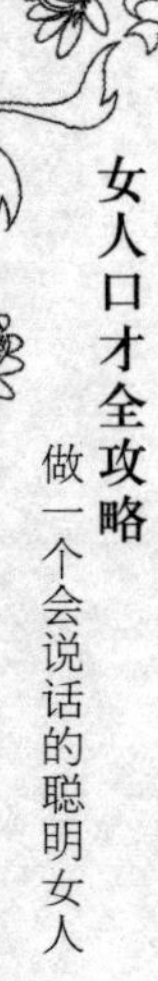

开始追她。因为生活在两地，恋爱的过程也基本是通过电话进行的。结婚后，因为暂时不能调到一起工作，两个人就这样在电话的两头彼此牵挂也彼此信任，虽然有着相思的苦楚，但更多的时候他们是甜蜜的。他们都喜欢电话里相伴的感觉，这感觉令他们无比自由和惬意。他们在电话中跟现实一样，不仅充满柔情蜜意，而且还会吃醋生气。后来丈夫事业成功了，有不少女孩追他，可他就是只爱电话中的妻子，他最喜欢做的事就是听妻子的电话。

故事中的这对夫妻，因为丈夫迷恋妻子的声音而发展到恋爱关系，而且，因为妻子持续美好的声音，让丈夫虽然与妻子分居两地，却能始终如一地爱着这个女人。可见，声音的魅力对于男人来说有很大的魔力。

声音在电话中有无比奇特的效果，在声音的世界里，男女不仅实现了平等，而且女人还经常有比男人更多的主动权。电话世界的想象空间不比互联网小，男人可以在其中感受到女人的一切。与女人在电话中交谈是一件很有趣的事，有经验的人能从女人的声音中感觉出女人的性格、体态甚至肤色和发型。当然，大部分都可能猜错女人的相貌，这不重要，重要的是你要细细地去品味女人和解读女人的声音。

但是，通过电话方式联系交流，比当面说话有着更多需要女人注意的地方，也正因为对方不能看到你的外貌举止，他全部的信息都来自于电话那头的声音，所以，对声音的要求和敏感性上都要高得多，女人在打电话的时候，一定要注意把握。具体需要注意的方面主要有：

声音要正确清晰

女人打电话时，最基本的就是声音要清晰，首先要让对方能够听清楚你要表达的意思。正确而清晰的发音，有助于你准确地表达自己的思想，别人听起来也会舒服一些，同时也能让别人感觉到你的自信。一定要避免含混不清或慵懒无力的声音，那样的声音只可以针对特定的对象。

声音要开朗明快

声音要开朗明快，开朗明快的声音是极富有感染力的，它能把你的开朗情绪带给对方，让对方也开心起来，从而愿意继续跟你交谈下去。响亮而生机勃勃的声音给人以充满活力的感觉。当你向某人传递信息、劝说他人时，这一点有着重大的影响力。当你讲话时，你的情绪、表情同你说话的内容一样，会带动和感染你的听众。

心情喜悦愉快

打电话时要保持良好的心情，这样即使对方看不见你，但是从欢快的语调中也能感受到你愉快的心情。你的心情愉快了，给对方留下的印象也会很好，而且，对方也会被你所感染。由于面部表情会影响声音的变化，所以即使在电话中，也要抱着“对方看着我”的心态去应对，你的面部表情和心情都会让电话另一端的对方体会到的。

打电话时姿势要端正

虽然电话那头的人看不到你，但是，从你的声音里，他们能“听”出你打电话时的姿势。打电话时若坐姿端正，所发出的声音也会亲切悦耳，充满活力。若你以一种懒散的姿势同对方讲话，对方也能够“听”得出你的慵懒和无力来。很多人都有过刚睡醒就接电话的体会，电话那头的对方往往很容易就能听出你是刚刚睡醒的。电话中的体态是挺拔潇洒还是慵懒无力，直接影响你的声音、语气和精神状态，因此打电话时，即使看不见对方，也要体态优雅、沉着大方，站

着或者端正地坐着接打电话，尽量不要躺着。

再有就是，女人还要了解一些接打电话的基本礼仪，不只是在电话中讲话的时候。

控制通话的时间

一般的情况下，无论是工作还是生活中，即使电话另一端的对方，很喜欢和你在电话里聊天、交谈，一般也应该把时间控制在3分钟以内，最长也不要超过5分钟，在工作中尤其要注意。工作中在与客户用电话进行沟通的时候，即便这一次沟通没有完全表达出你的意思，最好约定下次打电话的时间或面谈的时间，而避免在电话中占用的时间过长。这样，可以给对方一个办事干练不拖拉的印象。当然，熟识的朋友或是情侣之间煲电话粥那就另当别论了。

打电话的时间要合适

打电话的时间应尽量避开上午7点之前、晚上10点以后的时间，还应避开晚饭时间。若有午休习惯的人，也请不要用电话打扰他。电话交谈所持续的时间也不宜过长。一般应以3~5分钟为宜。

有电话要迅速准确地接听

如果是接听电话，听到电话铃声，应准确迅速地拿起听筒，最好在三声之内接听。电话铃声响一声大约3秒钟，若长时间无人接电话，或让对方久等是很不礼貌的，对方在等待时心里会十分急躁，从而留下不好的印象。

及时回复电话留言

在商业投诉中，不能及时回电话是最为常见的。为了不丧失每一次成交的机会，有的公司甚至作出对电话留言须在1小时之内答复的规定。一般应在24小时之内对电话留言给予答复，如果回电话时恰遇对方不在，也要留言，表明你已经回过电话了。如果自己确实无法亲自回电，应托付他人代办。

现代社会，人们工作越来越忙，生活节奏越来越快，人们见面的时间也越来越少。而电话和网络就成了人们联络感情的主要渠道，尤其是电话，不受条件限制，可以随时随地使用。因此，如果你也是一个从事销售方面工作的女人，一定要修炼好电话语言这门功夫，它在你的工作中发挥的巨大作用可能是你意想不到的。

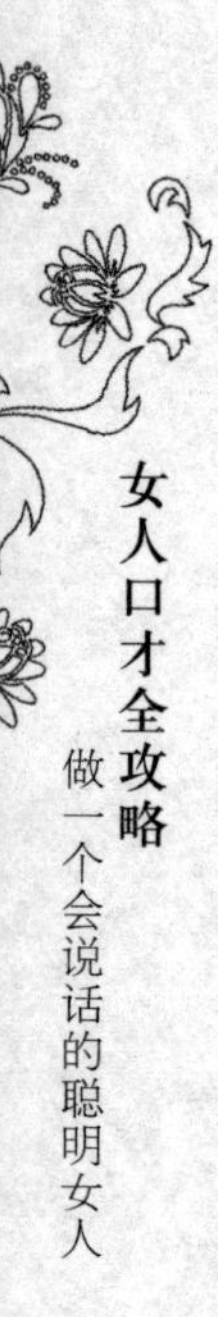

套近乎，拉近与陌生人的距离

套近乎是销售人员在与人打交道，尤其是与陌生人打交道时的第一步。先通过语言，把自己与对方的距离拉近，让对方相信你，才能愿意听你接下来要说的话，继而接受你所推销的商品。

利用人与人之间的共同意识套近乎

心理学上表明，对方越感到你是“自己人”，那么你们谈到一起的概率就越大，融洽的速度就越快。一般情况下，在有争论的时候，如果你要说服的对象是一个高高在上而又固执己见的人，要想让对方接受你的观点是很难的。对于这样的人，要把对方当做自己，感同身受地把对方的感受反馈给对方，站在他的角度去说问题、讲道理。这个时候，对方往往很容易就会接受了。如“我很理解你的心情，如果我是你，我也会这么做”将会使对方感到舒服和被尊重。正如心理学家哈斯说过：“一个造酒厂的老板可以告诉你为什么一种啤酒比另一种好，但你的朋友，不管是知识渊博的，还是学识疏浅的，却可能对你选择哪一种啤酒具有更大的影响。”这就是因为人具有相信“自己人”的倾向。

人与人之间都是有共同点的，也就是“共同意识”，在与别人谈话的过程中出现矛盾时，敏锐地把握这种共同意识，缩短与对方的心理差距，把对方拉到自己的阵营里来，从而达到说服对方的目的。说服本身就是要缩短人与人之间的心理距离的，而共同意识的提出往往会增加双方的亲密感，最终达到接近对方内心的目的。

用客套话套近乎

礼貌用语，说的通俗一点儿就是客套话。中国是礼仪之邦，在中国人的日常生活中，客气的礼貌用语是随处可见的。“劳驾”、“拜托”、“欢迎光临”、“多谢关照”等，诸如此类的客套话，在服务行业或者是营销工作中，更是必不可少的。

客套话都是一些简单的话，但是，简单的话所起的作用并不简单。有人作过统计，一名在日本百货公司工作的日本职员，一天平均要说上百次“谢谢”，否则就不是一名称职的职员，有被解雇的可能。美国人打电报时，宁可多付电报费，也绝不省掉“请”。每年电话总局都能从这一点上多收入约1000万美元。美国人花钱说“请”字，表明了他们对客套话的重视程度。

客套话是交谈的催化剂，能够在彼此之间架起一座沟通的桥梁。有了客套话，双方有一个初步的交流，两个陌生的人相互之间就有了一个最基本的沟通，接下来双方才有可能继续进行更深入一步的交谈。聪明的女人，在和他人谈话时，要学会巧用客套话来套近乎。

谈论对方感兴趣的话题

每个人都有自己喜欢的话题或感兴趣的事情，在交谈时，人们也都更愿意谈论自己有兴趣有话可说的事情。要想受到别人的欢迎，就要先了解对方的兴趣爱好，把你的话说到别人的心里去，这样，别人自然会喜欢你。

美国第32任总统罗斯福是历史上相当成功的政治人物，他有一个获取人心的捷径，那就是谈论对方以为最值得谈的事。

罗斯福在位时，无论接见什么人，不管对方地位高低，身份贵贱，在会见前一晚，他肯定要预先阅读对方有兴趣的谈话资料。所以，所有见过罗斯福的人，都能和他谈得很投机，并且无一不对罗斯福有很好的评价。

作为一届总统，罗斯福能做到与别人谈话前了解对方感兴趣的话题，这样的人又怎么能不受到国民的拥护和喜爱呢？身为一名残疾人，罗斯福能够打破美国总统不能连任两届的惯例，保持在位12年，使自己不论在战争时期还是和平时期都能立于不败之地，与他擅长俘获人心的技巧是有一定关系的。

套近乎的关键在一个“套”字上，本来关系不近的两个人，只有“套”才能让人近乎起来。而这个“套”的学问，也就是你驾驭语言的学问，用什么样的话题，以什么样的语气、态度，什么样的说话方式，在什么样的情境下去说等都藏着学问。女性天生在语言方面有天赋，如果很好地利用自己的天赋，加以后天的修炼，相信你一定能够靠你的口才成为销售奇才。

设计一个精彩的开场白

做销售，离不开与陌生人打交道。与陌生人打交道，第一印象是至关重要的，而这个第一印象，除了你的外貌形象、穿着打扮，最重要的就是你的语言了。作为一名女性推销人员，在与客户正式交谈之前，都需要一个适当的开场白。开场白的好坏几乎可以决定拜访的成功与否，决定着你下一步是否能继续走下去。那么，面对不同层次、不同性格的客户，在拜访之前，一个怎样的开场白才能引起客户的共鸣、兴趣及购买欲望呢？

寒暄式开场白

两个人在正式交谈之前都要寒暄，说一些看似无关紧要的客套话。但是，不要小看看似无关紧要的客套话，这些看似的“无关紧要”其实很重要。这个客套的寒暄，直接影响着整个谈话的过程。

贝尔纳·拉迪埃是一名销售高手，他曾经为空中客车公司创下过辉煌的战绩，为该公司的发展壮大立过汗马功劳。

贝尔纳·拉迪埃进入销售行业的第一项任务就是向印度销售飞机。这笔交易原来已经被印度政府拒绝过。而贝尔纳·拉迪埃的任务就是重新寻找机会，把飞机卖出去。

拉迪埃到印度后，接待他的是印度航空公司的主席拉尔少将。见

到拉尔少将后拉迪埃说的第一句话是："我太高兴了，正因为您，使我终于有机会在我生日这天又回到了我的出生地，谢谢您！"

拉尔少将没想到拉迪埃见到自己是这样的开场白，这让他一下子感觉自己跟拉迪埃之间的陌生感没有了，接下来两个人像老朋友一般聊了起来。接下来的事情自然不用再说了，多次交流之后，飞机竟然销售成功。

拉迪埃仅在1979年，就创纪录地销售出230架飞机，价值420亿法郎。从这一点来说，他的业绩的取得，就得益于他娴熟的语言技巧。

拉迪埃的开场白，把他与拉尔少将的距离拉近了。在拉尔少将看来，拉迪埃是在印度出生的，也算是自己的同胞，同胞到来，自然要多几分热情和亲近。对于对方的提议，自然也多了几分信任。接下来的推销过程，自然也就轻松了许多。

用问题吸引对方的注意力

王玲是服装厂的推销员，负责大商场的推销工作。王玲知道，在大商场，要见到负责经理是很难的，而且，即使见到了，对方大多也会以一句"对不起，我们暂时不需要"而客客气气地把你"请"出去。王玲也碰到过这样尴尬的局面。于是，她决定改变一下自己的策略。

这天，她又去拜访一家商场，这次她没有像以前一样直接和经理谈服装销售的问题，而是首先递给经理一张便笺，上面写着："你能否给我10分钟就一个经营问题提一点建议？"

这张便条引起了经理的好奇心，在大商场做销售，顾客的建议往往就是销售的方向，经理自然热情地接待了她，把她请进自己的办公室。王玲进去后并没有直接拿出自己要推销的服装，而是就服装款式与销售业绩的联系方面提出一些自己的看法。她指出，商场现存的服装款式已经有些老旧，虽然服装质量不错，但并不符合大多数年轻人的品位，而大多数的消费者是年轻人。接着，她拿出自己的服装让经理看，指出自己的服装在款式方面的亮点……没有等她再说太多，经理就收下她的服装说："我很同意你的看法，能不能把你的样衣留下，我跟其他领导再研究一下，尽快给你一个答复。"

第二天，王玲就接到了商场经理的电话，告诉她他们商场已经决定要订购她们厂的服装。

王玲如果也像一般人那样，开口就直接向经理推销自己的服装，肯定也一样被经理客客气气地"请"出去。但是，她的"建议"却成为经理很关注的"问题"。一个建议，而且只要10分钟的时间，对于经理接受起来是很容易也很愿意的。因此，对于上门提建议的人，经理自然很客气很热情地接待了。王玲用一句"就一个经营问题提一点建议"作为开场白，让经理给了她一个继续说下去的机会。

有了接着说下去的机会，再加上王玲后来也真的提出了合理化的建议，让经理同意了她的说法，所以，王玲的推销才能那么快就成功了，让商场作出了订购她们厂服装的决定。

向对方请教，把对方当老师

某大学准备建一座现代化的电教大楼，由负责后勤的龙教授负责购买设备。这一消息被很多厂家的销售人员得知后，纷纷上门想尽各种办法想打动龙教授。但是，均以失败告终。

某电器设备厂的推销员龙小雅，没有像其他厂家的业务人员那样，或者请旅游吃饭或者承诺回扣，而是以一个学生的身份给龙教授打了一个电话："龙教授您好，我叫龙小雅，跟您一个姓。我早就听

说过您，知道您是电化教学仪器设备方面的专家，所以有一件事想请您帮忙。是这样的，我们厂最近生产了一套电化教学方面的设备，在投入批量生产之前，想请您指导一下，看看哪些地方需要改进，哪些地方设计不太合理。我们知道您工作很忙，因此很乐意在您指定的任何时间，派车前往迎接。”

龙教授接到电话后，开始很惊讶，继而感到十分高兴。他没有想到，自己竟然被对方认为是这个方面的专家，从来没有人在这方面请教过自己。龙教授找到了自身的重要价值，感到了被尊重的优越感。他当即表示本周末愿意前往。

龙教授到了该厂之后，仔细观察了该厂的产品，还动手试着操作了一番。结果，只在一些小小的细节上提出一些改进意见。回校三天后，厂里接到龙教授的电话：同意购买该厂的电教产品。

龙小雅的成功，就得益于她的请教式的开场白。她的尊重和请教，让龙教授得到了心理上的满足。厂家的产品已经批量生产了，请教也只是个幌子，在龙教授那里，未必就不明白这一点。但是，在高等学府人才济济的地方，身份地位往往比金钱更被看重。龙教授在龙小雅那里就得到了这样的重视，这比其他厂家给他的金钱要重要得多。通过入厂指导，他得到了一份尊重和一个价值的体现。对于自己指导出来的产品，他又怎么会不买呢?

一个好的开场白，是推销员成功的一半。一个精彩绝妙的开场白，往往一下子就能让你在对方眼里的印象分直线上升，把你和对方的距离拉近，为接下来的交流打下一个良好的基础。所以，女性在开口推销之前，先为自己设计好一个精彩的开场白。

步步跟进，别让顾客在犹豫中走掉

大多数人在决定购买东西的时候，都会存在一个心理犹豫期，不会一下子作决定。犹豫时间的长短，与所购买的商品品种及价格都有关系。在这个犹豫时间内，促销员的引导方式往往为顾客最终是否会购买该商品有很大的关系。因此，作为销售人员，一定要抓住顾客在看到商品后的犹豫期，把你的口才和技巧合理地运用起来，运用得好，商品就卖出去了，运用得不好，客户就从你的眼皮底下溜走了。那么，怎样的手段更能让顾客决定购买你的商品呢？

步步为营，逐渐突破

在陌生人面前，人都是有防备心理的。同样，在商场里，面对促销人员的介绍，人的防备心理也是很重的。往往你越是热情推荐的商品，顾客越是不敢买。但是，有一点你要清楚，人的防卫心理是有一个边缘防线的，只要突破了这条防线，接下来整体都会变得软弱。

许多聪明的推销人员正是抓住顾客的这种心理变化，并不直接让顾客购买商品，而是先对顾客说："拿起来看看嘛！买不买无所谓。"先提出容易被顾客接受的善意提醒，寻找突破口，然后再根据事情的发展逐步激发顾客的购买欲。

林先生去广州出差，闲来没事儿就逛到了一家商场，远远地随便

看着橱窗里的西服，这时，售货小姐走过来说："先生，喜欢就拿下来看看嘛！"

"不用了。"

"拿下来看看嘛，不买也无所谓的。"

林先生让售货小姐说得有点不好意思，就将西服拿在手中看。

这时售货小姐又说了："先生，穿在身上试一试吧！试试才知道好坏。没关系，不中意我再放回去，反正我也是闲着没事，就当有个人说说话了。"

林先生也不好意思硬加拒绝，就穿在身上试了一下，谁知那套西服竟然非常合身，让林先生一时也挑不出什么毛病来，又不好意思放回去，结果稀里糊涂就买了下来。

售货小姐非常聪明，她摸清了人们普遍都有的对促销人员的戒备心理，并没有在一开始就让林先生买西服。而是找到了人们不好意思拒绝的心理为突破口，从开始林先生只在橱窗外看西服，到拿在手里看，再到穿在身上试，一步步逼进，逐渐穿越了林先生心里的一道道防线，最终让林先生买下了西服。

我们在买东西，尤其是买衣服的时候，也会经常碰到这样的情形，大多数人在售货人员让你看或试衣服的时候，都不会有太多的抵触情绪。看一看又怎样，试一试又如何？看了试了也可以不买嘛，这是大多数人的心理。但是，大多数时候，我们也会像林先生一样，面对售货小姐热情周到的服务，面对合体挑不出毛病的衣服，好像找不出不买的理由，于是，往往也像林先生一样，糊里糊涂就买了自己本不打算买的东西。

知道了作为顾客的心理，那么，作为推销人员，就要抓住人们的这种心理。当你觉察到别人有戒备心理，千万不要发起全面的进攻，这只会使对方更加坚决地拒绝。聪明的做法是：先提出容易被对方接受的目的，力求取得一点点突破，然后，再一步步逼进，直到最后促销成功。

解决顾客提出的“问题”

推销人员在推销大件大宗商品的时候，经常会碰到顾客在看过商品之后说出这样的托词：“让我考虑考虑”、“我们再研究研究”等，往往这些“考虑”、“研究”之后就再没了音信，你的促销也就以失败而告终。

那么，遇到这样的情况，我们应该怎么办呢？如何让顾客最终“下定决心，付诸行动”呢？

对于顾客这样的问题，作为推销人员，最好的处理方法就是对对方说：“我很理解您这样的想法，您想再考虑，一定是对我们的产品还存在一些疑问，是不是？”

听到这样的问题，大部分的人的回答会是：“是的，确实还有一些问题需要再考虑一下。”

这时候，作为推销人员，你可以这样回答：“那好，您可以把您的疑问列出来吗？就算是给我们的产品提建议了。”如果方便，你可以顺势拿出纸和笔，在纸上写下1~10的数字。

“好的，现在您可以说一说，哪一点是您最不放心的？”

这时，无论顾客说的是什么建议，你都要把这一点写在数字1的那一行，然后再继续问，把下一个问题写在数字2的那一行。

一般来说，顾客顶多会列出3~4点，如果顾客说：“没有了！”你可以接着说：“如果您提出的这些问题，我都能一一给您满意的答

复，您会不会购买？”如果顾客回答“是”，你就要针对顾客提出的一些问题，做一些解释。需要注意的是，你在回答问题时一定要清楚而明确，在解释清楚一个问题之后，一定要先问顾客：“我对这一点的答复您满意了吗？”如果顾客不满意，你要进一步解释，直到顾客满意为止。

这种情况下，只要不是对商品有原则性的不满意的地方，一般顾客都会在推销人员的解释后决定购买产品。

另外，在处理顾客的问题时，最好不要直接反驳，可以采用“是的……如果”的句法，先给对方一个肯定的态度，软化对方的抵触情绪，然后，再根据情况解决问题。如：顾客在购买大件商品时可能会说：“这个金额太大了，我不能一下子支付这么多。”你可以说：“是的，一下子拿了这么一大笔钱是有一些困难，所以，我们推出了分期付款的方式。我们可以配合您的收入状况，例如在您发年终奖金时，您可以多支付一些，其余的月份再做合理分配，这样付起来是不是就不费力了？您看这样可以吗？”

在推销的过程中，顾客的异议是推销成功的障碍，只有处理好顾客的异议，推销才能一路畅通。在顾客犹豫是否选择你的产品的时候，顾客一定看好你的产品，但是，又在某些方面存有异议和问题。这种情况，说明顾客是有希望购买产品的，只要你处理好这些异议和问题，让顾客的思路转到购买的方向上来，销售就容易成功了。

把客户置于“重要”的位置上

人都有虚荣心和自尊心，每个人都想知道自己在对方心中的位置，也都希望自己在别人心里的位置是重要的。如果你能够让你的客户知道，你对他的地位以及尊严不仅承认、尊重，而且他在你心中还是相当重要的。那么，你的客户在得到心理上的满足的同时，对你的戒备心理会一下子消失，关系自然地就亲近起来，甚至会把你当做知己。

记住客户的姓名

当你见到一个曾与自己有一面之缘的人时，如果能先主动给他一个真诚的微笑，然后准确地叫出他的名字，就能立即消除你们之间的陌生感。

卡耐基说：“无法记住别人名字的人，就等于无法记住自己的一项极重要的工作。”虽然记住他人的名字并不意味着最终能取得成功，但至少能使你在给予别人尊重的同时也得到了对方的尊重，并能赢得友谊和合作。

叶小倩是一家家电公司的销售部经理。虽然入行时间并不长，但是，小倩的销售业绩始终在公司名列前茅，而且一直保持着极佳的增长势头。

说到经验，小倩有一个独家秘诀，那就是：“记住每一位客户的名字，哪怕只是见过一面。”

当只有过一面之缘的客户打电话来咨询时，通常是对方刚刚开口，小倩就能接口道：“哦，是某某先生吧……”这时，往往会让对方感到很惊讶，甚至感动。这些客户都认为自己是小倩最在意的客户。

有一次一位客户直接问她：“叶小姐，我们只见过一次，基本上没怎么说话，你怎么能记住我的名字呢？”

小倩真诚地说：“是啊，您是我最重要的客户了，我怎么能不记得您的名字呢？”一句话说得这位客户大为感动，当场就跟小倩签下了一份大单。

当一个与你只有过一次业务往来的客户，听到你能够准确地叫出他的名字后，在惊讶、感动之余他很可能会产生这样的想法：作为业务经理，你每天要接触许多的客户，能记住他的名字，说明你把对方放在了心上。

在你叫出对方名字的一瞬间，就已经在不露声色地告诉对方，他在你心中占有很重要的位置，潜意识里，他已经把自己与你之间的距离拉近了。这时，你的客户会认为你很重视与他的合作，同时，也会感受到你的诚意，这个时候，对方从心里已经认可了你，他就会坚定继续与你合作的决心。

当然，作为销售人员，你每天要接触很多客户，要同很多人打交道，要想记住每个人的名字也不是一件很容易的事情。不过，下面的这个例子可供大家参考。

日理万机的拿破仑三世曾以记忆力好而闻名。据说他能够记得每一个见过面的人。他的方法非常简单：如果没有听清楚对方的名字，他就直言不讳地再问对方一次；如果碰到一个比较难记的名字，他就问怎么拼写。在谈话的过程中，他会把那个人的名字重复说几次，并暗暗寻找对方独特的外部特征，然后将它们与名字联系在一起；如果对方是个重要人物，他还会悄悄把他的名字写在纸上，以便牢牢记住。通过这些方法，拿破仑三世记住了每一个与他见过面的人的名字。

这些方法并不麻烦，只要你用心，记住你的客户的名字就不是很难的事了，但是，它给你带来的收益之大，并不一定是你能想象到的。

把顾客抬高一些

一对外商夫妇相挽进入高雅的珠宝商店，看到一只漂亮的翡翠戒指，便爱不释手。接待小姐也看得出来，他们很想购买，但又感觉几十万元的价格太贵，因此，有些犹豫。

这时，接待小姐不动声色地笑着说："你们真有眼光，上个月某国总统夫人也曾来看过，也是赞赏不止呢。"

这对夫妇听完接待小姐的介绍，又想了一想，最终掏出信用卡买下了这只价值不菲的戒指。

珠宝店接待小姐的一句"你们真有眼光，上个月某国总统夫人也曾来看过，也赞赏不止"，把外商夫妇抬到了一个很高的位置上。一方面，他们看好的戒指总统夫人也看好，说明他们的眼光不错；另一方面，把他们与总统夫人一起相提并论，在人们的潜意识里，就相当于把他们与总统夫人放在了同样重要的位置上了。这样重要的位置，自然让外商夫妇的心理得到了极大的满足，他们考虑后用信用卡买下戒指也就在情理之中了。

把顾客"当回事儿"

对于销售人员来说，顾客是你的上帝。真正在心里把顾客置于

“重要”的位置，对顾客的每一件事都能认真去做，给他们提供优良的服务，也是一个销售人员的分内工作。

同时，你周到的服务，想顾客之所想的努力，顾客也是能感受得到的。你真心地为顾客付出，顾客也会回应你一个相应的回报。有这样一个事例：

台湾有一位博士，在意大利留学时，曾在某名牌鞋店买鞋，最合脚的尺码卖完了，于是博士选了一双小一号的，但有一点紧。这位博士想，反正鞋穿穿总会松的，于是想要掏钱买，但是，店里的女售货员却拒绝卖给他，理由是顾客试穿时表情不对劲，女售货员的说法是：“我不能将顾客买了会后悔的鞋子卖出去”。

后来，鞋店把博士的联系地址记了下来，第二天专门派人把合适号码的鞋子给博士送了过去。再后来，博士的亲友也都纷纷去那家店里买鞋子。

这位售货员从顾客的表情中看到了对方不太满意的地方，所以，拒绝卖出这双鞋子。虽然鞋子没有卖出，但是，顾客的满意度却不会降低。一句“我不能将顾客买了会后悔的鞋子卖出去”，说明售货员是把顾客的满意与否看得很重的，对于这样为顾客着想的售货员，又有谁不会来买她的东西呢。

市场没有贵贱差别，顾客也没有等级之分。将每一位顾客看做“重要顾客”，并为之提供细致周到的服务，是每一个销售人员需要具备的最基本的素质。你让客户感到最大限度的满意，而客户也会给你最大的回报。

实话实说更具诱惑力

商家都讲究以诚为本，诚信是做人做事最基本的原则。但是，在销售过程中，人们往往要讲究销售的技巧，而这技巧里面，并不包括实话实说。尤其是在介绍产品时，很多销售人员会做一些美化和夸大，以刺激顾客的购买欲望。甚至有一些推销术认为为了实现成交可以隐瞒产品的一些缺点。因此，在人们的心目中，销售人员被塑造成一副厚颜无耻、诡计多端的模样，很多人都对推销员有一种条件性的抵触，这是一件非常不幸的事情。

每个顾客都有这样的心理，他们“怕”推销员，不喜欢听你在那儿说，但是他们愿意主动去买某件东西，如果是被你说服买的，心里都会不舒服。但是，如果你在推销的时候，真诚坦白地把产品的优缺点一并告诉顾客，然后再用巧妙的方法来解决其中一些小问题，让顾客不必战战兢兢地去挑产品的毛病，这样反而会让顾客信任你，不再“怕”你。

刘琴是一家家具店的售货员，在销售过程中，她总是本着以诚为本的态度对待顾客，每位顾客上门时，她都会把顾客所需家具的特点，包括优点和缺点实实在在地介绍给顾客。因此，也有一些本来想买家具的顾客在她这里没有买成。为此，家具店老板对她的这种行为很是不满。但是，刘琴有着自己的原则，她不想以欺骗顾客的方式来

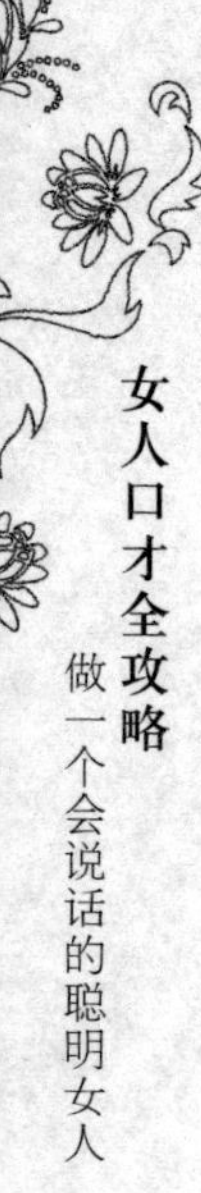

为自己带来销售业绩，她仍然按照自己的方式进行着。

这天，有一位顾客上门了，顾客想问一问有没有一种可折叠、可调节高度的椅子，店里正好有这种椅子，她把顾客带到椅子跟前，如实地向顾客介绍了椅子的结构状况。然后她说："坦白地说，我认为这种椅子并不是特别的好，我们也接到过退货。"

"哦？"顾客很吃惊，他没有想到售货员会这样说，顾客接着说："可是我到处都看得到这种椅子，我以为它挺实用的。"

"它确实款式很新颖也很美观，但是，并不是太实用。它的结构过于复杂、精巧，用起来不是太方便。"

接下来刘琴给顾客演示了一下椅子支撑和收起的过程，在演示过程中，没有小心，还把手夹了一下。"不小心会夹手，也是一个缺点，有顾客也反映过。我给您演示，是不想隐瞒它的缺点，想让您对它的性能有一个全面的了解。当然，如果您还是要买的话，我帮您挑一把最好的。"

没想到，听了刘琴的话，顾客笑了说："好的，谢谢你，我再考虑考虑。"

顾客走了，老板立即把刘琴叫过去说："有你这样做销售的吗？什么也不要说了，收拾……"

老板的话还没有说完，突然从门口涌进来一群人，说他们想要那种折叠椅，是刚才那个人介绍过来的。

当然，刘琴没有被老板炒掉，还给她长了工资。她的这种推销方式，也得到了老板的认可，并号召其他店员也向她学习。

世界上的东西都不可能十全十美的，夸得太完美反而不真实。实事求是地说出自己产品的优点和缺点有时倒会给你的产品增添一层诱人的光芒，使其更具有魅力。在推销过程中，把产品性能对顾客作某种程度的坦白，未必就会吓跑你的客户，相反可能会获得顾客的赞许和信任，从而为自己赢来更大的潜在市场。

你有一次欺骗了顾客，顾客之后就不会再相信你了。你第一次赢了利，但是失去了之后继续赢利的机会。一个推销员，把自己的产品实实在在地介绍给顾客，顾客有可能会因为你的产品中有某些不完美而放弃购买。虽然你失去了一次把产品卖出去的机会，但是，同时你赢得了顾客的信任，对方成了你潜在的顾客，并且会把他的信任推广开来，给你带来更大的客户群。那样，你才是真的赚大了呢！

诚实人人都应该讲，如果你说谎了那就会被认为是不可靠之人，在销售中尤其会给你带来更多的负面影响。当顾客对你很满意而买了你销售的商品，结果却发现有些商品根本不是你说的那样，那么，他就绝对不会和你有第二次的交易了，更严重的是，他所认识的人也不会成为你的顾客。

参考文献

[1] 蔚蓝. 好口才让女人一路畅通[M]. 北京：中国物资出版社，2008.

[2] 孙钰. 好口才成就女人的一生[M]. 北京：中国长安出版社，2008.

[3] 梁文静. 女人用漂亮话闯天下[M]. 北京：世界知识出版社，2009.